U0619727

文萃

市群星职业技术学校

生·引

杨晓红 主编

李 爽 副主编

上海教育出版社
SHANGHAI EDUCATIONAL
PUBLISHING HOUSE

编委会

////////////.

让研究成为一种习惯

2021年4月，习近平总书记对职业教育工作做出重要指示，强调要优化职业教育类型定位，深化产教融合、校企合作。进入新时代，加快推进教育现代化，建设教育强国，办好人民满意的教育，迫切需要教育科研更好地探索规律、破解难题、引领创新。职业教育作为国民教育体系的重要组成部分，肩负着培养高素质技术技能人才的重任。随着我国经济社会的快速发展，对人才的需求也日益多元化、专业化，这就要求职业教育必须紧跟时代步伐，不断创新教育理念和教学方法，提高教育质量和效益，这一切，都离不开广大教育工作者的深入研究和积极探索。

英国科学家赫胥黎说过："在科学工作中，不愿意越过事实前进一步的人，很少能理解事实。"教学研究是一种有目的、有计划、主动探索教学实践过程中相关规律、原则、方法以及有关教学中亟待解决问题的科学研究活动。教研论文能从一个侧面反映出一个教师的基本表达能力和教学水平，进而反映其教研水平。通过教学研究，可以架起课程理念和教育理论转化为教学行为的桥梁，促进先进教学经验的提炼和传播，促进教师的专业发展和教学改进；可以促使教师的角色由传授型向研究型转变。教师在教学研究过程中也可以体现自身的价值，体验成功的乐趣。一个教师如果不重视研究，或许他可以成为一个经验型的教师，但难以成为学者型、专家型的教师。可以说，教学研究已经成为现代教师的一项基本功。

在职业教育蓬勃发展的今天，我们欣喜地看到，越来越多的教育工作者投身于职业教育的理论研究与实践探索之中，他们用自己的智慧和汗水，为我国职业教育事业的发展贡献着力量。上海市群星职业技术学校这本教师论文集的出版，不仅是对学校教师多年来辛勤工作的肯定，更是对职业教育领域理论研究与实践探索成果的一次重要展示。翻阅《星·引》这本论文集，我感到十分欣慰和激动。星，是学校的名称，更是学校的文化特色；引，是一种指引，更是一种方向，它凝聚着教师对职业教育事业的热爱和执着追求，涵盖了学校整体发展、专业建设、课程思政、教学改革、师资队伍建设、校企合作等学校发展的各个方面，展示了教师在各自工作领域的深厚造诣和独到见解，体现了较好的学术水平和实际应用价值。我相信，这本论文集的发布将对职业教育领域的理论研究和实践探索产生积极的推动作用，可以为更多职业学校的建设和发展提供思路和借鉴。

当然，我们也应该清醒地认识到，职业教育的发展仍面临诸多挑战和问题。例如，如何进一步提高职业教育的社会认可度和吸引力？如何深化职业教育与普通教育的沟通衔接？如何进一步推进校企合作、产教融合？如何更好地为新质生产力发展贡献力量？解决这些问题，仍然需要广大教师的共同探索和持续努力。

发展未有穷尽时，奋斗永不言休止。正如马克思所说："在科学上没有平坦的大道，只有不畏劳苦沿着陡峭山路攀登的人，才有希望达到光辉的顶点。"做研究型教师，让研究成为一种习惯，是我们不断追求卓越、实现自我价值的必由之路。我希望这本论文集的出版能够激发更多职业教育工作者投身于职业教育的研究与实践之中，共同推动我国职业教育事业的健康发展。同时，我也希望上海市群星职业技术学校能够以此为契机，进一步加强师资队伍建设、深化教学改革、扩大校企合作，为培养更多高素质技术技能人才做出更大的贡献。

最后，我要向所有参与这本论文集编纂的教师表示崇高的敬意和衷心的感谢。让研究成为一种习惯，让"教研"这枝花朵开遍中华大地职教校园！

华东师范大学终身教授

2024 年 5 月

目 录 ////////////

学校发展

高质量发展背景下中职学校"星"特色实践与探索

杨晓红

摘　　要：上海市群星职业技术学校基于职业教育高质量发展的要求，坚持"厚德尚美、砺技强生、以达群星"办学思想，以"星"为元素，打造学校质量文化——"星"文化，积极开拓党建引领下学校管理的"星"局面，优化架构多专齐创下专业设置的"星"体系，用心建设自驱成长下教师培养的"星"模式，合力搭建德技并修下育人活动的"星"平台，主动开展"三融"背景下社会服务的"星"合作，积极打造产教深度融合、数字媒体国内领先、办学具有区域特色的上海市数字信息文创类特色中职。

关 键 词：高质量发展　"星"特色　数字文创

作者简介：杨晓红（1969—　　），女，上海市群星职业技术学校党支部书记、校长，正高级讲师。

一、实施背景

近年来，中共中央、国务院高度重视职业教育改革发展工作。2021 年，中共中央办公厅、国务院办公厅印发《关于推动现代职业教育高质量发展的意见》，明确"建设高质量职业教育体系"的政策导向和重点要求，职业教育迈入了提质培优、增值赋能的高质量发展新阶段。在新的历史条件下，国家明确提出职业教育要高质量发展，充分体现了时代发展的要求和人民群众的需求。

上海市群星职业技术学校是一所以动漫与游戏制作专业为品牌、以数字媒体与文化艺术为特色的公办综合性重点中等职业学校。学校是上海市职业教育电子竞技专业试点学校、教育部动漫与游戏制作专业全国中等职业学校重点专业教育示范基地、中国职业技术教育学会教学工作委员会数码艺术教学研究会（中职）暨全国中职校动漫游戏教育联盟主任单位。"十四五"期间，学校基于职业教育高质量发展的要求，立足浦东、服务上海，契合上海及长三角地区经济发展，坚持"厚德尚美、砺技强生、以达群星"的办学思想，制定了"十四五"期间学校发展规划，积极打造产教深度融合、数字媒体国内领先、办学具有区域特色的上海市数字信息文创类特色中等职业学校。

二、实施目标

（一）目标定位

作为全国中职动漫游戏教育联盟的牵头单位，学校聚焦"文创领先、特色办学"定位，在学校层面追求"产教融合、特色鲜明、文创领先"的办学目标，在专业层面聚焦"校企融创、多专齐创、技艺并创"的发展目标，在教师层面倡导"立德立言、双师双能、育美传美"的建设目标，在学生层面确立"明德、修文、创美、强体"的育人目标，力争成为"上海很知名、国内有影响、国际可交流"的数字文创特色类职业院校。

（二）建设思路

学校坚持以习近平新时代中国特色社会主义思想为指导，落实立德树人根本任务，坚持服务城市经济与行业发展，以加强党的领导、完善管理体系、深化产教融合、推动三教改革、促进学生成才、提升社会服务为学校高质量发展的重点。学校以"星"为元素，打造学校质量文化——"星"文化，旨在通过创"星"特色、建"星"专业、优"星"团队、育"星"学生、探"星"贡献为主要建设内容，建设一所在上海乃至全国有影响力的数字文创特色优质中等职业学校。

1.创"星"特色

在党建引领下，诠释"星"的内涵，打造学校"星"文化，在学校管理、专业建设、队伍建设、学生培养、校企合作、社会辐射等方面形成"星"品牌。

2.建"星"专业

基于"技术＋艺术＋科学"数字文创专业群的发展要求，结合区域经济发展趋势，积极优化和调整专业结构，增设贯通专业，打造"星"级专业、"星"级课程和"星"级资源。

3.优"星"团队

以激发教师发展内驱力为目标，以学校"星"链教师创新团队为研究对象，以目标协同为理念，全面提升教师教育教学能力，促进教师个体发展转向教师团队共同发展，形成集聚与示范效应。

4. 育"星"学生

发挥学校的专业特色和专业优势，注重人才培养方式的改革，为学生的成长搭建更多的平台和舞台，让每位"星"同学都有人生出彩的机会。

5. 探"星"贡献

拓宽与企业、高校、行业协会、社会机构及外省份兄弟学校的合作与交流，积极推进职普融通、产教融合、科教融汇的实践探索，扩大学校的知名度和社会影响力。

三、实施过程

（一）以顶层设计为学校高质量发展的谋划点，积极开拓党建引领下学校管理的"星"局面

顶层设计是高质量发展系统规划、统揽全局的总体方案，对于学校的发展方向和发展成效起着至关重要的作用。职业学校的高质量发展需要充分发挥党组织在学校高质量发展中的政治核心作用和领导作用，需要在党的全面领导下做好学校发展的总体谋划和具体落实。基于学校的校情、师情和生情，学校制定了"十四五"期间的"星"发展规划，积极打造"星"文化，诠释"星"特征，赋予其借光发亮、追光映射、聚光璀璨的内涵。

根据职业教育立德树人、德技并修的育人目标，结合学校"美、技、艺"的专业特征，坚持以美立校、以美育技、以美育人的办学方向，积极打造学校"星"文化，构建校政企社共育的"星心相印·党建引领"党建团建品牌、"星链成群·技艺并创"专业建设品牌、"星路有你·合力共赢"师资队伍建设品牌、"星彩人生·德专共育"教育教学品牌、"星美润心·明德笃行"德育活动品牌、"星创聚力·共赴未来"创新创业品牌等系列"星"品牌，不断增强学校吸引力和职业教育影响力，提升社会的认可度和美誉度。

（二）以专业建设为学校高质量发展的关键点，优化架构多专齐创下专业设置的"星"体系

专业是职业学校建设发展的核心和办学特色的鲜明体现，专业建设的成效直接

反映了学校的办学水平和办学质量，因此，职业学校的专业建设需要紧跟社会发展，及时调整适应经济发展需求的人才培养体系。随着5G技术、人工智能、大数据等新型技术的广泛运用，学校顺势、借势、造势，聚焦"校企融创、多专齐创、技艺并创"的专业发展目标，持续优化原有的专业布局，增强专业内涵建设，实现专业的持续发展。

一是优化专业体系，通过"增、迭、停"等方式新增中本和中高职贯通专业，迭代部分专业人才培养目标定位和专业课程内容，停办个别社会需求不足或发展前景与区域经济不相适应的专业；二是完善专业建设方案，聚力打造动漫游戏市级优质专业，全力建设数字影像、电子竞技、平面设计、艺术设计等学校品牌专业，尽力优化学校烹饪、舞蹈表演等学校特色专业；三是开发专业课程和资源，以打造优质课程为目标，以改革课程教学为抓手，以开发数字化教材为载体，聚焦专业课程和资源的与时俱进，注重专业群多专合力联动，打造层级式、阶梯式的"星"级课程和"星"级资源；四是推进技能考证，根据专业人才市场需求的调研和人培方案的要求，开展"1+X"证书的试点，组织参与人社考证，全面提升职业学校学生的双证获取率。

（三）以师资队伍建设为学校高质量发展的突破点，用心建设自驱成长下教师培养的"星"模式

职业学校专业建设和学生培养的质量关键取决于教师的专业素养和专业能力，师资队伍建设质量是学校高质量发展的关键环节，而教师的发展关键在于内驱动力，只有激发教师的内在动力和创造力，才能真正实现学校的高质量发展，培养出更多优秀的人才。

在教师专业发展内驱力驱动的过程中，首先是理念引领，学校积极倡导"让每一位要求发展的教师不孤独，让每一位寻求发展的教师知路径，让每一位力求发展的教师有平台，让每一位追求发展的教师会飞翔"，将"有责任、愿奉献；有思想、会创新；有标准、能改进；有目标、爱追求"作为群星人的价值认可和行动自觉。其次是多方保障，通过各种宣传、各类调研，全校形成教师专业成长的共识；通过精准解读、个性指导，全员清晰教师专业成长的路径；通过内外合力、团队互助，全程搭建教师专业成长的平台；通过优化激励、引进资源，全面保障教师专业成长的实施。最后是分层推进，教师的内驱力来源于教师对教育事业的价值认同、对学

生学习的关注及对自身成长和发展的渴望，这就决定了教师的内驱力必定存在较大的差异性，需要学校根据教师的实际情况实施不同模式。学校一方面采用外部借力、内部合力的方式，形成"自我诊断、自定目标、自行反思、自觉成长"教师专业发展的运行程序；另一方面，基于教师的不同需求形成了"陪伴式""引领式""助推式"和"自驱式"等教师成长"星"模式，并通过教师团队间的良性竞争和合作共赢，促进教师个体发展融入团队共同发展，助推教师自驱成长的持续发展。

（四）以学生培养为学校高质量发展的检测点，合力搭建德技并修下育人活动的"星"平台

学校发展的最终目标指向学生的发展，因此，学生的全面发展既是职业学校办学的目标，也是学校高质量发展是否有成效的检验标准。新时代职业教育要求德技并修、协同育人，就是要促进学生的思想道德、技术技能与身体心理、艺术情操、劳动素养协同发展。学校聚焦育人活动的改革，充分发挥专业的特色与优势，打造校园文化活动品牌，营造职业教育高质量发展所需的"人人努力成才、人人皆可成才、人人尽展其才"的良好环境。

借助青少年喜爱的动漫、游戏、微电影制作等活动，积极打造群星动漫节、群星电影梦工厂、漫展中华和三林瓷刻等系列校园文创活动。活动以"创美润心"为目标，利用多种平台为文创产品提供展示空间，实现认同自我、接纳同伴、融入校园、服务社会的育人目标。校园文创活动的创设，搭建了学生自主成长的平台，丰富了学生校园生活，在美言、美行、美技、美艺、美作、美品的活动要求下，将育德、育技和育美有效结合，促进了学生思想道德与技术技能的协同发展。同时，学校将文创活动的主导权、设计权与选择权赋予学生，学生在了解项目、设计项目、制作项目、展示项目和推广项目的自我驱动中成长，潜移默化地实现了成长方式的转变。

（五）以多方合作为学校高质量发展的增长点，主动开展"三融"背景下社会服务的"星"合作

党的二十大报告指出，优化职业教育类型定位就是要统筹职业教育、高等教育、继续教育协同创新，推进职普融通、产教融合、科教融汇。同时，《关于推动现代职业教育高质量发展的意见》中也明确将"坚持产教融合、校企合作，推动形成产教良性互动、校企优势互补的发展格局"作为工作要求。因此，在"三融"背景下，

职业教育办学除了深化教育教学改革以外，需要不断探索行业、企业、高校、政府等多方合力发展的合作模式，为经济发展和社会服务做出贡献。

学校主动与行业、企业、高校、政府共同探索基于学校高质量发展的融合机制，走融育人、融教学、融师资、融课程、融资源、融实训、融考证于一体的学校优质发展建设之路，共同培育未来工匠、共同深化课程改革、共同开展职业培训、共同践行职业教育。学校利用专业建设的资源、成果和技术优势，通过上海市学生职业体验日活动、中小学社会实践等活动开展职普融通，在实践过程中向中小学体验者介绍作品和课程，体验项目的创作，宣传专业和职业，感悟职教的魅力；通过加入市域产教联合体、产教融合促进会拓宽培训项目等，多方合作推进产教融合，在高校、中职、行业、企业深度融合的过程中，探索产教融合机制和产教融合模式，改革育人方式，提升育人水平，扩大职业教育的社会影响，增强发挥职业教育的社会贡献；通过引进行业企业的前沿科学技术探索科教融汇，将人工智能等新技术引入教师教学能力比赛、学生技能比赛和"双创"比赛中，引发教育教学方法和教育技术手段的变革。

四、实施保障

（一）组织领导

学校以高质量发展为导向，制订学校发展规划和内涵发展项目计划。由党组织负责人和校长牵头组建领导小组，主导学校发展规划和内涵项目计划的策划、制订、推进和评价。领导小组下设项目办和项目工作组：项目办负责对规划和计划进行分解，对资金的使用和项目的流程进行指导、审核和归档，在项目具体落实中及时协调、督促和检查，保障项目进展顺利；项目工作组负责对项目进行方案的制订、资金的申请、项目内容的建设以及接受相关的验收和评估，确保项目合理、合法、按时、按规完成。

（二）制度保障

根据学校高质量发展的项目建设要求，拓宽办学经费来源渠道，积极申报国家级、市级和区级内涵项目，获取专项资金支持，确保项目完成的优质性；制订内涵项目实施方案，对项目的执行、评价和入库做出明确规定，规范实施流程、规范资金使用、规范合同格式、规范项目归档等，强化节约意识，杜绝各种浪费，降低运行成本，注重项目绩效；建立健全内部控制制度和财务约束机制，完善资产使用管理制度，形成科学规范的资产配置协调、高效运营机制；优化学校的项目绩效奖励机制，严格项目绩效考核要求，签订项目负责人的廉政承诺书，将项目完成情况作为学校绩效考核的主要依据。

（三）评价保障

加强对学校发展规划落实和项目实施情况的评估检查，健全执行机制和监督机制，提高整体执行力。组织开展实施内外相结合的评估机制，项目办定期召开整改会议，对发现的问题进行纠正，并定期开展建设期监测、完成期评估和重点项目绩效跟踪等，全面分析任务完成和项目实施效果，将主要指标纳入各部门或项目负责人综合评价和绩效考核体系，实行表彰奖励和问责制度。

五、实施特色与成效

（一）凸显文创、追求精致，办学成效再上台阶

在追求特色办学的过程中，学校聚焦高质量发展，立足将数字文创专业做精做强，以"学校管理要精细、校企合作要精深、专业建设求精品、学校环境要精致、队伍建设求精诚、课堂教学要精彩、展示作品要精美、学生技能要精湛"为学校新一轮发展的工作要求，发挥专业优势，融入教育教学各项工作，办学成效显著，已经成为一所在上海市乃至全国有影响力和知名度的数字文创特色学校。

"十四五"期间，学校成为上海市中小学（含中等职业学校）行为规范示范校、上海市中小学（中职）劳动教育特色校、上海市绿色学校、上海市安全文明校园、上海市院校创业指导站、浦东新区教师专业发展学校等，荣获上海市中职教学法评优比赛优秀组织奖、上海市中职校本教材评优交流活动优秀组织奖、上海市学生职业体验日活动特色组织奖、浦东新区见习教师规范化培训优秀见习基地等荣誉。

（二）以技创美、以艺传美，专业优势更加鲜明

紧扣"上海文化"品牌建设的六大需求，在充分调研新时代背景下数字艺术、人工智能、电子竞技等专业面临的人才培养新需求，持续提升以动漫、数媒、视传为主的数字艺术专业群和电竞、人工智能、平面设计为主的信息技术专业群建设水平和人才培养体系，形成了集中本贯通专业、中高职贯通专业、中职专业于一体的梯度式、多元化人才培养的专业体系。

2020 年以来，学校成功申报 1 个中本贯通专业（与上海工程技术大学的视觉传达设计专业）和 4 个中高职贯通专业（与上海电子信息职业技术学院的电子竞技运动与管理、数字媒体艺术设计、人工智能技术应用专业，与上海科学技术职业学院的艺术设计专业），停止了中职国际商务专业的招生。基于学校专业特色发展思考，2022 年，学校加入了上海电子信息职业技术学院、上海科学技术职业学院和上海电影艺术职业学院三个中高职贯通联合体，全方位探索贯通专业人才培养的质量提升。2023 年，学校的动漫与游戏制作专业成为上海市中职优质专业立项，完成了上海市电子竞技运营与管理专业开放实训中心和上海市动漫与游戏制作专业示范性虚拟仿真实训室的建设。

（三）目标协同、团队合力，教学能力明显突破

学校通过引进教师优化教师队伍的年龄结构，以激发内驱力为目标，以教师职称评审为抓手，以青年教师成长为基础，以骨干队伍建设为核心，用心用力打造一支德才兼备、双师双能的职业学校教师队伍。2020 年以来，学校新进教师 36 人，中高级职称、上海市中等职业学校教学指导委员会成员、浦东新区学科带头人、浦东新区骨干教师、浦东新区青年新秀等获评率直线上升，1 名教师成功申报正高级讲师，1 名教师入选 2023 年上海市东方英才计划项目，师资队伍的职称结构和能力水平有了明显提升。同时，教师团队合作申报专业教学标准、课改课题、在线开放课程、网络课程等市级竞争性项目的积极性和成功率显著提高，成功申报市级内涵项目 22 项，完成市级课题 6 个。2023 年，上海市教育规划课题"中职电子竞技运营与管理专业核心课程标准开发的实践研究"顺利结题，同时，"基于目标协同理念的中职教师教学创新团队建设研究"又成功申报上海市教育规划课题，教师在自我成长、自我突破的过程中，专业发展的目标感和获得感显著提升。

三年多来，教师参加各级各类教育教学比赛的获奖率达到了 100%，1 名教师获第五届上海市中职班主任基本功大赛特等奖和全国中职班主任业务能力比赛二等奖；4 支教学团队获上海市中职教师教学能力比赛特等奖，2 支教学团队获上海市中职教师教学能力比赛一等奖，14 名教师获全国教学能力比赛二、三等奖；1 名教师获第五届上海市基础教育青教赛二等奖；学校的"星"—链数字文创教师团队获上海市首批教学创新团队；平面设计团队获上海市课程思政示范课程和示范团队。教师的内驱力在团队合作、合力、共赢中得到了持续激发。

（四）明德笃行、德专共育，育人活动形成品牌

学校充分发挥数字文化艺术类专业的特色与优势，进行职业教育的特色育人改革探索，形成了有专业特色的校园文化活动品牌。在校园系列文创活动的创设中，搭建了学生自主成长的平台，丰富了学生校园生活，在美言、美行、美技、美艺、美作、美品的活动要求下，将育德、育技和育美有效结合，促进了学生道德与技术艺术的协同发展。

校园文创活动的持续推进，显著提升了学校的育人氛围和育人成效。开办的"群星动漫节"被评为上海市职教系统校园文化优秀品牌项目；"动漫社"获上海市中学生优秀社团称号；"影视后期社团"获浦东新区中学生社团文化节五星社团。近年来，学校获上海市学生职业体验日活动特色组织奖、上海市中等职业学校"文明风采"德育主题活动优秀组织奖、上海高中阶段学校活力团委、"走进艺术宫"课程活动优秀组织奖、浦东新区艺术教育特色学校等荣誉。2021年，在建党百年活动中，师生共同制作的微电影《追寻》获得"我的中国梦——上海市中小学喜迎建党100周年影视作品展"活动一等奖和"未来杯"上海市高中阶段学生微电影大赛一等奖，在"学习强国"上推广，并入选上海市党员教育电视片展播。2022年，《三大文创活动驱动中职学校德技艺融合育人的路径探索与实践》获上海市优秀教学成果（职业教育类）一等奖。

（五）跨界融合、星创聚力，社会影响持续发力

创新校企合作办学机制是职业学校办学的重要抓手，也是职业教育凸显特色、提升质量的关键点。在"三融"背景下，学校与完美世界、天下秀、曼恒等头部企业和数字信息相关行业合力，成功申报了1个上海市中职优质专业建设、5个中本和中高职贯通专业、3个专业的现代学徒制项目、2个"1+X"职业技能考证点，顺利开展了2个市级专业教学标准的制定、3个上海市中职"匠心匠艺"优质课堂的建设，深度合作完成了上海市电子竞技实训中心和上海市示范虚拟仿真实训室的建设，有序推进了聚焦非遗文化、节日文化、红色文化、校园文化等的全媒体技术与应用综合实践课程。学校成为上海市职业院校"星光计划"动画片制作赛项和全国职业技能大赛遴选项目的承办单位，实现了多方融合共商专业建设、共培专业师资、共研教材开发、共育技能人才、共建实训中心的"星"合作模式。

2022年，在上海市浦东新区就业促进中心的指导下，学校和上海市高等教育学

会、广东省荟德行教育研究院、上海学锘教育科技有限公司等单位深度合作，成功申报为上海市院校创业指导站。学生在第八届中国国际"互联网＋"大学生创新创业大赛上海赛区决赛中获金奖1项、铜奖3项，在第九届中国国际"互联网＋"大学生创新创业大赛上海赛区决赛中获金奖2项、铜奖3项，1个项目获中国国际大学生创新大赛（2023）职教赛道铜奖。同时，学校与市区级人力资源和社会保障局共建了上海市计算机行业协会职业技能（计算机维修工）等级认定考核点；与上海市校园电子竞技运动协会合作，积极承办上海校园电竞精英训练营各类赛事，荣获最佳组织奖；等等。此外，学校加大推进与上海开放大学学分银行项目、浦东新区职教集团高技能人才培养项目、职工学堂项目等育训结合工作，扩大辐射区域，为地区经济建设做出贡献。2023年，学校与福建省永安职业中专学校和大田职业中专学校成为交流结对单位，与新疆喀什地区莎车县高级技工学校建立"一区一校"对口帮扶援建，成为云南怒江后备校长跟岗研修基地学校，在专业建设、师资培养、课堂教学、就业培训等方面发挥了辐射引领作用，促进了职业学校之间的深度合作，产生了良好的社会影响。

职业教育高质量发展为职业学校的办学指明了方向，持续提升办学水平和人才培养质量是职业学校永恒的主题。当前，职业教育进入了提质培优、增值赋能的高质量发展快速道，职业教育吸引力、影响力、竞争力不断增强。学校将进一步落实国家对职业教育发展的要求，主动融入区域经济发展，进一步推进学校的质量文化建设，在高质量发展的新征程中力求特色发展，开创"卓尔不群、'星'之所往"的新局面。

以"党建+"模式创新职业学校党建品牌建设的实践探索

顾　颖

摘　　要： 上海市群星职业技术学校党支部根据职业教育的特色与优势，充分发挥党建引领的作用，将党建工作与学校工作有机结合，创新创特，始终保持党组织的领导力，充分发挥政治核心作用，不断创新符合学校办学特点的党建品牌建设，提升党组织的吸引力、凝聚力，确保社会主义教育的方向，肩负起"为党育人、为国育才"的重任，扎实推进全面从严治党，以党建引领学校教育教学的高质量发展。

关 键 词： 党建品牌　职业学校　"党建+"实践

作者简介： 顾颖（1976—　　），女，上海市群星职业技术学校校办主任，讲师。

2023 年 5 月 29 日，习近平总书记在二十届中央政治局第五次集体学习时的讲话中指出："我们要建设的教育强国，是中国特色社会主义教育强国，必须以坚持党对教育事业的全面领导为根本保证，以立德树人为根本任务，以为党育人、为国育才为根本目标。"

在新时代背景下，职业学校承担着现代教育中培养技能型人才的重要任务，本文以上海市群星职业技术学校党支部创新党建品牌建设的实践为例，探索如何以"党建+"模式，引领校园文化建设、加强师生思想教育的方法。

一、以"党建+"模式创新职业学校党建品牌建设的意义

职业学校是培育技能型人才的第一站，学校党建工作如何落实会直接影响学校

教育教学工作和发展的方向。而职业学校因办学规模、专业优势、设施设备、师生结构、校企合作等具体情况形成各自鲜明的办学特色。想要有效提升职业学校的党建管理水平，就应根据学校的特点及实际发展情况创新党建品牌的建设，保证学校党组织充分发挥政治核心作用，真正引领学校向高质量方向发展。

"党建+"，是指把党的建设融入党的各项事业、各项工作，通过构建以党建为引领、统筹推进各项工作的新机制，推动党建工作与中心工作深度融合，充分发挥党的领导核心作用、基层党组织的战斗堡垒作用，更好地推动党的事业发展。

以"党建+"模式创新职业学校党建品牌建设，是依据党中央对新时代党建、思政教育等相关要求，结合新时代党建工作与职业教育工作的基本规律和特点，以品牌创建推进党建与特色工作的深度融合，实现在党的领导下通过"党建+"品牌建设达到个性化创新，推动学校党建工作的有效落实和师生队伍的凝心聚力，切实发挥基层党组织的战斗堡垒和示范引领作用。

二、职业学校党建工作品牌建设的现状及存在的问题

2021年11月24日，习近平总书记在中央全面深化改革委员会第二十二次会议上的讲话中指出："加强党对教育工作的全面领导是办好教育的根本保证。"职业学校认真贯彻落实党组织领导的校长负责制的具体要求，学校党组织充分发挥领导作用，积极履行领导职责，进一步提升党建与业务两手抓、同促进的管理水平，努力推进学校高速度、高质量的发展。但在具体落实党建工作时，职业学校的党建工作中仍存在"重业务、轻党建""重形式、轻实效""重规范、轻质量"等现象，学校的党务工作者除专职书记外，多为兼任或兼职，因此党建工作模式比较传统，党建品牌建设的创新意识较弱。具体主要表现在以下几方面：

（一）党建工作品牌建设与校园红色文化的融合度不高，缺乏校内资源

2021年6月25日，习近平总书记在十九届中央政治局第三十一次集体学习时的讲话中指出："红色是中国共产党、中华人民共和国最鲜亮的底色。"职业学校在党建工作中，主要是以校园外的红色资源作为党建活动或师生学习的内容，但在校园内将党建品牌建设与红色文化建设结合得还不够深入，其主要原因是校园内缺乏红色文化的教育资源。因此，学校党组织较难经常化地将党性教育入脑、入心，使党员对共产党人应当具备的世界观、人生观、价值观有理性的认知，做到自省、自警、

自励、自重，让党性修养成为一种自觉行为、一种人生追求，并把党的精神扎根到学校教育教学的方方面面，使学校在新时代背景下始终砥砺奋进。

（二）党建工作品牌建设与专业学科发展的结合度不够，缺乏学校特色

职业学校由于专业设置、办学模式、培养目标各不相同，因此学校各具特色，如果不将学校的党建工作与学校的办学特色高度融合，不发挥专业优势，就难以挖掘出党建品牌的亮点。事实上，职业学校的党建品牌创建工作不只是推进党组织的建设，还应涵盖教育教学、校园文化、思政教育、人才培养等方方面面的工作，只有充分发挥党建对学校专业建设、内涵发展等方面的引领作用，将党建品牌建设工作与学校办学特色结合起来，才能激发党建工作的活力，增强党建活动对师生的吸引力，更好地发挥党建育人育才的作用。

（三）党建工作品牌建设与思政教育的联系度不强，缺乏融合深度

进入新时代，党中央和教育行政部门在推进大中小学思想政治教育一体化、构建"大思政课"等方面，制定出台了具有长期指导意义的体系化政策文件，持续推动构建学校思想政治工作新格局、新业态。在这样的时代背景下，职业学校的党建品牌建设的关注点仍多在党员及干部的理论学习、党性教育、队伍建设等方面，而与思政教育的联系度不强，品牌育人的深度不够。但是，随着互联网的高速发展，如果学生的政治素养与信仰薄弱甚至缺乏的话，外来意识形态的入侵会对学生的世界观、人生观、价值观造成严重的冲击，使职业学校基层党组织的建设面临极大的考验，这就要求党建品牌建设要充分联系思政教育，从而引导学生树立正确的世界观、人生观、价值观，让学生拥有积极健康的思想并保持正确的政治立场。

三、以"党建＋"模式创新职业学校党建品牌建设的实践探索

上海市群星职业技术学校党支部坚持以习近平新时代中国特色社会主义思想为指导，基于"厚德尚美、砺技强生、以达群星"的办学思想和理念，结合学校以数字文创专业群为主的办学特色，将"党建引领促教育，立德树人争先锋"作为主线，以"党建＋"模式逐步构建了学校的党建品牌。

（一）"党建＋红色阵地"，建设校园弘扬红色文化的党建资源品牌

党的二十大报告指出："弘扬以伟大建党精神为源头的中国共产党人精神谱系，用好红色资源，深入开展社会主义核心价值观宣传教育，深化爱国主义、集体主义、

社会主义教育，着力培养担当民族复兴大任的时代新人。"在此精神的引领下，学校党支部立足实际，将原来陈旧的一间会议室改造成为校园红色阵地——"党性教育室"，创建成为学校党建的资源品牌。

党性教育室的主题是"党建引领，群星荟萃——弘扬红色精神"，它以"开天辟地、改天换地、翻天覆地、惊天动地、入党誓词、党建风采"六个板块，在有限空间内充分回溯中国共产党艰苦而光辉的革命岁月，重温党建工作所要传承的精神源头，全面展现学校在党性教育实践方面取得的成果。党性教育室建成后，学校党支部、团委积极组建师生党史宣讲团，多次在党性教育室为党员、团员、学生以及来访的各界人士介绍党的百年征程，以此唤起党团员及广大师生对于那个伟大年代的激情回忆，从而奠定庄严、厚重的主基调与主旋律。

同时，党性教育室内设置的智慧党建触控屏和智慧党建教学屏，可以进行云端操控、多终端联动，为学校建设红色智慧共享平台。同一个场所，可以满足多种活动的需求，可以变换不同的空间形式，从而实现全方位智能服务党员党性教育、支部党建活动、学生思政课程，为学校党支部开展"三会一课"、主题学习活动，为广大党员、师生学习教育提供理想的场所，成为大家坚定信念的精神家园。

同时，党性教育室运用了很多"星"元素，代表"星星之火，可以燎原""聚是一团火，散作满天星"，寓意每位党员都是红色真理的一颗火种，为永恒的真理一同贡献出自己的光芒；同时，"星"元素还与学校的"星"文化完美呼应，彰显学校党建特色。

（二）"党建＋微电影"，建设校园发挥专业特色的党建载体品牌

学校党支部发挥数字影像技术专业的优势，依托"电影梦工厂"内涵建设品牌项目，创作红色主题微电影。作为新时代文化传播的新样态，微电影以内容丰富、短小精悍的艺术特性大力弘扬红色精神，成为学校党建的载体品牌。

如，以庆祝中国共产党建党 100 周年为契机，学校党支部组织数字影像技术专业的师生在党支部书记的亲自策划下，结合党史学习教育，分别创作了主题微电影《追寻》和主题微党课《百年从未改变——一封跨越时空的回电》。

微电影《追寻》讲述了一家三代护送烈士遗物的故事，主角"爷爷"由学校关心下一代工作委员会的退休老书记担任。整部微电影历经 101 天的制作，参与学生 88 人次，使用了 9 个场景，94 组镜头，后期制作近 26 天。作品完成后，学校党支

部组织微电影创作组、党员、团员、师生代表举行了隆重的首映式，该部微电影在校园内外得到宣传推广。

微党课《百年从未改变——一封跨越时空的回电》由学校党支部组织20位党员参与编稿、排练、制作，整个创作过程就是一次心灵的锤炼，提升了党员教师队伍的党性修养。该部微党课在校园内传递着革命斗争精神和奋斗力量，使师生在红色精神的熏陶中坚定理想信念，筑牢思想根基。

（三）"党建＋思政教育"，建设校园助推立德树人的党建育人品牌

党性教育能引导学生明理、增信、崇德、力行，对提升育人实效性意义重大，这点与学校思想政治教育相一致，都是以立德树人为根本任务。为此，学校立足校情，坚持党支部统一领导，各部门协同落实，通过党建引领与课堂教学、主题活动、社会实践等思政教育途径的有机融合，加强系统联动、同向同行，逐步成为校园落实立德树人根本任务的党建育人品牌。

在校内，学校组织学生开展"学生党史宣讲""红色故事我来讲""革命将军党史宣讲""学党史·感党恩——线上知识竞答"等系列校园文化活动；组织共青团员定期开设"传承红色精神，永葆爱党情怀"的学生党课学习班，并邀请学校已退休和现任的几代书记携手共为学员讲课、开展仪式教育。在校外，学校组织学生开展中共一大会址等红色基地的参观、"学习二十大·永远跟党走·奋进新征程"十八岁成人宣誓仪式、浦东图书馆"用美术经典铭记党的百年党史"主题讲座、"学雷锋·树'星'风"公益行动、"党建引领促环保·低碳生活树新风"低碳宝贝Logo设计、"光影筑梦，强国有我"第五届中小学生电影周宣传片拍摄、"奋进新时代·强国必有我"国防教育等红色主题社会实践活动。校园内外的主题活动有力地营造立德树人的文化氛围，进一步提升学校思想政治教育的亲和力、感染力，有效引导学生学党史、感党恩、跟党走，激发学生的爱国热情和社会责任感。

学校重视用好党史学习教育这一重要法宝，推进课程思政改革，梳理各门课程思政元素，挖掘其中蕴含的红色文化教育元素，构建红色基因教育与专业知识教育相统一的育人机制。如，学校组织教师队伍参加上海市中等职业学校教师教学能力大赛，把党史学习教育作为教与学的主题，音乐组的吕丽、李舒晨老师设计实施艺术欣赏课——"品《长征组歌》，鉴合唱特色"，数媒专业组的李爽、王靖怡、严鸿敏、陆劼君老师设计实施平面设计课——"城市中的红色印记"。两组老师都用艺术

讲述党史，使学生在了解百年党史中艺术作品的创作背景和创作过程的同时，学习乐理知识、专业技能，树立正确的创作观，确立正确的世界观、人生观、价值观，坚定报效党和国家的决心与情怀。

四、以"党建 +"模式创新职业学校党建品牌建设的成效

上海市群星职业技术学校党支部以"党建 +"模式建设的党建品牌，彰显出良好的品牌效果，有利于贯彻党的教育方针政策、落实立德树人根本任务，以高质量党建引领学校高质量发展，办好人民群众满意的职业教育。

（一）形成坚强战斗堡垒，凝心聚力有目标

学校党支部建设成为推动学校改革发展、建设社会主义现代化教育强国的坚强战斗堡垒，加强了学校党支部的组织领导力，在学校的全面发展中充分发挥党组织的政治核心作用，为学校中心工作的目标和任务、为学校各项事业的发展提供有力的思想和组织保证。进一步坚定了党员的理想信念，促进广大党员群众不断提高自身的政治素质、坚定政治方向，充分调动学校党支部与党员群众的积极性、主动性、创造性，以习近平新时代中国特色社会主义思想为行动指南，紧紧结合学校实际，抓住机遇、迎接挑战，不断增强凝聚力和战斗力，坚持以党育人的初心、为国育才的立场，全面推进学校的各项建设。

（二）形成专业品牌效应，辐射社会有影响

依据学校专业优势和办学特色创新的党建品牌建设，既体现了先进性、时代性和特色性，又突出了教育服务理念的品牌内涵。学校党支部积极整合学校专业资源、文化资源、师生资源、环境资源，发挥优势投入对地方、社会的服务，在社会各界取得了良好口碑。

《百年从未改变——一封跨越时空的回电》微党课，入选上海市浦东新区教育系统庆祝中国共产党成立 100 周年"百堂精品党课践初心"；微电影《追寻》献礼建党百年，荣获"我的中国梦——上海市中小学喜迎建党 100 周年影视作品展"活动校园微电影一等奖、第十五届上海市党员教育电视片观摩交流活动三等奖，并在"学习强国"平台上推送；学校受邀参加"上海市中小学生暑期微电影摄制职业体验夏令营"，专业师生团队作为志愿者为营员讲解微电影的制作过程与技术；学校党支部与三林镇中林西林党总支开展城乡党支部结对帮扶共建，将学校的党性教育室共享

为红色教育基地，促进双方党支部的学习与交流；学校党支部秉承"阳光公益、睦邻友爱"的宗旨，以专业资源服务区域，由团委、专业组组织师生为街道社区的墙壁绘画、美化环境，为创建文明社区贡献力量，受到社区居民的好评，学校也获得街道授予的"十佳志愿服务集体"称号。

（三）形成矢志育人阵地，思政教育有成果

符合育人目标的党建品牌建设强化了党建与思政、德育、教研、教学等工作的深度融合，加强了学校对思政课程与课程思政教学的研究，提高了教师思政教学能力和水平，也推动了学校德育课程分阶段、多形式地开展以宣传贯彻习近平新时代中国特色社会主义思想为核心的活动，有效落实立德树人根本任务，完成教育教学的任务，提升思政育人质量。

学校层面，学校被评为"十四五"期间上海市中小学（含中等职业学校）行为规范示范校、上海市中小学（中职）劳动教育特色校；教师层面，吕丽、李舒晨、张大明、卫魏老师获得上海市高职高专院校教师教学能力大赛（思政组）的一等奖；教科研层面，教学成果《中职学校动漫与游戏制作专业跨界协同育人模式的建构与实践》《三大文创活动驱动中职学校德技艺融合育人的路径探索与实践》荣获上海市优秀教学成果（职业教育类）一等奖。

五、结语

上海市群星职业技术学校党支部始终坚持党建引领，围绕办好人民满意的职业教育这个中心，不断增强学校党组织的领导力、凝聚力和战斗力，把党的精神扎根到学校工作的方方面面，努力实践探索以"党建+"模式创新党建品牌的建设，发挥学校特色、专业优势，不断推进教育教学改革发展，厚植立德树人根基，使学校在新时代背景下始终砥砺奋进，以高质量党建引领学校高质量发展。

"问题—目标"引领下的学校教学诊断与改进实践

彭　茵

摘　　要：学校秉承"厚德尚美、砺技强生、以达群星"的办学理念，形成以数字文创专业群为主、信息技术和旅游服务两大专业群协同发展的"一体两翼"的办学特色，聚焦"校企融创、多专齐创、技艺并创"的专业发展思路，倡导"立德立言、双师双能、育美传美"的教师发展目标，确立"明德、修文、创美、强体"的育人目标。本文分别从学校、专业、课程、教师、学生五个方面分析问题，进行改进并取得成效，并对今后发展进一步思考。

关 键 词：厚德尚美　产教融合　文创领先

作者简介：彭茵（1970—　　），女，上海市群星职业技术学校教学副校长，高级讲师。

一、实施背景

（一）发展现状

根据《关于全面推进职业院校教学工作诊断与改进制度建设的通知》《上海市教育委员会关于印发〈上海市中等职业学校教学工作诊断与改进实施方案〉的通知》《上海市中等职业学校专业教学工作自主诊断与改进实施方案》等文件要求，学校坚持立德树人根本任务，以促进就业和适应产业发展需求为导向，以提高人才培养质量为根本，以促进学校自主发展、内涵发展为宗旨，遵循"需求导向、自我保证、多元诊断、重在改进"的工作方针，切实履行保障人才培养工作质量的主体责任。

根据《上海市全面推进城市数字化转型"十四五"规划》，上海为提升城市竞争力致力于发展文化创意产业，建设全球影视创制中心、亚洲演艺之都、全球电竞之都和创意设计产业高地。学校秉承"产教融合、特色鲜明、文创领先"的办学目标，倡导"立德立言、双师双能、育美传美"的教师发展目标，确立"明德、修文、创美、强体"的育人目标，形成以数字文创专业群为主、信息技术和旅游服务两大专业群协同发展的"一体两翼"的办学特色，聚焦"校企融创、多专齐创、技艺并创"的专业发展思路，为推动"上海文化"品牌建设培养"能融通会跨界、能融创可发展、能融传有情怀"的综合技术技能人才。

（二）问题诊断

1. 学校发展顶层设计和制度建设规划目标须分解细化落地

学校五年规划、专业建设规划、课程建设规划、教师发展规划和学生发展规划等需要继续完善贯通，需优化学校各项管理制度建设，部门职责、岗位职责、职能部门工作标准链需要完善。

2. 专业建设需要根据区域人才需求进行优化布局

立足学校实际，对接区域人才需求，专业布局需要调整，人才培养方案、教学标准、专业建设目标标准需要优化，并建立专业监测预警机制，形成专业建设特色与品牌。

3. 课程建设需要对接行业标准，建立有效的运行管理机制

课程建设根据学校发展规划和专业建设规划缺少规划目标标准，要对接行业标准，进一步提升课程开发程序的合理性，建立动态修订管理运行机制。

4. 师资力量需要充实，教师专业发展需要提升

学校针对教师的发展搭建平台，更快引入教师新生力量，并进一步细化落实教师个人发展规划，有效实现教师的课堂教学目标标准与课程教学目标标准衔接，激发教师自驱力的提升。

5. 学生生源质量需要提升，需要建立学生自主成长机制

学校须扩大招收优质生源，德育规划工作针对促进学生自主发展的激励机制缺少明确的目标和标准，学校可以依靠学校数字文创特色，激发学生的自主成长。

二、实施目标

（一）"星"标准引领——加强党建引领战略谋划和顶层设计

充分发挥党组织在学校的政治核心作用，探索"星目标＋星标准"新体系，引领学校高质量发展。对接专业思政体系进行顶层设计，通过专业思政融入的载体、途径和方法，将专业核心价值体系融入专业建设和专业教育教学的全过程和全要素，在专业层面落实"三全育人""德技并修"教育理念。

（二）"星"专业打造——深化内涵发展，凸显重点专业群建设

"十四五"期间，继续优化以数字文创专业群为核心、信息技术类专业群与旅游服务类专业群共同发展的"一体两翼"特色专业结构群体系，全面提高学生的数字文创能力，争建优质专业，打造精品课程。响应教育部《职业教育提质培优行动计划（2020—2023年）》，争取建设市级优质专业1—2个，增加中本贯通专业1—2个，增加中高职贯通专业1—2个。

（三）"星"模式融合——探索长效产教融合，实现课程改革

建立健全产教融合长效运行管理机制，推动产教深度融合。建立校企共建专业、共建基地、共享师资、共建课程、共同攻克技术难关、共育人才、共融文化的紧密合作关系。共同开发课程和教材，打造精品课程3—5门，完成8—10门市级在线开放课程建设。

（四）"星"平台助力——推动"三教"改革，保障教学质量提升

继续深化"三教"改革，促进学校教育与社会教育的融合。每年招收新教师10名。推动学校教学诊断改革，提升教师教学能力。打造以各专业带头人为核心的优秀教师团队1个。积极参加各类技能大赛，争取每年获奖。每年进行课题研究1—2个，形成教科研合一、终身学习的良好氛围。

（五）"星"学生培养——坚持立德树人为本，助力学生成长成才

确立"明德、修文、创美、强体"的育人目标，帮助学生养成健全人格，提升综合素质。争取多招生10%。创设各类特色活动，形成行为规范养成教育群星特色品牌。结合职业教育类型特征，将德育渗透融入日常教育教学之中，引导学生成为德技并重、敬业乐群的复合型技术技能人才，争取每年在各项活动获奖20人次以上。

三、实施保障

（一）组织保障

由学校主要领导牵头，组成学校教学诊断与改进工作项目实施领导小组，主导规划实施的分工与进度安排，形成规划顶层设计、重大事宜部门协调的联动推进机

制；领导小组下设"项目工作组"，负责对规划实施计划进行项目分解，在项目具体落实中及时协调、督促和检查，保障项目进展顺利。

（二）制度保障

建立教学质量诊断与改进工作的相关制度，将诊断与改进工作的考核纳入学校年度部门考核、职工考核中，形成相关的制度。建立督促检查机制，对诊断与改进过程进行动态监测，接受全校教职员工监督。

（三）经费保障

拓宽办学经费来源渠道，为学校教学诊断与改进工作实施提供有力的经济保障；积极申报上海市中职竞争性项目和浦东新区中职内涵发展项目的相关专项资金，获取专项经费，提升学校内涵和专业品质发展。建立健全项目建设实施方案，明确项目建设流程，加强项目绩效评估，完善资产保管和领用等管理制度；强化节约意识，提高办学效益。

四、教学诊断与改进措施及成效

（一）"星"标准引领"星"体制成链闭环发展

学校历经多年打造"厚德尚美、砺技强生、以达群星"的办学思想和理念，确立了"德艺融合，创美润心"的"星文化"育人目标，初步建成"上海一流、长三角领先、国内知名"的动漫游戏引领的数字文创特色学校。

1. 规划目标成链上下贯通

通过分解《"十四五"学校发展规划》，通过"'8'字形质量改进螺旋"，落实每年的发展计划闭环。各部门制定并完善各项制度23个，确定了监测与预警机制，通过制度保障学校教学诊断与改进工作的推进。

2. 内设机构重新调整，岗位职责分明

学校重新调整了内设机构，增设了教学处、实训中心和学生处，重新修订了各部门岗位职责，明确了职能部门工作标准，目标成线，标准成链。

（二）"星"布局打造"星"专业提升

1. 进行专业布局调整，促进专业高质量发展

学校紧抓专业建设质量发展，继续在"以数字文创专业群为中心，以信息技术专业群和旅游服务专业群为两翼"的专业群设置的基础上，进行专业布局调整，优

化专业内涵。近五年，学校增加 1 个中本贯通和 4 个中高职贯通专业，已停招 1 个中职专业。针对中餐烹饪专业的各项绩效指标呈下行趋势的状况，目前已启动预警机制。

2. 制定专业质量标准，逐步建立预警机制

充分发挥专业群的群内优势专业辐射和引领作用，2023 学年完成专业人才培养方案的优化。2023 学年招生人数有 1608 人，比 2020 年提升 25.2%。日常教学质量检查、学业水平考合格率、毕业生就业率、升学率等指标均有所提升。

3. 推动专业教学改革，凸显专业建设特色

学校积极推动教学改革，为培养上海数字文创技能人才培养提供服务。动漫与游戏制作专业成功立项 1 个上海市优质专业；进一步优化了 16 个专业教学实施方案；创新 3 个"现代学徒制"教学模式；成功立项《基于产业转型发展的数字文创专业群"通创传"融合课程的构建与实践》和《"专业精进＋项目成效"矩阵组织下的中职教师教学创新团队建设的创新与实践》2 项市重点教改项目。

（三）"星"模式促进"星"课程改革

1. 实践项目课程改革初显成效

学校积极推进上海市第七批中等职业学校《数字影像技术专业教学标准》开发，并以优质课程建设为抓手，着力推进实践项目课程改革；依托全媒体技术与应用课程，探索跨专业、项目制的教学新模式，形成非遗、节气、节日文化和校园文创四大主题，取得显著成效；进行上海市中等职业学校 3 个专业教学标准开发；在上海市"星光计划"第十届职业院校技能大赛中成绩优异，各专业共获奖 29 人次，较上届增加了 1.4 倍。

2. 数字化课程资源建设成效显著

学校至 2022 学年成功立项建设 6 门新的市级在线开放课程和 3 门网络课程。通过学习平台各专业建设网络课程 106 门，基本满足师生开展线上线下混合式学习的需求。

3. 认真落实政策稳步推进教材建设

学校认真落实统编教材实施工作，组织思想政治、语文、历史教师参加集中培训和分段研修，有重点、有突破、有创新地推进中职三科统编教材在秋季学期顺利投入使用。同时，有序推进校本教材研发，已初步完成《电子竞技营销与推广》《漫画技法》《影像构成基础（版式设计）》《视听语言（剪辑节奏）》《全媒体技术与应用》5

本市级申报自编教材的编写及 23 本校级自编教材编写工作，并着力加强新形态教材与数字教材的研究工作。其中，《视听语言（剪辑节奏）》教材在上海市中等职业学校第六届校本教材展示交流推优活动中荣获"优秀校本教材"，学校获"优秀组织奖"。

（四）"星"平台展现"星"教师风采

搭建"三教"发展平台，倡导"立德立言、双师双能、育美传美"的教师发展目标，让每一位要求发展的教师知路径能飞翔。

1. 制定个人发展规划，明确个人发展途径

学校近三年持续引进教师，根据学校《"十四五"中高级教师发展规划》，每位教师自行制订个人发展规划；定期参加各层面教师发展讲座、研讨会，以及学校提供的专业指导、论文指导、专家讲座、课堂教学指导等职称晋升的个性化培训与服务。2022 学年新晋升高级职称 5 人，中级职称 7 人。5 人参加名师工作坊的学习。

2. 积极参与企业实践活动，努力促进"双师型"发展

2022 学年引进教师 30 人，其中专业学科教师 23 人，见习教师参加区规范化培训全部合格。完成 9 人次市级企业实践基地的顶岗实践，并获得浦东新区见习教师规范化培训"优秀基地学校"称号。认定"双师型"教师 48 人，"双师"比例提高到 94.12%。

3. 积极参与教学比赛，不断提升教育教学能力

学校秉持"以赛促教、以赛促学、以赛促改、以赛促建"的理念，助力教师成长。学校近 30 位教师积极参与各级各类比赛，并斩获全国及上海教学能力大赛、青教赛、班主任能力比赛、"星光计划"技能大赛等 33 项奖项。

4. 积极参与项目研究，不断提升教育教学科研能力

学校坚持"科研引领教学"的理念，将教育教学中的问题转化为科研项目，提升教师教学专业能力。获得上海市优秀教学成果一等奖 3 个；成功申报教师创新团队；建设各级课题 8 项；开设在线开放课程、网络课程 9 门；自编教材 23 本；开发市级专业教学标准 3 个、专业现代学徒制试点 3 个、上海市中职"匠心匠艺"优质课堂建设 3 项、课程思政示范课程及团队各 1 个。

（五）"星"育人助力"星"学生成才

1. 制定个人发展规划，努力提升个人发展自驱力

学生招生数量显著提升，生源质量明显好转。学生根据学校发展规划制订个人

发展规划，共同朝着一个目标——明德笃行；两个取向——悦纳自己养成良好的生活习惯和学习习惯，融入社会遵守公共规范和职业行为；通过三个阶段——遵循、内化、养成；以及四大合力——学校、家庭、社区、企业，积极参与各类主题和实践活动、法治教育、家庭教育、社区服务、企业实践，实现个人价值的提升。

　　2. 以丰富多彩的校园文创活动载体，激发学生发展自驱力

　　打造群星"动漫节、群星电影梦工厂、漫展中华"三大品牌文创活动，助推学生自驱式成长。毕业生年均就业率达 97.2%，升学率达 43.3%。"1+X"等职业资格通过率达 85%，国际商务专业质量监测位列全市第三，中餐烹饪专业 100% 通过。获得全国技能大赛一等奖 2 次；"星光计划"技能大赛一等奖 7 个，二等奖 16 个，三等奖 22 个；创新创业大赛金奖 1 个，铜奖 2 个。学生赴国外留学 106 人，1 人就读博士，7 人攻读硕士。

五、教学诊断与改进的进一步思考

　　（一）加强学校基础设施和质量监测平台建设

　　1. 办学基础设施建设有待进一步完善

　　目前，学校基本办学条件受限。对照《国家级重点中等职业学校评估指标体系》的标准，学校建筑面积不达标，正在向上级主管部门申请增加用地面积。

　　2. 人才培养状态数据采集亟须建设监测平台中心

　　为契合教学诊断与改进的需要，学校正在申请建设"数据采集分析与改进应用中心"平台，实现预警和可视化质量监控，提高质量体系建设运行中的信息流转效能，推进教学诊断与改进工作。

　　（二）优化专业发展，提升实训效能

　　1. 教学实施方案需要进一步对标标准进行规范优化

　　根据专家对学校西点专业的评估，教学实施方案还需要进一步规范细化。我们将以此为契机，对标国家标准及地方标准，做好各专业教学实施方案规范化、标准化、联动化。

　　2. 专业布局需要结合区域经济发展继续适时调整

　　根据中餐烹饪专业的预警评估，一是学生生源连年下降，二是招不到技术优秀的专业教师，我们将深入调研，及时调整专业布局。

3. 虚拟仿真实训中心需要尽快为专业发展提升效能

新建虚拟仿真实训中心，在实训内容、实训安排、实训评估、教师使用技术等方面都需要提升。学校将组织专家培训，引导专业带头人开发相应实训课程，迭代相应课程，更好地为专业服务。

（三）加强课程规划和质量监测

须加强以专业群为载体的基础课程和核心课程规划，确保各专业的课程体系完整；须优化各专业的教学标准，确保课程的规范性和适用性；进一步提升计算机专业质量监测各课程质量。

（四）加大"双师型"教师及教学数字素养培养

继续保持对师资队伍的建设，引进新教师，继续助力教师职称晋升，做好"双师型"教师认定培养；加大教师教学数字素养培养，鼓励和支持教师参与各类竞赛和项目活动，提升学校在各个方面的知名度和影响力。

（五）关注学生自驱力，提升全面发展

加强对舞蹈表演专业的宣传和招生工作，提高专业吸引力。关注学生选择或离开校企合作单位的原因，及时采取调整措施。针对技能证书考试通过率较低的专业，加强师资培训，提供更多的学习资源和辅导，确保学生能够更好地备考和通过学科质量监测。

"三全育人"理念下中职校创新创业教育实践

赵慧婷

摘　　要：近年来，我国的中职教育领域发展迅速，受到了国家和社会各个方面的关注和重视。与此同时，新时代背景下国家和社会对创新创业人才有了更为迫切的需求。创新创业教育作为新时代中职校落实立德树人根本任务的重要一环，从"三全育人"的视角来贯彻落实创新创业教育，是实现"三全育人"教育理念的有效方法，也是落实立德树人根本任务的关键抓手。本文分析了"三全育人"理念以及中职校开展创新创业教育的意义，介绍了上海市群星职业技术学校创新创业教育开展情况及其实践经验，以推动中职院校的创新创业教育向高质量发展。

关 键 词：三全育人　中职校　创新创业教育

作者简介：赵慧婷（1977—　　），女，上海市群星职业技术学校培训部主任，讲师。

习近平总书记在全国高校思想政治工作会议上强调："要坚持把立德树人作为中心环节，把思想政治工作贯穿教育教学全过程，实现全程育人、全方位育人，努力开创我国高等教育事业发展新局面。"[①]在习近平总书记关于教育的重要论述的指导下，运用"三全育人"理念开展创新创业教育也成为诸多院校努力的方向。

"三全育人"理念下中职院校开展创新创业教育体系，是为党育人、为国育才的需要，是服务于现代化强国建设的重要举措。中职院校进行创新创业教育实践是增强职业教育适应能力、推进职业教育改革的重要内容。中职校开展创新创业教育能

---

① 把思想政治工作贯穿教育教学全过程开创我国高等教育事业发展新局面 [N]. 人民日报，2016-12-09（01）.

够培养全面发展的创新型人才，通过课堂教学进行专业知识的传授，将知识转化为能力，通过引导学生进行创新创业实践，培养创新创业人格、创新精神、创业素质，促进学生高质量就业创业，有效提高了学生创业实践的成功率，实现了以创业带动就业。

一、学校开展创新创业教育面临的问题

上海市群星职业技术学校于 2015 年起较早地开展了创新创业教育，由于对创新创业教育的内涵和目标理解不深，将其简单地等同于就业指导或技能培训，忽视了培养学生的创新精神、创业意识和综合素质等方面；同时对创新创业教育的对象和范围界定不清，将其局限于少数有志于创业的学生或专业，忽视了普及性和普惠性的要求。这些问题导致了学校创新创业教育的目标不明确、内容不完善、方式不灵活、效果不理想等。只是为了应付上级的检查要求，而没有真正将创新创业教育纳入学校的发展战略和人才培养方案中；只是为了提高学生的就业率或满足学生的就业需求，而没有真正关注学生的个人发展和社会价值。这些问题导致了学校创新创业教育存在形式主义和走过场的现象。

面对学校创新创业教育所面临的困惑与问题，学校于 2021 年起将创新创业教育作为学校的核心任务和重点工作来抓，重塑创新创业教育的顶层设计和战略规划，从"兼"到"专"，从"建构"到"落地"，持续推进学校创新创业工作，助力学校提升整体办学水平。

二、学校创新创业教育的具体做法和成效

创业教育要严格落实"为谁培养人、培养什么人、怎样培养人"的教育方针，培养具有时代使命的创新创业人才，切实解决专业教育和创业教育"两张皮"的问题。学校通过构建全员育人、全过程育人、全方位育人的"三全育人"创新创业教育体系，以社团融"创"、校企合"创"、比赛促"创"、文设助"创"为抓手，推动学校创新创业教育改革取得新突破。

（一）以社团活动为抓手，打造建设校园"双创"环境

上海市群星职业技术学校（以下简称"群星职校"）以社团活动为抓手，建设校园"双创"文化，开设艺术类、体育类、专业技能类、综合类等多个社团，定期开

展"动漫节""艺术节"等特色活动并将其融入"创新创业集训营",极大地丰富了学生的第二课堂生活,为激发学生"双创"意识做出巨大贡献。学校滑板社从细分兴趣领域引导产品创新;传统社团三林非遗瓷刻社依托非遗传人大师工作室,利用数媒专业群优势,助力三林瓷刻传承与推广。社团以专业为导向,以科创为目标,以大赛为契机,在"双创"大赛中逐步崭露头角。

此外,学校着力打造"星工坊"创新实践区,为社团融创提供良好的环境,包括融媒体转播中心、路演交流中心、灵感创意沙龙。此外,建成 AI 辅助设计创新实践区、VR 创新体验区、全息数字创新实践区以及元宇宙创新实践区等,通过这些创新实践区的建设,群策群力地引领学生创新。以动漫谷、电子竞技转播中心、数媒制作工作室为依托,叠加创新路演区、头脑风暴区、种子孵化区三大实践区落地,为校友及在校生提供公共孵化空间,联动校内孵化器。

(二)加强校企深度融合,实现专业共建、产创融合

加强校企深度融合,采取"创业孵化"等模式,做到真正的专业共建。依托企业化制度,以企业化情境、企业化实践、企业化激励,设计三方一体化人才培养方案。与完美世界股份有限公司、天下秀教育科技有限公司等企业开展了全过程的产教融合人才培养。

选派教师深入企业,积极参与企业的产品研发、技术革新、工艺改进,企业挑选技术精英到校进行技术指导。积极开展"三区合作",与浦东新区内企业以及园区合作,使学生进一步认识自身价值,提升自身职业素养,帮助学生了解企业文化、知识技能、业务流程,熟悉企业生产技术与流程,参与企业项目实施,帮助企业完成技术攻关、产品开发等,建立一支理论基础更扎实、实践能力更强的教师队伍。

学校依托创新创业思维打破传统的育人模式,通过邀请行业专家、创业导师和企业工匠进校开讲座,针对学生创新创业思维意识进行引导,促进思创融合;加强与企业的深度融合,采取"创业孵化"等模式,做到专业共建,实现产创融合。

(三)积极组织参与各类"双创"赛事,全面提升学生综合能力

学校通过开展多维度的创新创业实训课程、项目,在创新思维和实践的驱动下,让学生积极投身于各类创意、创新、创业赛事,参赛学生覆盖面的扩大,将产生更大的溢出辐射效应,推动形成中职"双创"蓬勃发展的新局面。积极推动以赛促学、以赛促教、以赛促创,把创新创业教育融入人才培养全过程,有效转变了职校生的

就业观念，大力提升学生的创新精神、创业意识和创新创业能力，学生在各项创新、创业类比赛中取得了不错的成绩。

学校的星创团队在备赛上海市"星光计划"第十届职业院校技能大赛的"沙盘模拟企业经营"项目时，利用沙盘作为"双创"课程的引入工具，为新商科人才赋能，针对从沙盘整体运营方案的制订到银行贷款、权益计算、生产线建设和应收账款等内容与学习要点对参赛学生进行了指导，帮助学生在完成认知自我、了解他人及认知企业的基础上，开展创新创业的基础教育，包括培养创新意识和创业精神的创业基础，培养创新思维的创新基础。参加各类大赛激发了中职学生对创新创业的热爱以及服务社会的担当，提升了他们发现问题、分析问题和解决问题的能力，培养了勇于创新创造的奋斗精神。

在第九届中国国际"互联网+"大学生创新创业大赛（上海赛区职教赛道）中，学校斩获金奖2项，铜奖3项。优秀项目"Gyroflow——数字影像增稳技术"领航者裹推推荣获市级决赛金奖，成功入围国赛，取得历史性突破。

奖项的获得更坚定了群星职校"三全育人"的道路，这些成功来源于过程的落地，而大赛起到了核心的展示功能。无论是大赛的获奖团队，还是日常活动的"星创荟"社团，都能够吸引学生的兴趣，使学生在"玩"的过程中逐步渗透打造追求卓越的匠心精神，进而启发创新思维、培育创新能力。

（四）通过校园文创作品设计，提升师生创新创意能力

"承载国家记忆，延续中华文脉"，群星职校每年开展"漫展中华"项目，以校园形象"星漫小子"为主导，让学生穿越时空，与中华文明进行对话，见证文明的产生与发展，传承文化精神。"漫展中华"项目是一场全方位、多角度的文化探索之旅。该项目由学生主导，旨在提升学生的整体技能，让学生全程参与剧本、脚本、绘制、拍摄和制作；以动漫为载体，生动地呈现了中华优秀传统文化的博大精深，各具特色地展示了中华饮食文化的丰富内涵和独特魅力。短视频的制作过程，也是一次深入了解和体验中华优秀传统文化的过程。"漫展中华"为学生提供了一个了解和传承中华优秀传统文化的平台，也让更多人意识到文化传承的重要性。通过动漫这一新颖的形式，传统文化焕发出了新的生机与活力。

校园文创以学校"星漫小子"为形象代表，努力在提升产品文化内涵和创意含量上下功夫，结合时令、节庆等场景做成纸质福袋、摆件，以传统文化为底蕴，弘

扬和传承中华优秀传统文化。通过校园文创设计活动，不仅展现出中职学生的创新能力和团队协作精神，还用实际行动证明中职学生不仅可以学习知识，还可以用自己的创意和热情，开发艺术性和实用性相统一、适应现代生活需求的文化创意产品，让传统文化得到更广泛的传播。

三、学校创新创业教育发展策略

学生创新能力的培养，需要有不同于以往的机制和方式。事实证明，以知识传授为主的传统教学方式不足以实现对学生创新能力的培养。基于高挑战性的真实问题解决、依托相对高位阶的平台资源、围绕高水平项目任务开展持续性研究探索，将有助于学生创新能力的激发和培育。基于上述问题导向，学校针对创新创业教育制定了如下发展策略：

（一）积极统筹校内资源，稳步提升师资力量

创新创业实践导师的业务水平是决定实践效果的重要因素，建设高水平的师资队伍是提高创新创业实践教学质量的关键。学校通过统筹规划师资队伍建设，加大力量投入师资力量建设中。学校培养了一支由 16 人组成的独特的校内创业教育和创业指导教师队伍——星创团队，通过树立创新创业师资的培训目标，建立起培训创新创业教育师资的体系。为了导师团能够不断更新理念、掌握技巧、提升自我，在上海市就业促进中心、浦东新区就业促进中心、浦东新区教育局、上海市学生事务中心等多方支持下，学校选派优秀教师参加上海市创业培训"马兰花计划""领雁班""群雁班""高校创新创业实践教育师资培训班"等"双创"导师培训，打造一批政治素质强、创新意识高、创业视野宽的"双创""金师"，为学校"双创"工作提供有力支撑。在第十一届上海市"中华杯"教师职业技能竞赛中，学校 2 位教师荣获一等奖。

除了继续输送优秀教师参与创业培训，学校还主动对接园区、社区开展创业服务，选派教师到企业挂职历练，在实践中增强教师的知识储备。在实际行动中，学校结合"三全育人"理念倡导，准确做到统筹兼顾，利用好校内资源，通过聘请"双创"教育专家、企业专家开展专题讲座、"双创"沙龙等活动向学生传授相关经验，通过交流和学习，助推创新创业教育的开展。

（二）课程体系多元化，践行学生课堂知行合一

学校通过构建全方位、立体化和多层次的创新创业教育课程体系，坚持以学科

教育为起点，坚持普适性与个性化相结合、通识教育与专业教育相结合、理论教育与实践教育相结合、学校教育与社会实践相结合，不断进行调整完善。学校将创新创业类课程纳入人才培养方案，开设职业生涯规划课程，指导学生做好创业就业规划；开设形式多样的课程、培训、集训、比赛、训练营等活动，包括"创业意识与创业技巧"课程、"互联网＋创新创业大赛"集训、创新创业训练营活动、"创新意识及创客思维激发"课程、"思维工具运用"课程等18项培训项目。[①]

面向全体学生开设创业基础创新思维训练等普及性理论课程，激发学生的创新创业意识；挖掘和充实各类专业课程的创新创业教育元素，改革教学方法，让学生以项目形式参与课程教学，在项目实战中探索创新创业点，培养学生的创新创业能力；发挥校企合作和校内各类实训场所的实战功能，开好精英式创新创业实战课程。[②]

此外，学校结合教学内容创造各种可以让学生亲身体验的机会，如角色扮演、情景模拟、团队游戏、企业家分享、创业计划大赛、模拟公司、企业实践、融资实战等，培养学生的实干能力。

（三）积极开展校企合作，加强"双创"教育平台打造

学校积极开展校企合作，为学生提供更多实践机会，提升学生实际操作能力；促进产教融合，建立挂牌企业联合创新中心，与市场需求相结合，培养适应产业发展的人才；与国际知名职业院校和机构开展合作与交流，为校内有志创业的学生提供更多的资源和支持。

学校通过"四创融合"，即产创融合、赛创融合、专创融合、思创融合，围绕学生创新创业素质的培养和能力提升，提供全方位的教育供给，推进创新创业教育改革的深度和广度。学校为培养"大国工匠"不断探索努力，充分发挥地理优势，建立"校企合作地图"，努力探索三区合作办学模式，整体推进校企深度融合项目，形成一定的特色。强化专业实践教学，坚持和完善"三结合"，即突出教学与科研相结

---

① 陈宝生.办好中国特色社会主义教育　以优异成绩迎接党的十九大胜利召开——2017年全国教育工作会议工作报告［J］.人民教育，2017（21）：12-26.

② 卢洁，迟传德，袁一鸣."三全育人"理念下高校创新创业育人模式构建研究［J］.长春工程学院学报（社会科学版），2023，24（02）：25-28.

合、生产与社会实践相结合、实践教学和企业岗位相结合，多层次实践教学体系的设置，能方便地实现与社会需求的对接。①

（四）建立完善"双创"教育评价和教学体系

学校建立以实践能力和创新精神为核心的评价体系，建立必修创新学分，有效衡量学生在"双创"教育方面的成长和进步。同时，为鼓励学生积极参加各项竞赛，培养自身创新创业能力，学校设立创新创业优秀项目奖励制度，对优秀项目给予相应支持和奖励，并通过学分和奖励方式调动学生创新创业的积极性。②

四、结语

本文探讨了学校运用"三全育人"理念开展创新创业教育的发展策略和具体做法，包括加强课程资源整合、实践基地建设、导师队伍培训及完善评价机制等。学校厘清中职院校创新创业教育的价值取向，深刻理解推进创新创业教育改革发展的时代价值意蕴，不断突破各方参与主体的传统观念桎梏，将多元主体的目标统一于共同的价值认同，形成"三全育人"理念下创新创业育人理念和目标共识，并据此完善协同育人机制，把创新创业教育目标纳入学校高质量发展目标与评价机制，构建学校层面的协同联动机制，加强育人成效和工作质量考核评价，以创新创业价值目标引导全校师生树立协同育人理念，激发内生动力，将"全员"创新创业教育落实到教育、管理、服务工作之中。在"三全教育"的理念指导下，上海市群星职业技术学校的创新创业教育一定能够大放异彩。

---

① 张雅娟."三全育人"视域下的高职院校创新创业教育改革研究——以厦门兴才职业技术学院为例［J］.湖北开放职业学院学报，2022，35（16）：3-5.
② 叶程.基于"三全育人"理念的高校创新创业教育机制建设研究［J］.湖北开放职业学院学报，2023，36（05）：17-18.

矩阵式组织结构下的中职教师教学创新团队建设探索[*]

高　嬿

摘　　要： 本文聚焦于中职教师教学创新团队建设的核心要素教师，深入探讨团队建设面临的教师来源与结构单一、年龄与阅历层次趋同、专业发展环境与氛围不足以及梯队建设滞后等关键问题。针对这些问题，本文提出了采用矩阵式组织结构的解决方案。该方案强调横向项目合作、纵向专业精进协同发展。本文从矩阵式组织结构的引入、策划、实施、保障等方面进行了详细阐述，并展示了实施后的成效，旨在为中职教师教学创新团队建设研究提供有益的参考和借鉴。

关 键 词： 中职教师　教学创新团队　矩阵式组织结构

作者简介： 高嬿（1983—　），女，上海市群星职业技术学校教学主任，高级讲师。

一、中职教师教学创新团队建设的背景、现存问题及解决策略

（一）政策推动与团队建设趋势

随着国家对职业教育的日益重视，教师教学创新团队（以下简称"创新团队"）在推动职业教育质量提升中的核心作用愈发凸显。《国家职业教育改革实施方案》和《全国职业院校教师教学创新团队建设方案》为职业院校教学创新团队的建设指明了方向，并为其提供了坚实的政策支撑与发展空间。创新团队以"创新"为核心理念，不仅在教学理念、方法和手段上求新求变，更在团队构成、运作机制及与外部环境的互动中展现出前所未有的活力。相较于传统教学团队，创新团队更注重专业群构

---

* 本文系上海市教育科学规划课题（编号：C2024045）的阶段性研究成果，课题主持人为高嬿。

建、产教融合及团队内涵的深化。其多元化团队结构包括中职专任教师及企业兼职教师，且须满足师德师风、团队结构、团队负责人能力、教学改革基础、专业特色及保障措施六大条件，以确保创新团队的创新力与持续发展。

（二）创新团队建设面临的挑战

截至 2023 年 6 月，虽然有 111 个国家级职业教育教师教学创新团队已成功验收，初步展现了建设的积极效果，但经过对中职创新团队建设的深入调研与实然状态分析，我们发现该领域仍然面临诸多严峻挑战和待解问题。这些问题主要体现在团队成员的选拔与配置、目标设定与实现、引领作用的发挥，以及团队内部深化建设等多个层面，而问题的核心则聚焦于教师这一关键因素。

1. 教师来源与结构单一，导致团队内部思想碰撞不足，创新能力受限

中职教师的来源主要局限于高校毕业生，这种相对单一的补充渠道造成了团队内部教师背景的严重同质化，多元化的思想和经验交流显得尤为不足。新加入的教师往往缺乏职业教育的背景和丰富的教学经验，这使得他们难以迅速融入团队环境并贡献创新思维。这种教师来源与结构的单一性，不仅对团队的创新能力和教学质量的提升构成了障碍，同时也制约了团队的长期稳健发展和人才梯队的构建。

2. 教师年龄和阅历层次趋同，可能引发思维固化，缺乏创新动力

部分中职教师团队在年龄和阅历上呈现出过高的相似性。虽然这在一定程度上有助于形成统一的教学理念和方法论，但也可能导致思维的僵化和创新动力的匮乏。团队内部缺少不同年龄和阅历层次的教师之间的相互激荡，新的教学理念和教学方法的创新因此变得困难。同时，由于缺乏资深教师的引领和指导，年轻教师在专业成长的道路上往往感到迷茫和困惑。这种年龄和阅历的趋同性，对团队的创新活力和发展动力造成了负面影响，也不利于形成健康的团队文化和氛围。

3. 教师专业发展环境与氛围不足，制约教师的自我提升和团队创新

一些中职学校在教师专业成长的环境和氛围营造上存在明显不足。这主要体现在对教师专业发展的重视程度不够，缺乏有效的引导和激励机制，从而限制了教师自我提升的动力和机会。教师之间缺乏交流合作与资源共享的平台和机制，难以形成良好的创新氛围和文化。这种各自为战的状态，进一步制约了创新团队的发展和整体效能的提升。同时，学校内部尚未形成鼓励创新、宽容失败的文化氛围，导致教师在面对教学创新时往往畏首畏尾，缺乏大胆尝试的勇气。

4.教师梯队建设滞后，影响团队的可持续发展和人才储备

教师梯队建设的滞后也是一大问题。部分中职学校在青年教师培养和职业规划指导上的不足，导致青年教师的成长速度缓慢，流失率较高，难以在教学创新中发挥应有的作用。同时，中老年教师与青年教师之间缺乏有效的经验传承和交流平台，使得团队的发展缺乏连续性和稳定性。这种断层现象对创新团队的可持续发展和人才梯队建设产生了严重影响。此外，部分学校对教师的职业发展路径规划不够明确，导致教师对自身的未来发展方向感到迷茫和困惑。

（三）矩阵式组织结构解决方案

作为一种融合了职能型组织结构[①]与项目型组织结构[②]的先进模式，矩阵式组织结构具有资源共享、灵活应对、促进跨部门合作以及培养多面手等诸多优势。它是一种行列交叉的网格状结构，在此结构下，员工既归属于特定的职能部门，同时也参与到具体的项目或产品团队中，这种特殊的双重归属关系为资源的灵活调配提供了可能，从而显著提升了组织在复杂多变环境中的应变能力。

矩阵式组织结构在多个行业，如制造业、IT 行业和咨询领域，均得到了深入应用。其显著优势表现在以下四个方面：首先是资源共享，通过项目团队的组建，有效地整合了各部门的资源，实现了高效的资源共享，进而优化了资源使用效率；其次是灵活应对，该结构能快速响应市场动态，调整项目团队的人员构成和工作方向，以满足客户的多样化需求；再者是促进跨部门合作，由于员工来自不同的职能部门，这种结构自然地打破了部门间的隔阂，推动了跨部门的知识交流和协同合作；最后是人才培养，员工通过参与多元化的项目，积累了丰富的实践经验，从而全面提升了自身的综合素养和适应能力。

针对中职创新团队建设当前面临的挑战，矩阵式组织结构通过打造跨学科、跨领域的项目团队，可以推动教师之间的交流与合作，激发他们的创新思维。同时，通过明确纵向职能与横向项目的职责范围，建立畅通的沟通渠道，完善激励与考核机制，并加强领导力的引导作用，为中职创新团队注入新的活力，实现显著的突破和进步。

---

① 职能型组织结构亦称 U 形组织，是按职能来组织部门分工，即从企业高层到基层，均把承担相同职能的管理业务及其人员组合在一起，设置相应的管理部门和管理职务。

② 项目型组织结构是指那些一切工作都围绕项目进行、通过项目创造价值并达成自身战略目标的组织。

二、矩阵式组织结构在"星"链—数字文创教师创新团队建设中的应用

（一）"星"链创新团队概况及服务专业群特色

"星"链—数字文创教师教学创新团队（以下简称"'星'链创新团队"）是经上海市教育委员会遴选确定的首批上海中等职业教育市级教师教学创新团队立项建设的 36 个创新团队之一。"星"链创新团队由 20 位经验丰富的教师组成，学术背景深厚且教学实践能力强。团队成员涵盖公共基础课、专业课及企业兼职教师，确保教学全面深入。团队中包括高级讲师、双师型教师等，能进行高质量、多维度的教学协作。平均年龄 39 岁的年龄结构保证了教学的稳定性与创新性。在教学管理方面，由副校长、教务主任、专业负责人和骨干教师等高效执行，确保教学质量。

"星"链创新团队服务于数字媒体类专业群建设，致力于提高教学质量与学生满意度。专业群覆盖动漫与游戏制作、艺术设计与制作、数字影像技术等多个领域，强调多元化与包容性，提供广阔的创作空间。同时，注重实践与创新，鼓励学生通过艺术实践提升技能并激发创新思维。团队还关注行业趋势，提供前瞻性的知识技能培训，并注重国际化教育资源的引入，促进文化交流。

（二）矩阵式组织结构引入策略及其实施意义

根据专业群建设的需求和特征，构建"星"链创新团队的矩阵式组织结构。该结构以专业/学科和项目为双轴线，行列交错、协作推进。列主线代表专业/学科的纵向深度发展，行主线聚焦项目的横向协同推进。教师在列主线内授课，与专业/学科组保持着组织和业务上的联系，相对独立；在行主线上开展科研项目，根据项目的不同阶段、需求适时加入，完成任务后项目自动解散。因此，"星"链创新团队的矩阵式组织结构行是一条"项目组"线，列是一条"专业/学科组"线，分别代表项目成效和专业精进。这种结构带来巨大的灵活性和效率，使教师在专业上更加精进，能够更好地服务于团队项目的实施，同时团队项目的成果也能更好地彰显教师的个人价值。

1. 纵向专业/学科精进与动态提升

纵向专业/学科线包括教师的教学认知、教学操作以及教学监控等。为了确保团队的稳定和持续发展，团队建立了一套层级清晰、晋升机制透明的教师发展体系。通过明确划分教师层级，如初级双师型教师、中级双师型教师、高级双师型教师等，并设定相应的职责与发展目标，我们为每位教师提供了清晰的职业发展路径。此外，我们还实施了动态的提升机制，根据教师的实践周期、实践成果和团队协作表现等

因素进行综合评估，以确定其晋升资格。这一策略有效激发了教师的积极性和创造力，为团队的长期发展奠定了坚实基础。

2. 横向项目合作与动态调整

横向项目线涵盖专业群内涵提升、课程与教材建设以及课题研究等。鉴于数字媒体类专业群的多元性和实践性，组织结构强调以项目为导向，吸引具有不同专业背景和实践经验的教师加入。通过灵活的项目合作机制，整合动漫与游戏制作、艺术设计与制作、数字影像技术等专业领域的需求，动态调配团队成员。这一策略不仅优化了人力资源配置，还促进了团队成员之间的优势互补和高效协作。同时，项目制的运作方式也为教师提供了在实践中学习和成长的平台，进一步提升了教学质量和创新能力。

3. 交叉培训与专业发展支持

为了提升教师的专业素养和创新能力，团队推行交叉培训与专业发展支持策略。通过组织定期的专业培训、学术交流等活动，帮助教师拓宽知识视野，掌握最新的教学方法和技术。同时，团队还建立了资源共享平台，鼓励团队成员之间进行深入交流与合作创新。此外，团队还为教师提供了个性化的专业发展支持，如教学咨询、课题研究等，以助力其实现个人职业成长和团队整体实力的提升。这些举措为团队注入了新的活力，推动了教学质量的不断提高。

（三）矩阵式组织结构构建的详细过程

在构建矩阵式组织结构的过程中，首要任务是确立明晰的领导结构，以确保团队运作的高效与有序。这一领导结构由纵向负责人和横向负责人共同构成，形成了一种独特的双向管理模式。

1. 确定领导结构

纵向负责人承担"学科/专业组"线的管理，由资深且在本学科或专业领域内具有广泛影响力的专业负责人或组长出任。其核心职责是监控并持续提升本学科或专业领域的教学质量，确保学科教学的专业性和前沿性。

横向负责人专注"项目"线的管理，由具有丰富项目管理经验的市区级项目负责人出任，全面负责项目的团队构建、日常管理及工作协调，保证项目能够顺利进行，并在必要时进行跨部门的资源调配和沟通。

骨干教师扮演举足轻重的角色，负责具体的教学实施，承担学生指导的重任。他们的专业素养和教学能力直接影响着项目的教学质量和学生满意度。

2. 精细化设立教学与科研项目

在明确了领导结构后，"星"链创新团队进一步根据数字媒体类专业群的特点和需求，精细化设立了多个教学和科研项目。这些项目旨在提升学生的实践能力和创新思维，同时也为教师的矩阵式活动提供了平台。

（1）纵向学科／教学项目设立。针对动漫与游戏制作、艺术设计与制作、数字影像技术等不同领域，分别设立了微电影制作、游戏制作、传统动画制作、盲盒文创制作等具有针对性的教学项目。每个项目都由具备相关背景和专长的教师负责，以确保教学的专业性和深度。

（2）横向科研项目设立。为了支持教学项目的顺利实施并推动学科发展，设立了多个科研项目，如课题研究、专业教学标准开发、在线开放课程建设、网络课程建设以及教材编写等。这些科研项目不仅有助于提升教师的教学和研究能力，而且为教学创新提供了源源不断的动力。

（四）矩阵式组织结构的实施挑战与应对策略

在实施矩阵式组织结构的过程中，我们面临着一系列的挑战，如跨部门协作的复杂性、文化氛围的营造、教师角色转换的困难以及教师发展梯队的建设等。为了应对这些挑战，我们采取了以下策略：

1. 强化跨部门协作

为了促进不同学科教师之间的深度合作与交流，我们建立了定期的跨部门沟通会议制度。通过这一制度，不同学科的教师能够定期聚在一起，分享教学经验、探讨教学问题并共同寻找解决方案。此外，团队还利用先进的在线协作平台，实现信息共享与任务协同，从而进一步提高跨部门合作的效率和效果。

2. 营造文化氛围

团队营造协同创新、开放包容的团队文化氛围，激发了教师的创新活力。团队采取了一系列具体措施来打造这样的文化氛围，如定期组织教师参与各类专业培训和学术交流活动，帮助教师不断更新知识结构、提升专业素养和创新能力。同时，团队还通过定期的研讨会议和经验分享会等形式，促进团队成员间的深入交流与合作。此外，团队也积极拓展外部合作渠道，与相关行业、企业和研究机构建立紧密的合作关系，共同推进教学创新实践。

3. 支持教师角色转换

在矩阵式组织结构中，教师需要适应并扮演好学科教师和项目团队成员的双重角色。为了帮助教师顺利完成这一角色转换，团队提供了全方位的培训和指导，并鼓励成员通过实践来不断提升自己的跨学科教学能力。只有当教师能够自如地在不同角色之间切换时，教师才能更好地为教学创新做出贡献。

4. 构建层次分明且动态晋升的教师发展梯队

针对当前中职教师教学创新团队中教师发展参差不齐的问题，团队认为构建一个层次分明、动态晋升的教师发展梯队显得尤为重要。为实现这一目标，团队首先通过科学评估教师的教学成果、创新能力和专业发展情况等因素，将教师划分为不同的层级；其次，为每个层级设定了明确的发展目标和职责，并建立公平公正的晋升机制；最后，特别关注青年教师的成长与发展，通过实施导师制、教学团队带教等方式给予他们重点培养和系统指导。我们相信，这样的教师发展梯队不仅能够实现教师资源的优化配置和整体发展，还能为中职教育教学质量的提升提供有力保障。

（五）矩阵式组织结构实施的保障措施与具体举措

1. 细化制度建设与执行

为确保教学创新团队的稳定运作，团队构建了清晰、全面的制度框架。该框架详细规定团队成员的权利与义务，明确团队的运作流程与规范。同时，实施严格的执行与监督机制，设立专项监管机构或指派专人，对教学创新团队的日常活动进行全面监控，保证制度的有效实施。此外，定期的评估与反馈机制有助于及时发现问题，持续改进和优化制度建设。

2. 资源投入与共享平台运营

针对教学创新团队的需求，明确包括教学设备、研究资料和技术支持等在内的所需资源，并据此制订科学的资源投入计划，保障团队工作的顺利进行。同时，构建教学资源和经验分享平台，鼓励团队成员积极上传和分享自己的教学资源、案例和经验，以推动团队内部的知识传承与共享。为确保平台资源的有效利用和知识产权的保护，须制定详尽的共享平台管理规定，规范资源的上传、下载和使用等行为。

3. 培训提升与学术交流计划

为满足团队成员的个性化需求，团队制订全面的培训计划，涵盖教学理念更新、教学方法提升和教育技术应用等多个方面。此外，定期组织内部和外部的学术交流活动，邀请行业专家和教育学者举办讲座或研讨，以拓宽团队成员的学术视野。鼓励团队成员积极参与各类教学成果展示活动，将团队的教学创新成果进行广泛推广和应用，从而提升团队的社会影响力和认可度。

三、结论

通过对"星"链创新团队建设的深入探索，初步验证了矩阵式组织结构策略的有效性，并得出以下结论：

1. 矩阵式组织结构有效破解了教师来源与结构单一化的难题。群星职校成功组建了由上海市中等职业学校教学指导委员会副主任委员 1 人、委员 8 人，浦东新区学科带头人 4 人、区骨干教师 10 人、区青年新秀 2 人等构成的多元化、高层次教学团队。这一结构不仅确保了教学资源的优化配置和高效利用，还通过跨学科、跨专业的教师组合，引入了丰富多样的教学资源和观点，显著提升了团队的创新能力和教学质量。

2. 矩阵式组织结构在缓解教师年龄和阅历层次趋同问题上发挥了积极作用。通过科学合理的梯队建设和职业发展路径设计，群星职校成功吸引了不同年龄、不同背景的教师加入团队，实现了教师资源的优化配置和高效利用。这种结构为团队注入了新的活力和创造力，推动了教学工作的持续创新和发展。

3. 矩阵式组织结构极大改善了教师专业发展环境与氛围不足的问题。群星职校为团队成员提供多样化的专业发展机会和资源，营造了积极向上、充满活力的团队氛围。在这种环境下，教师的创新活力和工作热情得到了充分激发，推动了团队在教学、科研和社会服务等方面的全面发展。

4. 矩阵式组织结构在解决教师梯队建设滞后问题上取得了显著成效。通过科学合理的选拔和培养机制，群星职校成功构建了一支结构合理、层次分明的教师梯队。这支梯队不仅为数字文创教育的长远发展奠定了坚实基础，还为学校未来的教学创新和改革提供了有力的人才保障。

近年来，"星"链—数字文创教师创新团队的建设硕果累累：完成 6 项市级课题、8 门在线课程、23 本自编教材、3 个专业教学标准、3 个现代学徒制试点和 3 项优质课堂建设；荣获上海市课程思政示范课程及示范团队，多项国家级、市级教学奖项，包括特等奖、一等奖等；在班主任能力大赛中也取得了优异成绩；指导学生参加全国技能大赛获一等奖 2 次，在上海市"星光计划"职业院校技能大赛中获多个奖项；此外，在"互联网＋"大学生创新创业大赛中也获得了金奖和铜奖。这些成果充分展示了"星"链—数字文创教师创新团队建设的卓越成果和强大实力。

在行为规范养成中促进中职学生自驱成长的探索与实践

张东明

摘　　要： 行为规范养成教育是中职学校德育的核心内容，也是衡量学校育人效果的基本准则。上海市群星职业技术学校从办学理念、德育目标和行为规范的总体目标出发，构建了以"星漫小子"成长系列活动为载体的行为规范养成体系，促进了学生自驱成长。通过设计"明个人教养、笃个人言行——自觉自律、悦纳自我""明家校规矩、笃家校活动——接纳同伴、完善自我"和"明社会规范、笃社会服务——融入社会、实现自我"的教育方案，激发学生的自驱成长动力，逐步提高学校行为规范教育的实效，持续优化育人成效。

关 键 词： 自驱成长　行为规范养成　探索　实践

作者简介： 张东明（1972—　　），男，上海市群星职业技术学校德育处主任，讲师。

中职学段是学生人生中全面发展的高峰时期，这一时期学生自我意识的发展状况决定自主功能的发挥状况，又决定了他们能否成为自律、自强、奋发有为的新时代建设者。中职学生的认识自我、发挥和运用自我的力量对其今后健康成长至关重要，如何推动他们自我成长，需要教育者给予正确的帮助和引导。学校通过建立有针对性的行为规范养成体系来不断促进学生自我成长。学校在近 50 年的发展中不断寻求发展、不断创新突破，近年来荣获了上海市行为规范示范校、上海市安全文明校园、上海市绿色学校等诸多荣誉。学校秉持"厚德尚美、砺技强生、以达群星"的办学思想，围绕"明德、砺技、尚美、强体"的育人目标，推进学生综合素养提升，形成了"明德笃行"这一学校行为规范教育的总目标。根据中职学生实际情况，结合多年的实践和探索，学校从"遵循—内化—养成"三阶段，制定了三个年级的行为规范教育目标和要求，逐步在学生中建立起了自我成长、自我提升的平台，学生能在自驱成长中建立起规则意识，为良好行为规范养成体系的实施奠定了扎实的基础。

一、行为规范养成在自驱成长中的意义

自驱成长是指个体在发展过程中，通过内在动力驱使自己主动探索和学习，从而实现自身的成长和发展。自驱成长理论最早由美国心理学家德西（Deci）和瑞恩（Ryan）于 1985 年提出，他们在之后的研究中不断对其完善和深化。该理论主要涵盖三个核心概念，即自我决定论、内在动机和外在动机。自驱成长理论在教育领域的应用主要包括教师如何激发学生的内在动机和自我决定能力，以及如何营造有利于学生自驱成长的教育环境和氛围。

学校行为规范体系是指学校在谋求发展的过程中，唯有站在时代的潮流提出育人目标，才能培养出符合时代需要的现代职校生，才能使学校的行为规范教育获得时代精神力量的支持，由此，学校提出的"明德笃行"行为规范总目标有了更深刻的诠释。明德笃行，就是明个人教养、笃个人言行，明家校规矩、笃家校活动，明社会规范、笃社会服务。这些理念构成了建设学校行为规范教育所遵循的原则。

1. 自驱成长意味着学生拥有自我激励和自我管理的能力，能够主动规划和执行学习和生活的目标和任务。自驱成长与学生行为规范之间存在着密切的联系，二者相互推动、相互影响。在自驱成长的过程中，学生会逐步建立起对自身的要求，并致力于将这些要求付诸实践。这种自我要求和规范可以促进他们行为规范的养成，敦促其自觉地遵守学校和社会的规范和规则。

2. 在实施学生行为规范养成教育体系的过程中，学校和教师要注重培养学生的自驱成长能力。首先，通过教育引导、激励、模范示范等方式，帮助学生深刻认识到自驱成长的重要性，并激发他们的自我激励和自我管理意识；其次，开展自驱成长的培训和活动，为学生创造学习和成长的机会和环境，从而助力他们发展自驱成长的技能；最后，通过制定学生行为的规则，明确学生的行为要求和标准，并引导学生遵守，从而培养学生的自我约束和自我管理能力。

3. 通过构建和实施学生行为规范养成教育体系，可以有效地促进学生的自驱成长，提高学生的行为自律能力，从而推动学生的全面发展。为了实现这一目标，学

校和教师可以通过教育引导和规范引导等方式，帮助学生理解和遵守学校和社会的规范和规则，培养他们的自我约束和自我管理能力。只有这样，我们才能真正完成学生行为规范养成体系的构建与实施，为他们的成长和发展提供良好的支持。

二、激发自驱力的具体实践与探索

根据实际情况，学校制定了针对不同年级的行为规范养成目标体系（见表1）。学校秉持"以活动牵引学生兴趣，以技能引领学生成长"的理念，根据不同专业特色，着手打造"星漫小子"成长系列活动，这些活动包括班级、校园和社会三个部分。此外，学校还举办了群星动漫节、群星艺术节、群星社团节、群星电影梦工厂、漫展中华和三林瓷刻等一系列特色活动。活动精心设计了一个以群星动漫为标志的卡通角色"星漫小子"，并为"星漫小子"打造了各专业的独特造型和积极正面的形象，旨在培养学生对动漫的深厚情感，激发他们对美的热爱和创造美的内在动力，

表 1　行为规范分层目标及实施内容

	年级	行为规范分目标	行为规范教育主要指标	行为规范教育主要活动
行为规范总目标	职一年级	明个人教养、笃个人言行 自觉自律、悦纳自我	尊敬国旗国徽、认真唱国歌、仪容仪表规范、用语规范、调整学习习惯、尊敬师长、文明用餐、文明绿色上网、生活自律、确保8小时的睡眠时间、遵守校规、参与班级和学校活动。	政训活动、军训活动、全校礼仪训练、行为规范系列讲座、行为规范考试、主题班会、光盘行动、法治教育月活动以及动漫节、艺术节等实践活动。
	职二年级	明家校规矩、笃家校活动 接纳同伴、完善自我	维护集体荣誉、优化学习习惯、按时完成作业、考试诚信、爱护公物、生活节俭、团结同学、孝敬父母、参与家务劳动、遵纪守法、参与志愿者服务等活动。	社会实践、各类竞赛、国防教育、成人仪式、职业体验日、主题班会、居家劳动、社区志愿者活动以及动漫节、艺术节、电影梦工厂、漫展中华、三林瓷刻等实践活动。
	职三年级	明社会规范、笃社会服务 融入社会、实现自我	学会学习、了解企业岗位要求、认同企业文化、参与企业实践活动、遵守企业劳动纪律制度。	就业指导讲座、模拟面试、毕业设计答辩、毕业作品展、校企招聘会、毕业典礼、顶岗实习等。

帮助他们为实现职业梦想而不懈努力。在多元活动中，学生不断建立起基本的规则意识，逐步提升守纪的内驱动力。

（一）构建目标

学生自驱成长过程必须要有载体，学校打造了"星漫小子"成长系列活动，充分利用学校专业"美"的特质，以"创造美"为特征，以"润心"为核心目标，将行为规范教育、思政教育和专业育人目标有机地结合在一起，将"美言、美行、美技、美艺、美作、美品"等多个方面融入"星漫小子"成长系列活动。活动聚焦"个人规范之美、团队和谐之美、学校文化之美、社会服务之美"，并在活动中突出"美"的个人形象，提倡美的思想和行为，建立美的师生关系，创作美的艺术作品，并铸就美的良善人格。同时，这也唤起了"星漫小子"们悦纳、合作、感恩和奉献的情感，从而帮助学生从内心激发自觉守纪的动力。

（二）具体实施

1. 将行为规范的标准融入活动方案，激发自驱成长

学校制定了《上海市群星职业技术学校"星漫小子"成长系列活动方案》和《"星漫小子"成长系列活动之三大活动育人项目实施方案》（见表 2）。这些方案以行为规范的要求作为活动的首要目标，以"美"育人，将美言、美行与行为规范教育中的仪容仪表、规范用语和尊重师长等元素相融合，同时将美技、美艺与行为规范教育中的学习习惯和团队意识相结合，以及将美作、美品与行为规范教育中的劳动教育和积极的价值观相结合，培养学生具备悦纳、合作、感恩和奉献的心态，从而在活动中实现自驱成长。

表 2　三大活动育人项目表

	德　育			技能育人	艺术育人
自驱成长	认同自我	学会悦纳	挑战自我学会表达	影视后期专业实践	电影梦工厂微视频创作
	锻炼自我	学会合作		动漫专业实践	动漫节系列活动
	超越自我	学会传递	提升自我学会创新	艺术类专业实践	漫展中华传统文化系列作品制作

2. 将行为规范管理落实到部门合力中，保障学生自驱成长

在"星漫小子"成长系列活动中，学校的所有部门都积极参与，分管德育的校

长为总指挥，德育部门主要负责学生条线，党政办和工会负责教师管理人员条线，教务处负责专业组条线，招就办负责企业条线，总务处负责物品和环境保障。学校还制定了《"星漫小子"成长系列活动方案》，明确活动的内容和要求，保证活动的顺利进行。各条线合力，将师生的行为规范要求落实落细，将行为规范工作落实到活动的全员、全方位、全过程。

3. 将行为规范目标落实到不同活动中，丰富自驱成长内容

"星漫小子"成长系列活动以"美"为主线，设置班级篇、校园篇、社会篇。班级篇围绕"理想信念、爱国主义、道德品行、法治知识、职业生涯、身心健康"等主题班会和专业实践活动，强调个人言行规范；校园篇围绕"文化技能类、艺术表演类、体育健身类、公益实践类"等多个主题，举办群星动漫节、艺术节、社团文化节和体育节，强调人与人之间的规范交往；社会篇主要聚焦于"社会服务类、志愿活动类、企业实践类、社会参与类"等多种公益活动，并特别强调社会服务的规范性。

4. 将行为规范示范在活动中呈现，促进自驱成长

学生在美的感召下，由关注、关心、关爱自己扩展到他人和社会。在班级篇中，他们遵循行为规范，自觉自律，悦纳自我，寻找自信，充分展示自我；在校园篇中，他们将行为规范内化，完善自我，接纳同伴，营造和谐的校园氛围；在社会篇中，他们养成行为规范，通过志愿服务和无私奉献，融入社会，实现自我价值。"星漫小子"成长系列活动，不但为学生提供了发现美、欣赏美和创造美的平台，更助推了学生行为规范的养成，并帮助他们在活动中找到自驱成长的路径。

5. 将行为规范提升呈现在科研中，彰显自驱成长成果

学校教师在探索德育工作、班级管理、思政教育实效的过程中，特别强调了行为规范养成教育的核心价值和关键作用。为此，他们撰写了众多教育研究论文和案例分析，包括《群星职校微电影现象的教育启迪》《专业引领下的职业学校校园文化活动实践探索》《案例：漫展中华精髓　画扬传统文化》《中职德育课堂"感受—认同—内化"情境教学法研究》《中高职贯通班英语教学的德育渗透点初探——以群星职校中高职贯通游戏设计专业为例》《职校班主任信任和公平的教育艺术》《中等职业学校德育课时效性的思考》以及《创美润心、自驱成长——中职校园文创活动设计与实践探索》等。这些都集中体现了学校的研发与探索过程。

三、建设成果

通过活动参与，学生能够消除逆反情绪，降低自卑心理，增强自信与自尊，充分利用自己的知识和特长，发掘自己的价值，实现从兴趣点到成就感再到责任感的转变。"星漫小子"们从自卑、被动、厌学转变为自信、主动、好学。"星漫小子成长"这一系列活动不仅推动了行为规范教育的形成，还突出了行为规范教育从遵从到内化再到养成的过程。在这些活动中，"星漫小子"们悦纳自己、接受同伴、融入校园、服务社会。

在多年的实践中，学生在"星漫小子"成长系列活动中建立规范美，树立个性美，在知行合一中创造艺术美，展现了"星漫小子"们积极向上的奔跑姿态。学校举办的"群星动漫节"被评为上海市职教系统校园文化建设优秀品牌项目，形成沪上独特的"群星职校微电影"现象，赢得了 60 多项市级及以上文明风采活动荣誉。动漫游戏、数字影像技术和平面设计专业教师不但亲赴新疆喀什莎车县高级技工学校授课，还克服疫情期间的种种困难，带教 9 名来沪培训的莎车文创专业的骨干教师。"电影梦工厂"和"漫展中华"活动作品在微信公众号、微信视频号等自媒体平台上被频频推送。师生相关文创作品和成果荣登"学习强国"，点击量高达 6.3 万人次。学校的活动育人特色被上海教育电视台、《解放日报》等主流媒体报道。学校《三大文创活动驱动中职学校德技艺融合育人的路径探索与实践》荣获了上海市优秀教学成果奖。

在多年来的实践中，学生行为规范养成教育是学校全面发展的核心部分，行为规范养成教育体系的常态化良好运行更离不开学生的自觉遵章守纪，其真正的意义在于引导学生深入思考并主动实践。学生的自我教育、自我提升是循序渐进的过程，今后要走的路还很长，我们计划以"星漫小子"成长系列活动为抓手，将更多、更有效的满足学生成长需求的方法和措施整合进该系列活动之中。今后，学校将继续致力于将学生的行为规范和教育目标深深植根于每一个学生的内心。

中职社团活动中美育浸润的实施价值与优化策略

王靖怡

摘　　要： 中职学校是培养应用型人才的摇篮。中职社团活动作为学生日常教育的重要组成部分，在培育学生综合素质、塑造健全人格方面起到了不可忽视的作用。学校以丰富多彩的社团活动作为美育路径，让学生在活动中感受美、认识美、创造美，从而实现美育的自然浸润，为进一步研究美育在中职社团活动中的开展策略提供了有益的参考。

关 键 词： 中职　美育　社团活动

作者简介： 王靖怡（1985—　　），女，上海市群星职业技术学校学生处主任，讲师。

在中职教育这个培养职业人才的重要阶段，美育是促进学生全面发展的不可缺少的组成部分。上海市群星职业技术学校坚持"厚德尚美、砺技强生、以达群星"的办学思想，围绕"以活动体验引领学生成型、以专业技能引领学生成长、以校企合作助力学生成才"的育人特色，同步践行学校"德技艺"协同发展的育人目标。学校把社团活动作为学校课程实践的主要延伸，积极打造育人课堂的主阵地。学校根据数字文创的专业特色着手打造"星漫小子"成长系列活动，并基于"社团文化节"开设了群星动漫节、群星艺术节、群星社团节、群星电影梦工厂、漫展中华、三林瓷刻等特色活动，开创了学校美育"一校一品""一校多品"的生动局面。

一、社团活动对中职学生的积极影响

（一）自主选择社团，激发学习兴趣

学校至今已开设了文体类社团和技能类社团共计三十余个，文体类社团如篮球社、合唱社、舞蹈社、啦啦操社等，为学生提供了锻炼身体、培养艺术修养的平台；

技能类社团，如动漫社、摄影社、创业社等，则有助于提升学生的专业技能和创新能力。学生从自身的兴趣出发，通过选课系统加入不同的社团，这种自主性使得学生更愿意投入时间和精力，积极参与到社团活动中去，进而激发学生学习兴趣，提升专业技能水平，为未来的就业或进一步学习打下坚实的基础。

（二）增强团队协作，提升素养能力

加入社团对于学生来说不仅是一种兴趣爱好上的选择，更是一个锻炼和提升自我的机会。在社团活动中，学生不仅需要与其他成员合作完成一系列任务或项目，还要在与他人合作中学会倾听他人意见、尊重他人观点，并能够有效地与他人沟通、协调。这些都能够促进学生在团队合作、社会交往中培养良好的人际关系和沟通能力，相互学习、相互帮助，共同成长。这对他们未来的社交和职业发展具有重要意义。

（三）追求以练求精，培养工匠精神

在社团活动中，学生通过参与各种实践活动可以了解职业特点和工作流程，同时这也是在培养学生工作中所需的精益求精、追求卓越、不断创新的精神。对于中职学生来说，培养工匠精神不仅有助于提高职业技能和就业竞争力，更是塑造人生价值观和职业态度的重要途径。

（四）提供展示平台，助力个性发展

无论是文艺表演、体育竞赛还是技能展示，都能通过学校的"社团文化节"让学生有机会充分展示自己的才能和实力，有助于营造积极向上的校园文化氛围；既能增强学生的自信心和自尊心，还能激发学生的创造力和创新精神，推动学生的个性发展。

二、美育浸润在中职社团活动中的实施价值

美育，即通过培养人们认识美、体验美、感受美、欣赏美和创造美的能力，从而使人们具有美的理想、美的情操、美的品格和美的素养。[①] 美育是国家文化软实力的重要组成部分，对于提升国家的核心竞争力具有深远的影响。它能够陶冶人们的情操，滋润心灵，并激发出无限的创造力，为社会进步提供源源不断的动力。进入

---

① 王浩，王琴琴，王娟.美育对中职学校发展的影响研究［J］.成才之路，2020（03）：70-71.

新时代以来，习近平总书记在不同场合多次强调发展美育的重要意义。2023 年 12 月，教育部印发了《教育部关于全面实施学校美育浸润行动的通知》，为学校进一步加强美育工作，强化美育的育人功能做出了指示和指导，其中明确了行动的目标："以美育浸润学生，全面提升学生文化理解、审美感知、艺术表现、创意实践等核心素养，丰富学生的精神文化生活，让学生身心更加愉悦，活力更加彰显，人格更加健全。"[①]

（一）融入艺术知识，充实社团内涵

学校制订了美育实施总计划，要求社团教师在活动开展的过程中不能局限于技能的训练，而要从审美的角度出发，开阔学生的艺术眼界，丰富他们的文化领域。例如，在舞蹈社团学习民族舞的过程中，指导教师结合舞蹈的技能，讲解了舞蹈艺术的历史、传统和风格，增进了学生对不同文化的尊重与包容；同时，通过引入一些现代舞蹈元素，让学生能够感受到不同风格舞蹈的魅力，增强了学生的文化自信心和归属感。在社团活动中，学生不仅仅是参与者，更是欣赏者和创作者。通过音乐、舞蹈、戏剧等艺术形式，学生可以提升自己的审美能力和艺术鉴赏能力，培养对美的感知与理解能力。同时，艺术知识的融入还传递着人文精神和文化价值观，有助于培养学生的道德情感和社会责任感。

（二）弘扬传统文化，拓展社团载体

习近平总书记指出："文化自信是一个国家、一个民族发展中最基本、最深沉、最持久的力量。"学校在社团活动中聚焦实践活动的思政元素、文化建设的思政方向，凸显社团的思政育人和实践育人双重导向。学校的三林瓷刻社团邀请了上海市非遗项目"三林瓷刻"传承人张宗贤老先生走进课堂，手把手带学生领略瓷刻的魅力。在社团活动中，学生从学习手工操作到聆听非遗理论，深刻感知并感悟源远流长的传统文化，传承民族生生不息的根脉。社团作为文化传承的重要力量，正以其独特的方式和魅力为传统文化的传承和发展贡献着力量。

（三）培养创新思维，提升社团育人

学校创新创业社团以每年的创新创业大赛为基础开展活动，社团组织各种创新

---

① 中华人民共和国教育部.教育部关于全面实施学校美育浸润行动的通知［EB/OL］.（2024-05-27）［2023-12-22］.www.moe.gov.cn/srcsite/A17/moe_794/moe_628/202401/t20240102_1097467.html.

讲座和实践活动，邀请校内外专家、企业家分享创新经验和案例，让学生深入了解各行业的前沿动态和市场需求，鼓励学生运用美学原理和设计思维，设计出美观又实用的创新作品，并定期组织创业项目汇报活动，求学生分组完成从项目策划到执行的全过程。学生在跨学科融合的活动中不仅能够丰富知识结构，培养综合运用知识解决问题的能力，还在实践中提升了沟通解决问题的能力，激发了创新灵感和创业热情，助力自己在创新的道路上不断前行。

三、优化中职社团活动中的美育浸润策略

通过上述内容可知，美育的浸润可以丰富社团活动的内涵，提升活动的质量，促进学科与艺术的有机结合，培养学生的审美能力与人文素养。为了进一步提升中职社团活动的美育浸润功能，还需要注重活动的设计与组织、教育导向的引导以及评价机制的完善，从而让学生通过参与富有审美价值的活动，全面发展自己的人文素质和创新能力。

（一）拓展社团活动载体

为优化中职社团活动中的美育浸润，首先应关注社团活动的设计与实施，拓展学校艺术教育品牌项目，深化"群星社团节"内涵建设，设计出富有创意和趣味性的活动内容。其次，可以邀请相关教育专家走进学校举办艺术讲座，为学生提供新的艺术视角和创作灵感，激发学生的艺术兴趣和创造力。在与专家交流互动的过程中，学生也能了解到艺术教育的重要性及其在社团活动中的应用价值。另外，社团活动可以走出校园，组织学生走进艺术场馆切身感受艺术氛围。通过参观博物馆、美术馆、音乐厅等场馆，学生可以近距离欣赏各种艺术作品，深入了解艺术家的创作历程和时代背景。这种身临其境的体验，不仅能够增强学生的艺术感知能力，提升艺术修养，还能拓宽他们的视野，转变他们的思维方式。

（二）增强美育教育导向

增强美育教育导向意味着在中职社团活动中融入更多美育元素，以促进学生审美能力和创造力的发展。美育教育导向的实施可以通过丰富多样的方式来实现。比如，可以继续深化"走进艺术宫"项目，在这个过程中，学生不仅可以近距离欣赏优秀的艺术作品，了解不同艺术家的风格和创作思路，还可以设置"学生导览员"岗位，由学生向观众介绍作品的创作背景和艺术元素，引导学生进行思考和讨论，

深化他们对艺术的理解。在"高雅艺术进校园"活动过程中，学校可以邀请相关专家来校，如请专业音乐团体或音乐教育机构来校进行音乐会演出。学生不仅可以欣赏到高水平的音乐演奏，而且可以了解不同音乐风格和乐器演奏技巧。还可以设置互动环节，让学生直接与专家、大师"面对面"，参与演奏或合唱，增强学生的音乐表达能力和团队合作能力，激发学生的情感共鸣和合作精神。通过增强美育教育导向，中职社团活动能够打破传统学科知识的框架，为学生提供更广阔的学习空间和发展平台。通过参与各种艺术活动，学生可以培养创造性思维、审美能力和情感表达能力。这些都有助于培养学生的综合素质和个性发展，提高他们对美的敏感性和欣赏能力，为学生的成长和发展带来更多的机会和可能性。

（三）完善美育评价机制

美育评价机制的完善是中职社团活动中美育浸润策略的重要环节。尽管学校已经建立了社团活动的评价体系，但是美育的相关指标还不够健全。学校应对社团活动中的美育成果进行全面、客观的评估，这个评价体系应该包括学生的参与度、创新能力、审美水平等多个方面。通过开展自我评价、生生评价和教师评价，学生可以更好地认识自己的不足之处，并不断努力改进和提升；教师也可以及时调整活动策略，促进社团活动的持续改进，提高教育效果。学校还可以定期开展社团活动的成果展示和评选活动，让学生有机会展示自己的艺术成果，并建立相关奖励机制，对在社团活动中表现突出的学生进行表彰和奖励，以激发他们参与美育活动的积极性和热情。通过美育评价机制的完善，学校可以更加全面地了解学生在美育浸润中的发展状况，及时发现和解决存在的问题，更好地总结经验教训，进一步提高美育浸润的质量和效果，推动中职社团活动中的美育浸润策略不断完善和发展。

中职学校作为培养社会主义建设者和接班人的重要阵地，通过深化美育在中职社团活动中的应用，可以培育和提升学生的创新精神、审美能力和人文素养，帮助中职学生树立正确的世界观、人生观和价值观，为社会培养更多具有良好职业道德、专业技能以及高尚审美情操的复合型人才，有助于构建社会主义核心价值体系，为社会的繁荣和发展做出更大的贡献。

星·引——上海市群星职业技术学校教师文萃

课程思政

凝练思政主线，探索"三融"教学

——以"平面设计创意与制作"课程为例

李　爽

摘　　要： 本文以中职计算机平面设计专业的"平面设计创意与制作"课程为例，探讨了实现课程思政与专业教学融合的"三融"教学。依据党的二十大精神，我们确立了"责任·文化·精神·素养"的思政主线，通过主题、过程、评价三个维度的融合，旨在培育具有社会主义核心价值观的新时代平面设计师。实施路径包括优化课程内容、制定层次化教学目标、实施"两层级三迭代"教学流程和构建多维评价指标。"特色与反思"部分强调了专业与时代特征的结合、校企合作教学流程的创新，以及全过程评价模型的对接社会需求，同时指出了教学设计与实施中的注意事项。

关　键　词： 三融　教学模式　平面设计创意与制作　思政主线　课程育人

作者简介： 李爽（1976—　　），女，上海市群星职业技术学校科研主任，高级讲师。

一、案例背景

党的二十大报告提出："激发全民族文化创新创造活力，增强实现中华民族伟大复兴的精神力量……以社会主义核心价值观为引领，发展社会主义先进文化。"近年来，我国加快实现由"中国制造"向"中国创造"转变，文化创意产业及延伸设计行业已贯穿于经济社会各领域。把握文创产业发展机遇，加快文创产业人才培养成为社会共识，培养担当民族复兴大任的新时代文创产业人才，是职业教育工作者的首要任务。

在社会主义新时代背景下，中职计算机平面设计专业需要培养具有民族自豪感和使命感，懂技术、会创意、有责任、能担当的高素质、复合型平面设计师。如何在教学中落实立德树人根本任务，发挥平面设计专业课程育人功能，使专业课程与思政课程同向同行，形成协同效应，成为有待解决的问题。

本文以中职计算机平面设计专业的核心课程平面设计创意与制作为例，结合专业特点和育人目标，构建课程思政主线，细化思政元素，从主题、过程、评价三个方面融入课程思政，探讨如何构建计算机平面设计专业思政"三融"教学范式。

二、问题分析

平面设计创意与制作课程，是中等职业学校计算机平面设计专业的专业核心课。在传统的专业教学中，思想政治的融入还存在以下三个问题：

（一）教学内容侧重认知与习得，内容有待系统整合

平面设计创意与制作课程更侧重平面设计专业知识与技能的认知与习得，没有系统地梳理学科思政目标及其如何与项目教学形成有机的整体。专业课程教与学和思政教育呈现"两张皮"的现象，学科思政特点没有得到挖掘和凸显。

（二）教学流程与活动设计僵化，过程需要深入融合

在课程教学活动设计和实施过程中，没有充分地整合知识学习和价值观培养，课程思政缺乏有效的学习氛围和情境，师生难以深入互动交流，教学活动与过程容易流于表面。

（三）评价形式、维度、主体传统，评价缺乏客观性、全面性

对于学生的评价多体现在作品层面，强调职业能力维度，忽略了职业素养和政治素养，评价维度不全；评价主体多为教师、学生，缺乏企业和社会的参与，评价主体单一；评价多以师生主观评价为主，评价形式不客观。这种评价不能全面、客观地反映学生的综合素养与能力，不能与企业和社会的需求接轨，与新时代专业人才培养目标还有差距。

三、应用实施

（一）"三融"教学总体设计思路

基于文创设计师岗位任务要求，根据平面设计创意与制作课程技艺并创、立美传美的特点，践行"岗课赛证"融合育人模式，结合党的二十大精神，确定了课程

思政主线为"责任·文化·精神·素养",采用主题、过程、评价"三融"教学,培育具有美好心灵、全面发展的"信息传达准、视觉传达美、情感传达正"的新时代平面设计师。

一融主题育人,确立课程的总体思政主线和思政元素,精心优化融中华优秀传统文化、革命文化和重大社会主题的项目化课程教学内容。

二融过程育人,确立"知—会—传"层次化教学目标,"校企双师制"采用"两层级三迭代"的教学流程。

三融评价育人,采用全过程评价模型,实施职业能力综合评价。

（二）"三融"具体实施路径

1."一融"主题育人:提炼"责任·文化·精神·素养"思政主线,细化思政元素,优化课程内容

（1）提炼"责任·文化·精神·素养"课程思政主线,凸显专业育人

研究平面设计创意与制作课程的育人目标,结合社会主义时代特征和平面设计师岗位职业素养,提炼"社会责任·传统文化·工匠精神·职业素养"为课程的思政主线,在此基础上细化梳理贯穿教学内容的思政元素（如图1）。引导学生胸怀社会使命担当,发展社会主义先进文化,弘扬革命文化、中华优秀传统文化,培养精益求精的"大国工匠"精神、平面设计岗位的职业素养和意识,激发"育美、创美、传美"的家国情怀。

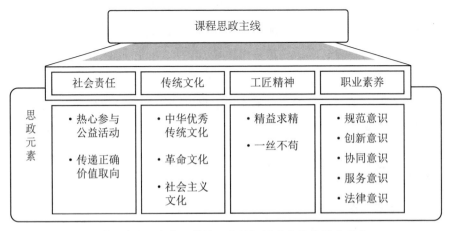

图1 "责任·文化·精神·素养"思政主线与思政元素

（2）围绕课程思政主线优化课程项目化主题，凸显主题育人

基于课程思政育人目标，依据平面设计师岗位的能力要求，对接教育部专业教学标准、人才培养方案和课程标准，引入世界技能大赛"平面设计技术"要求，结合"1+X"《文创产品数字化设计》职业技能标准，采用国家规划教材《平面设计创意与制作》，结合课程思政育人主线，引入平面设计行业典型工作情境和领域，将原有课程内容优化为"中国历史名城"标志设计与制作、"中国非物质文化遗产"插画设计与制作、"他乡好物助农行动"VI设计与制作等九个主题项目，从专项到综合，难度由低到高，涵盖了中华优秀传统文化、革命文化和社会主义文化重大主题。

2."二融"过程育人：采用"两层级三迭代"教学流程，培养职业能力，贯穿任务环节

（1）基于课标与课程思政主线，确立"知—会—传"教学目标

社会主义新时代平面设计师，不仅要懂原理，会设计制作，更应主动在作品中传扬美的行为、美的思想，传播中华优秀传统文化、革命文化和时代正能量。在教学目标的设定上，首先根据课程标准和人才培养方案，确定"知平面产品制作规范，会平面产品创意制作"的知识与技能目标；其次根据课程思政主线，增加了"传平面产品人文精神"的课程思政和素养目标；最后根据学情，设定教学重点为能设计制作主题信息准确、美观、符合客户需求的平面产品，教学难点是通过平面产品的创意设计突出主题、传达情感。

（2）思政主线贯穿教学过程，采用"两层级三迭代"教学流程

"敏捷开发"是设计企业常用的设计流程，以客户需求为核心，采用迭代、循序渐进的任务驱动进行项目开发。将"敏捷开发"设计流程引入课堂教学，设计了"两层级三迭代"任务驱动教学流程，从需求分析、方案构思到作品的三次迭代，将思政主线和职业能力贯穿教学环节，使课程思政与教学过程自然、有机地融合，学生能力从规范到创意进阶，从"信息传达准"到"视觉传达美"再到"情感传达正"逐步提升（如图2）。

以"文创产品设计制作项目"用两个课时实施"两层级三迭代"教学流程为例：

课前：信息搜集——学习优秀案例，搜集素材，在学习平台获取任务需求，分组在线协作完成需求分析。

课中：第一课时（第一层级）——规范设计制作

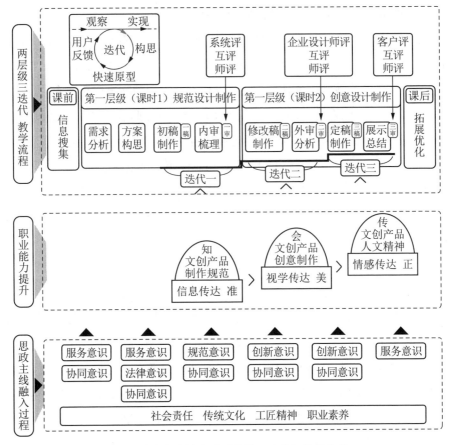

图 2 思政主线贯穿"两层级三迭代"教学流程

需求分析——各组展示需求，分析协作文档，梳理任务需求，明确任务。

方案构思——根据需求分析，进行"头脑风暴"，并用协作文档设计任务方案。

初稿制作——按照方案，利用适合的智能软件（如秀米、可画等）辅助，完成作品初稿制作，教师巡视指导，解决产品制作规范问题。

内审梳理——初稿上传智能评价平台，经过系统评、互评、师评等内部初审与分析后，反思作品中的信息传达是否准确，引导学生梳理文创产品视觉设计的思路。

课中：第二课时（第二层级）——创意设计制作

修改稿制作——根据内审梳理的修改思路，用在线文档协作讨论初稿的方案优化，利用多种智能软件对初稿进行迭代修改，上传修改稿至智能评价平台完成互评，解决视觉传达问题，突出教学重点。

外审分析——教师连线企业设计师，用企业标准对智能评价平台上的修改稿进行点评和建议，学生反思作品中视觉表现是否到位、工具使用是否恰当，引导学生归纳出创意设计思路。

定稿制作——根据外审分析的创意思路，用在线文档协作讨论修改稿的方案优化，利用多种智能软件对修改稿进行迭代形成定稿，上传定稿至智能评价平台并完成互评，解决文创产品中的情感传达问题，突破教学难点。

展示总结——各组对任务进行复盘，客户在线或现场点评作品，总结归纳本课任务的设计制作要点。

课后：拓展优化——根据客户反馈，优化定稿作品，培养精益求精的工匠精神和以客户为中心的服务意识。

整个教学流程实现了从需求分析、方案构思到作品的三次迭代，实现了从规范到创意的进阶，实现了职业能力从"准"到"美"到"正"的提升。

3. 三融评价育人——**构建多维评价指标，剖析职业素养，促进教学整改**

明确岗位知识、能力、素质要求，细化思政主线，构建多维评价指标（如图3）。从职业能力和思政主线两个方面设计一级、二级指标；将评价指标贯穿课前、课中、课后全过程，建立全面的评价模型，确保评价结果的全面性、精准性与增值性，同时也为教学诊断和改进提供依据。

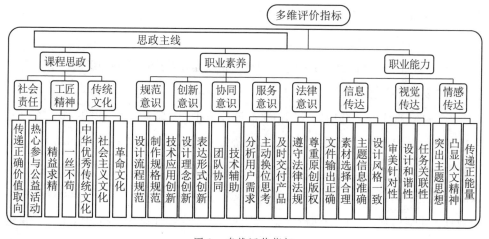

图3　多维评价指标

四、特色与反思

（一）提炼专业特色、时代特征的思政主线，有机融入项目任务，德技并修彰显"以心育美"

平面设计创意与制作课程围绕思政育人目标，提炼出"责任·文化·精神·素养"这条既具有平面设计专业特色，又兼顾时代特点的思政主线，并细化成思政元素，通过"知—会—传"三维教学目标和主题任务的实施，将思政主线有机融入任务内容。学生在任务实施过程中，心灵在潜移默化中得到美的净化，思政素养、职业素养与岗位技能同时得到提升。从目的上明确平面设计专业"为谁培养人"，彰显"以心育美"。

（二）实施"校企双师"和"两层级三迭代"流程，循序渐进激发创意，知行合一达成"以技创美"

平面设计创意与制作课程引入"校企双师"，课中采用"规范设计制作"和"创意设计制作"两层级教学流程，经过初稿制作、修改稿制作、定稿制作三次作品的迭代，循序渐进地实现了职业能力从"信息传达准"到"视觉传达美"再到"情感传达正"的进阶，激发了学生的创意。同时，"责任·文化·精神·素养"思政主线潜移默化地渗透到课前、课中、课后任务实施过程，通过内审、外审、客户评等，不断迭代和提升作品品质，赋予主题作品温度，传递正能量。学生利用专业技能积极参与社区服务，参加社会比赛和作品评选，深受好评。从方法上践行了平面设计专业"怎样培养人"，达成"以技创美"。

（三）创新"两平台五元多维"全过程评价模型，实施职业能力综合评价，对接社会需求实现"以艺传美"

引入企业真实的主题项目，邀请平面设计企业设计师和真实客户以线上连线形式进课堂，共同协助教师参与过程指导和阶段评价，对接企业真实工作环境，实现了教学评价和企业员工评价的一致性。采用智能评价系统和学习平台两个平台，不仅能对规范性问题进行客观评价，还能收集学生课前、课中、课后的学习过程和评价数据，实现客观、全程地评价学生，形成学生综合职业画像。将思政素养、职业素养和职业能力评价指标体现在课程任务中，学生围绕项目主题和教学目标，始终立足参与社会、服务大众，通过作品中的设计元素将中华优秀传统文化、革命文化等理念准确传达出来，带给用户美好视觉体验和情感体验。让平面设计创意和制作能够源于社会又回馈社会，既锻炼学生服务社会的能力又增强社会参与意识和家国情怀。从效果上对应了平面设计专业"培养什么人"，实现"以艺传美"。

此外，今后在设计与实施过程中还需要注意以下三点：其一，在设计思政主线时，需要结合专业育人目标和课程特色来设计，做好课程思政的顶层设计，以避免思政元素的零散化。其二，在教学实施过程中，需要将思政元素潜移默化，自然而然地渗透到教学过程中，切忌与学习过程脱节，导致机械化地融入思政元素。其三，在评价体系中，需要将思政元素融入评价过程和评价内容，以目标为导向做好评价设计，避免片面强调以知识和技能为目标的评价体系。

探索电竞赛事跨界，激发传统文化认同

——以"电竞赛事与城市文化的融合"课为例

申亦安

摘　　要： 在专业课程中融入思想政治教育，是落实立德树人根本任务的基础性举措。文中以"电竞赛事与城市文化的融合"课程为例，积极探索将中华优秀传统文化融入电子竞技运营与管理专业课程思政教育的创新模式。通过阶梯式的教学内容，聚焦电竞赛事和城市文化融合的多样化创新形式，构建具备前沿性和思辨性的电子竞技课程思政方案和实践任务。通过"文化理解""文化互动"和"文化创新"三个维度，提升学生的信息获取和分析能力，增强学生的辩证思维能力，培养学生的跨界思维和创新意识，促进课程思政的有效实施。将思政元素融入电竞专业知识内容的教学，解决了专业教育与思政育人"两张皮"现象，为中华优秀传统文化的传承发扬和创新发展做出了有益探索，也为高素质高技能电子竞技行业人才培养提供了坚实保障。

关 键 词： 课程思政　传统文化　文化融合　电子竞技

作者简介： 申亦安（1996—　　），女，上海市群星职业技术学校教师，助理讲师。

一、案例背景

"中华优秀传统文化是中华民族的精神命脉，是涵养社会主义核心价值观的重要源泉，也是我们在世界文化激荡中站稳脚跟的坚实根基。"① 在新时代，培养德智体美劳全面发展的高素质技能型人才是中职教育的根本任务，将中华优秀传统文

---

① 习近平.在文艺工作座谈会上的讲话［N］.人民日报，2015-10-15（002）.

化融入中职德育教育，不仅能给学生提供积极的思想引导，培养学生的社会责任感，也在学生的职业道德培养和职业规划引导等方面产生较强的现实意义和指导意义。

在现代化的推进下，新产业和新文化的出现使得传统文化在一定程度上受到冲击，人们对于传统文化的认同感和传承意识逐渐减弱。因此，保护和弘扬优秀传统文化，在信息化时代创新传统文化传播新渠道就显得十分紧迫和重要。[①]电子竞技这项新兴的体育运动在我国乃至全球范围内的迅速发展，已经成为社会文化领域值得关注的一种文化现象，甚至具备了文化承载的功能。随着电竞产业链的不断完善，电子竞技赛事的落地也将为地域文化发展、城市文旅发展和产业融合发展带来新思路和新方法。

"电竞赛事与城市文化的融合"属于电子竞技新论课程，为课外补充内容，是教材第2章"电子竞技的概念前沿"第4个模块中的第3小节"电子竞技赛事"的拓展探究，是电子竞技运营与管理专业（以下简称"电竞专业"）的学生了解电子竞技产业发展的重要内容之一。本课程将聚焦时下热门电竞赛事，通过具体案例来探究游戏赛事和传统文化的融合所创造的价值，使学生掌握电竞赛事与地域传统文化融合的方法，在提升学生专业技能和职业素养的同时，唤起学生内心的文化自觉和文化自信，从而增强学生的地域归属感和爱国荣誉感。

二、问题分析

（一）专业学习与思政教育脱节，须丰富人文内涵

电子竞技新论课程作为中等职业学校电竞专业的一门核心课程，在传统的课堂教学中，更侧重电竞专业知识与技能的掌握和习得，专业学科中思政元素没有很好地与教学内容结合起来，形成有机的整体。

想要利用电竞项目中积极向上的思政元素推动思政教学的高质量发展，就需要教师积极探索发掘热门电竞项目中的思政教育价值。如2018年，西安市政府为WE电子竞技俱乐部举办了高规格的入城仪式，在西安城墙永宁门旁进行了唐文化古风

---

① 牟宪勇.基于网络游戏《王者荣耀》的中国传统节庆文化传播研究［D］.武汉：中南民族大学，2022.

形式的表演，宣布战队主场正式落户西安曲江新区，让西安有了自己的电竞名片。[①]
通过该案例可以得出结论：中国电竞俱乐部可以在商业宣传方面结合城市本土文化，
形成自己的地域标签，也可以积极与各地政府合作，结合本土文化塑造城市的标志
名片。通过带领学生分析蕴含丰富人文内涵的电竞案例，培养学生全方位、多角度
看待问题的辩证唯物主义思维能力，引导学生在探究电竞产业发展规律的同时感知
传统文化和人文精神。

（二）专业学习缺乏情境，须拓宽跨学科视野

电子竞技作为一种新兴的文化现象和传播媒介，产业融合、跨界营销、文化互
动等现象屡见不鲜。因此，在电竞专业的教育中拓宽学生的跨学科视野、打破学科
之间的壁垒、促进学科知识的融合非常重要。

如让电竞赛事与传统地域文化结合，一方面彰显了城市文化现象的丰富性和多
元文化空间的重要性，另一方面对中华优秀传统文化进行了创造性的转化和传播。
探究"电竞文化"与中国传统文化的碰撞、融合，不仅能拓宽学生的专业领域视野，
也能在学生心中留下"文化认同"的印记。在跨学科的教学模式下，学生的学习方
式将朝着多元化和个性化的方向发展，有助于学生运用多学科知识与技能进行自主、
合作、探究式学习，在把握知识的系统性和综合性基础上开展合作探究，以求得问
题的解决。[②]

（三）知识获取形式单一，理论难以联系实际

随着电子竞技项目影响力的不断提升，电竞产业与其他产业的创新融合越来越
广泛，如果仅对书本内容进行学习，学生无法实时了解电竞产业的新业态和新场景，
缺乏对产业进行感知、理解和探究的途径。因此教师需要随时挖掘产业动态，及时
对教学内容进行更新。学生也可以通过课前预习、课后拓展等途径搜集资料，了解
产业前沿内容。

电子竞技新论作为理论课程，以往的教学方法比较单一，教师基本以讲述为主，
学生只是按照学习框架系统学习理论知识。理论课程作为基础性课程，要为实践服

---

① 李晔宸.电竞产业赋能西安城市能级提升［N］.西安日报，2023-11-21（004）.
② 王中华，余淑萍.跨学科主题学习背景下课堂文化的改革［J］.中小学教师培训，2024
（01）：59-63.

务，就需要与实践相结合。如果专业知识缺乏与实际生活的联系，课堂中难以发挥学生的主动性，也将难以培养学生的职业素养。在课堂中，应将具有实践性的前沿内容融入课程，如电子竞技赛事执行、策划等工作，解决学用脱节和技能滞后的问题，重构职业导向。

三、应用实施

（一）创设学习任务，增强文化自信

"电竞赛事与城市文化的融合"一课从电竞赛事的城市化发展入手，探究电子竞技赛事和城市文化融合带来的巨大价值。课程在导入后就发布了电竞赛事策划案任务，结合当下电竞热点话题，明确课堂主题。同时在教学中设置了"文化元素融合""新老文化互动"和"新兴产业发展"三个部分，通过逐步深入案例情境，探究在"电竞＋城市"新模式下将城市文化融入电竞赛事宣传的方法，并运用到实际策划当中，让学生在探索电竞赛事创新发展的同时，了解城市文化底蕴，提升文化自觉和文化自信（如图1）。

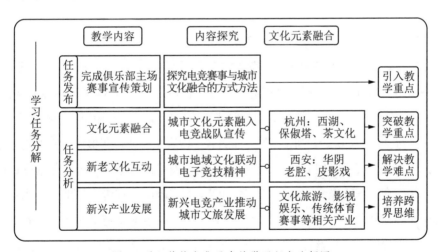

图 1　融入传统文化元素的学习任务分解图

在"文化元素融合"这一部分，需要对电竞战队融合城市文化元素的方法进行探究。学生通过观看《守望先锋》项目杭州闪电队的宣传纪录片《启杭》，看到杭州的西湖、保俶塔和茶文化等极具代表性的城市符号，战队选手徜徉在传统建筑中感受茶文化的魅力。通过观看该短片，学生了解到可以将城市文化元素运用于战队宣

传中的创新方法，进一步了解了城市文化底蕴，增强了文化共情能力，提升了文化自觉和文化自信。

在"新老文化互动"这一部分，需要探究电竞赛事与地域传统文化的跨界融合。在《英雄联盟》项目 WE 战队的纪录片《影武者》中，传统戏曲艺术华阴老腔和选手比赛语音的内容交叉，在皮影戏和电竞赛事画面的切换中，传统文化和电竞文化并行陈述，将 WE 战队、西安传统文化与新兴电竞项目之间的联系更加紧密地呈现在了人们面前。纪录片故事背后所折射出的团结协作、积极向上、勇往直前的电竞精神，让古老的艺术形式在电竞这个全新行业中重焕新生。学生在学习过程中，也以新老传承、文化互动等方式进一步理解了电竞赛事与城市文化的融合。

在"新兴产业发展"这一部分，需要探究电竞产业和文旅产业的跨界融合。电竞与文化、旅游的深度融合方式能积极打造本土赛事品牌，拓展多形态的赛事体系，也能实现对城市文化的焕新和推广，打造城市年轻化的亮丽名片。学生通过了解江苏太仓电竞小镇的诞生和建设，探究电竞产业与文化旅游、影视娱乐、传统体育赛事等相关产业的合作方式，感知电竞产业自身的延展性，并思考产业发展融合带来的文化影响和经济效益。

（二）文化跨界融合，培养跨界思维

在当下现代化的大环境下，如何传承与创新传统文化，赋予其新的时代内涵，成为一个重要命题。电竞赛事带来的"热潮"让传统文化再次"燃"起来，用数字化方式突破传统文化之当代困局，面向时代，面向世界，打造出中国文化的新符号。

"电竞赛事与城市文化的融合"一课的教学内容素材选自赛事体系完善的《守望先锋》项目和《英雄联盟》项目，探究两大游戏赛事内容结合城市文化进行宣传的创新方法。在《守望先锋》联赛中，我国四支本土战队在宣传片拍摄、游戏联动和文创售卖等方面都加入了城市文化元素，在主客场制度的加持下形成自己的地域标签，让全世界的联赛粉丝都看到了中国城市的魅力；在《英雄联盟》赛事中，我国 WE 战队的纪录片里，华阴老腔与电子竞技的联动，背后所折射出的团结协作、积极向上、勇往直前的电竞精神，让中国传统艺术在电竞这个全新行业中历久弥新，延伸出新的价值。

文化跨界融合是新兴文化和传统文化的思维碰撞，两者相辅相成。从传播角度看，探索电竞赛事与传统文化多样化的融合方法，可以引导学生为电竞产业、电竞文化寻求新的话语表达方式和内容呈现形式；从受众角度看，传统文化以电竞赛事和电竞产业为载体，突破原有圈层，能让更多年轻人看到传统文化之美，从而培养学生对传统文化发自内心的认同感和归属感。

建立跨学科的知识和视野，有助于促进学科基本知识和技能的学习，帮助学生提高职业素养。探究电竞赛事和城市文化的跨界融合，能引导学生突破电竞行业原有的惯例和常规，让学生用辩证思维分析电子竞技赛事的发展特点，从而培养学生对电竞产业发展的分析能力。

（三）制定策划方案，培养职业能力

"电竞赛事与城市文化的融合"一课通过阶梯式的教学内容，从"文化元素融合""新老文化互动"和"新兴产业发展"三个知识模块，由浅入深地进行知识引导，并在此基础上设置了俱乐部主场比赛的宣传策划案的实践内容（如图2）。

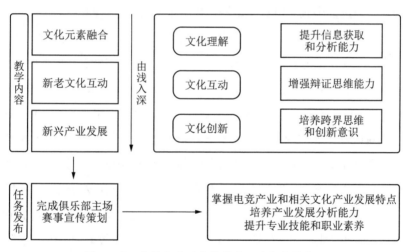

图 2　融入传统文化元素的学生职业能力培养图

学生在课堂中通过分析案例情境，探究电竞赛事和城市文化融合的多样化创新形式，先从学习城市文化元素运用于战队宣传中的创新方法，再以新老传承、文化互动等方式理解电竞赛事与城市文化的跨界融合，最后从电竞产业和文旅产业的跨界融合探讨电竞产业未来的可持续发展，从"文化理解"到"文化互动"再到"文化创新"，提升学生的信息获取和分析能力，增强学生的辩证思维能力，培养学生的跨界思维和创新意识。学生利用所学知识在课堂中进行俱乐部主场比赛的宣传策划案的实践，形成"做学一体"的课堂教学活动，工作过程导向的教学模式替代了传统的以教师讲述为主的授课模式，在课堂中模拟拆解了实际岗位工作中的任务，重新构建了职业导向的课程观念。

通过完成策划内容，学生能更加了解上海这座城市的文化底蕴，增强地域文化的认同感。在设计策划的实践过程中，能运用所学知识实现电竞赛事与城市文化的创新融合，在发展电竞产业的同时实现城市文化的传递，从而逐渐掌握电竞产业和相关文化产业的发展特点，培养产业发展分析能力，达到提升专业技能和职业素养的目的。

四、反思与改进

"电竞赛事与城市文化的融合"一课的教学设计将思政元素自然地融入了电竞专业知识的教学。学生通过探索电竞赛事与城市文化的跨界融合，感知城市文化的魅力，从而在学习过程中收获电竞赛事城市化所带来的文化认同感和归属感；通过了解我国电竞赛事的繁荣发展，增强民族自豪感和荣誉感。本课通过挖掘教学内容中的文化元素，将其转化为适切的学习任务，让学生感受到电竞赛事的实时发展趋势，并结合当下的电竞热点进行从业人员的角色扮演，从而由实践加深对课题内容的理解，引导学生为电竞产业、电竞文化寻求新的话语表达方式和内容呈现形式。

本课例对电竞专业的课程思政进行了一次有益的探索，在新课程改革背景下，加强中华优秀传统文化教育已成为教育主要方向之一。因此，作为中职电竞专业教师，需要跨越时代和地域的限制，跳出专业知识传授与职业技能教学的视野，认真思考中华优秀传统文化与电竞专业课程内容的融合发展，对电竞课程教学中的传统文化元素进行深度挖掘与有效利用。同时，在今后的专业教学设计中，应继续深入挖掘现实生活和行业发展中的教学资源，选择有思辨性的议题启发学生思维，将具有实践性的前沿内容融入课程；在专业课堂教学中，应充分重视学生的主体地位，更加关注学生的思维发展，引导学生树立正确价值观念，在实践中锻炼学生的职业技能，提升学生的职业能力。

立足规范创设情境，探索课程思政新途径

——以"绘制国旗图案"课为例

刘　永

摘　　要： 本文以计算机辅助绘图课程"绘制国旗图案"融入各类思政元素为例，介绍如何在中职计算机应用专业课展现课程思政设计与实施，在帮助学生掌握专业技能的同时，润物无声地培养他们的政治认同、爱党爱国情怀。

关 键 词： 课程思政　教学案例　情境

作者简介： 刘永（1978—　），男，上海市群星职业技术学校教师，助理讲师。

一、案例背景

随着科技日新月异的发展，CAD 已在各个领域得到广泛应用。AutoCAD 是国际上著名的 CAD 设计软件，现已成为国际上广为流行的绘图工具。".dwg"文件格式成为二维绘图的事实标准格式。

上海市群星职业技术学校计算机应用专业核心课程之一的计算机辅助绘图，采用清华大学出版社出版的《AutoCAD2020 中文版从入门到精通（标准版）》作为教材，开设在第二学年，共 160 学时。第三学期的学习内容主要涵盖了基本绘图工具、文字、标注、图层、辅助绘图工具、图形编辑等知识与技能。第四学期继续学习图形编辑、表格、图块、集成化、数据交换等知识与技能，通过大量的实例绘制让学生掌握 AutoCAD 软件操作与应用技巧。本课以绘制国旗图案为载体，巩固学习基本绘图工具、图层、辅助绘图工具、图形编辑等内容，是一次综合实践。本课依据《中华人民共和国国旗法》附件《国旗制法说明》，分析国旗图案的几何构成，然后在 AutoCAD 软件中规范绘制国旗图案，并通过作业点评、讨论进一步学习规范使用

国旗图案，正确表达爱党爱国情怀。在实践操作中要注意培养学生严谨的制图态度、规范的制图操作；培养认真的学习态度和细致的工作作风；培养精益求精的工匠精神；增强标准化意识、贯彻执行国家标准的意识。

二、问题分析

（一）实践操作中学生规范意识不强

在计算机辅助绘图课程实践操作中，部分学生操作规范意识不强，标准意识淡薄。如实践制图中图层分层主要是对所绘制图件的线型、颜色及线宽进行相应的设置以示区别，但个别学生所有图元包括辅助线都在图层 0 上，图元、辅助线、标注的线型、线宽、颜色均相同。又如在绘制水平线或垂直线时，个别学生往往忘记开启正交模式。极个别学生甚至连《电气工程 CAD 制图规则》中图纸标准格式也会忽略，如未定义图纸画幅、未设置图纸界限、随意设置定位等。

（二）教学内容中思政元素挖掘不深入

计算机辅助绘图课程的课堂教学，从教学内容的有关思政元素来看，与计算机辅助绘图课程关联度较高的学习方法、学习态度、学习习惯、规范、效率、合作、创新等思政元素较为普遍；极少涉及政治认同、家国情怀等新时代中国特色社会主义思想。教材中众多应用实例、习题以详细讲解操作步骤、操作技巧为主，如绘制五角星形状操作实例，详细讲解动态输入法绘制线段，重点解析五条线段的长度、角度等参数。诸多思政元素未能很好地与知识技能教学结合起来，形成有机的整体。

（三）教学过程中情景活动创设不充分

由于中职学生的数学尤其是几何知识基础普遍较为薄弱，为提高学生几何图形理解能力，保证学生掌握实际的操作技能，在计算机辅助绘图教学过程中，教与学明显侧重知识、技能、操作技巧等。教师多采用讲授法、示范法着重倾向于将几何图形图案在 AutoCAD 软件中以可视化数据呈现，教师教做、学生学做，没有充分地整合知识、技能学习和价值观培养。心理学家在研究创新思维的培养问题时指出："学生的学习动机和求知欲，不会自然涌现，它取决于教师所创设的教学情况。"而缺乏因势利导的教学情境，更是难以突出思政教育效果。

三、教学实施

（一）依据《国旗制法说明》重构教学内容，培养爱党爱国情怀

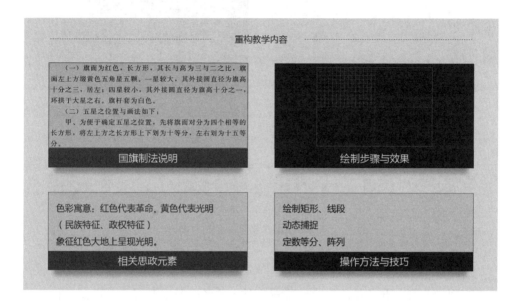

图 1　重构教学内容 1

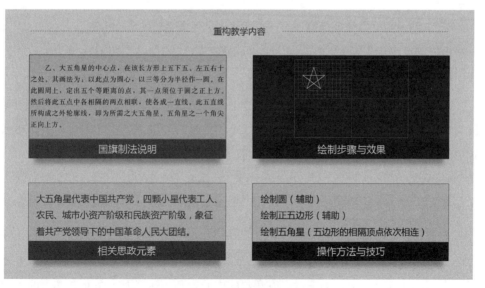

图 2　重构教学内容 2

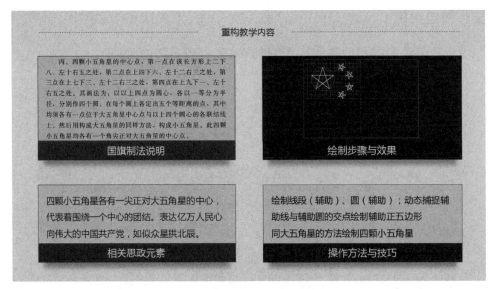

图 3　重构教学内容 3

《中华人民共和国国旗法》附件《国旗制法说明》中明确规定了国旗图案长高比，旗面的色彩，五角星的大小、位置、对应关系以及绘制方法，以此为标准和规范，将其转化为 AutoCAD 中可视化数据、参数、方法与技巧，并融入相关思政元素。

（二）创设情境强化规范意识，主题内容融入家国情怀

本课以《中华人民共和国国旗法》为指导，以家国情怀、政治认同、法治意识为主线，创设"绘制国旗图案"主题学习。

五星红旗是中华人民共和国国旗，为中华人民共和国的象征和标志。国旗图案既常见、熟悉，又有严格制图规范，而这个规范唯一的标准就是《中华人民共和国国旗法》。《国旗制法说明》是国旗图案法律条文形式的规范。

"绘制国旗图案"主题学习从国旗图案这个绘制实践的具体内容角度出发，通过主题活动的学习，培养学生的家国情怀：感悟国旗图案红色象征革命，五角星用黄色是为了在红色大地上显出光明，旗上的五颗五角星及其相互关系象征共产党领导下的革命人民大团结；一颗五角星较大，四颗五角星较小，小五角星环拱于大五角星之右侧，并各有一个角尖正对大五角星的中心点，表达亿万人民心向伟大的中国共产党，似众星拱北辰。

　（三）重温国旗产生背景及确立历程，增强对党和国家的认同

　　习近平总书记在学校思想政治理论课教师座谈会上指出："必须培养一代又一代拥护中国共产党领导和我国社会主义制度、立志为中国特色社会主义事业奋斗终身的有用人才。"《关于深化新时代学校思想政治理论课改革创新的若干意见》明确提出："高中阶段重在提升政治素养，引导学生衷心拥护党的领导和我国社会主义制度，形成做社会主义建设者和接班人的政治认同。"本课通过观看电影《建国大业》视频片段（重新剪辑有关国旗、国歌情节，时长约3分35秒）引入主题，师生重温国旗产生背景，国旗图案确立历程——从征求国旗图案到全国政协第一届全体会议确定以五星红旗为国旗。1949年10月1日，第一面中华人民共和国国旗在天安门广场首次升起。以国旗知史，知所从来：中国共产党自成立以来，领导全国人民浴血奋战，推翻了压在人民头上的帝国主义、封建主义、官僚资本主义"三座大山"，从而成立了中华人民共和国，实现了民族独立、人民解放、国家繁荣昌盛。学生观看电影片段，时而津津有味，时而会心一笑，看到结尾处毛主席在天安门广场升起国旗时，兴奋激动。观影温史，增强对党和国家的认同。

　（四）对从"做中学、学中做"到"做、学"有感

　　"做中学、学中做"的精髓一方面在于把间接的经验和知识还原为活的、有实用价值的知识；另一方面在于动手实践。"纸上得来终觉浅，绝知此事要躬行。"动手做一做，比单纯的"纸上谈兵"要来得更具体、更全面，也更直观。以"绘制国旗图案"主题学习为载体，以《中华人民共和国国旗法》为指导，将AutoCAD操作方法和技巧与《国旗制法说明》法律条文相结合，在AutoCAD软件中可视化呈现出规范的国旗图案。

　　师生共同讨论《国旗制法说明》条文后，学生以绘制矩形的方法按规定比例先绘制出旗面；利用定数等分、阵列等方法在左上的四分之一旗面制作出定位辅助线，然后在精确的定位上制作辅助圆、正五边形以规范制作出大小五角星。《国旗制法说明》条文中"四颗小五角星均各有一个角尖正对大五角星的中心点"的要求成为这节课的重难点，大部分学生首先直觉通过任意旋转操作实现。针对这一现象，在课堂中引导学生逆向思维：有没有能直观判定小五角星的一个角尖正对大五角星的中心点的依据？引导讨论出以大五角星与小五角星的中心点为端点，绘制辅助线段，该辅助线段与小五角星辅助圆的交点，即小五角星角尖正对大五角星中心点的唯一

点。从而以添加辅助线的几何作图法一举突破教学难点。

能够规范绘制国旗图案，不代表可以随意使用国旗图案。课堂中师生共同讨论，懂得了必须根据《中华人民共和国国旗法》相关条文规定合法、合理使用国旗及图案表达爱国情感，也知晓了国旗图案禁止用作商标、授予专利权的外观设计和商业广告，禁止用于私人丧事活动等，培养学生学法、知法、守法意识。

课堂中加入师生互动，如"国旗旗面为什么是红色？""五角星为什么是黄色？""大五角星有何寓意？""小五角星有何寓意？""四颗小五角星为何一个角尖正对大五角星的中心点？"等，步步深入，不断推进。在"做、学"中使师生共同感受中国共产党之伟大，为国自豪！

四、反思与改进

本节课将政治认同、爱党爱国润物无声地融入计算机辅助绘图课堂教学，较好地完成了教育立德树人根本任务。

首先，依据《国旗制法说明》条文规范制作出国旗图案。学生在旗面左上的四分之一制作定位辅助线时，有五六位学生数学基础较好，计算能力较强，直接使用计算出的参数采用阵列的方法绘制；而大部分学生采用教师引导的定数等分的方法绘制。绘制大小五角星时，全班 30 位学生都绘制了辅助圆与辅助正五边形，并以辅助圆与正五边形的交点为端点规范绘制出大小五角星。最后在教师的引导下，讨论出添加辅助线找出唯一交点的几何作图法，精准实现了《国旗制法说明》条文中"四颗小五角星均各有一个角尖正对大五角星的中心点"的要求，全班 30 位学生均在 AutoCAD 软件中规范地绘制出国旗图案。

其次，学习主题聚焦政治认同、家国情怀、法治意识。主题学习以"绘制国旗图案"为载体，以《中华人民共和国国旗法》为指导，以《国旗制法说明》法律条文强化规范意识；温史明志，了解国旗产生背景，理解国旗图案设计要素、寓意，感悟国旗图案的象征意义，增强对党和国家的认同，培养爱党爱国情怀，培养学生学法、知法、守法意识。

最后，本次课还存在需要进一步完善的地方。因为作图操作生疏，有两位学生在下课以后才完成图案的修正提交。改进的方法是除了提供教材的实例图案，尽量多搜集符合中职学生实际的图形图案进行实践操作，以提升中职学生的几何作图能力。

弘扬民族精神，培养人文素养

——以"餐桌礼仪"课为例

郭婧怡

摘　要： 为践行中共中央、国务院"培育践行社会主义核心价值观，把社会主义核心价值观体现到教书育人全过程"的要求，韩语课作为有赴韩留学深造准备学生的必备课程，有着文化外宣、架起中外友好沟通桥梁的重任，在教学过程中，弘扬中华文明、发扬爱国主义精神、树立家国情怀、培养人文素养显得至关重要。本文从韩语课程中融入课程思政的实际问题出发，以"餐桌礼仪"一课为例，反思如何实现思想政治教育与专业课程的有机对接，做到学好外国语言，讲好中国故事。

关 键 词： 课程思政　韩语教学　文化自信

作者简介： 郭婧怡（1995—　），女，上海市群星职业技术学校教师，初级讲师。

一、案例背景

根据中共中央、国务院《关于培育和践行社会主义核心价值观的意见》，把培育和践行社会主义核心价值观融入国民教育全过程，结合初级韩国语课程的具体教学内容，授课教师需要始终紧扣"弘扬中华文明，发扬爱国主义精神，树立家国情怀，培养人文素养"这条主线，将专业教育和思政教育深度融合，推动"思政课程"向"课程思政"转变，以培养出具有良好的家国情怀、韩语技能和文化素养的应用型的韩语人才。

外语类专业与其他学科不同，有着文化外宣、架起中外友好沟通桥梁的重任，海外留学学生也肩负着推动中华文明"走出去"的重要任务，因此，如何在传授外语知识的同时，让学生能接触到更多的社会主义理论知识与爱国主义教育，是所有外语类课程都需要思考研究的问题。[1]

初级韩国语课程是中等职业学校动漫与游戏制作专业的一门选修课程，是有赴韩留学深造准备学生的必备课程。面对即将留学的青少年群体，弘扬中华文明、发扬爱国主义精神、树立家国情怀、培养人文素养显得至关重要。

二、问题分析

（一）涉外教材，缺乏配套的思政教育素材

不同于其他的普通学科，外语课程尤其是韩语等非通用语言课程，大多会使用该语言国当地研究人员编写的外国教科书。该书的内容也主要呈现了该国的政治文化和风土人情，这实际上与我国融入课程思政的观念是不相容的。

为了普及和增加外语课程的思政元素，迫切需要一本由中国语言学家编写的符合中国实际情况的教科书。但在此之前，我们只能更多地依靠教师队伍，在做到满足语言学习和实践的基本要求的同时，还能将富有中国特色的先进社会主义理论与弘扬祖国大好河山的经典词汇巧妙融入，真正做到学好外国话，讲好中国故事。

（二）课程思政与外语实践难以平衡

外语课程的重点是将课程中的专业理论通过练习转化为语言技能。特别是对有意出国留学的学生来说，如果在外语实践课程中盲目地融入思想政治元素，就会占用课堂本就不富裕的理论知识实践与练习时间；另外，这也会导致学生出现厌烦和回避的负面情绪。因此，在中等职业学校的外语课程中，有必要选择一种既适合学生学习，又易于理解和吸收的思想政治内容。同时，要注意以一定的合理比例渗透到日常练习中。当前，如何确立课程思政在课堂中的比重，如何平衡外语实践与课程思政的关系，是所有小语种外语课程的重点和难点。

（三）留学生更需坚定爱国理念，增强文化认同

为了让有留学意愿的学生对韩语学习产生兴趣，在日常教学中学习外语专业知识的同时，不可避免地会加入海外的风土人情，学生会接触到国外的思潮与理念，

---

[1] 廖晗.高校外语实践课融入课程思政的路径探索与研究［J］.才智，2023（05）：57-60.

与其他专业的学生相比，以留学为目标的学生群体会更容易被这些与我们截然不同的意识形态下渲染出来的自由、民主、开放的假象所吸引。如果思想意志不够坚定，就很容易受到国外腐朽意识的侵蚀，使得一直以来坚定的爱国理念发生动摇，产生错误的人生观与价值观。

如果学生过分推崇外国文化，就容易产生他国文化优于本国文化的民族自卑感，从而表现出伤害民族感情、有损国家形象的言论和举动，这就是受国外文化渗透而对本国传统文化不自信的具体表现。若不加以重视，长此以往，大量优秀的外语类人才将会流向海外。

因此，作为外语课程，可以在不耽误专业知识的前提下多融入一些思政元素与外语相结合的训练，这样不仅能拓宽学生的实践练习方式，还有助于帮助学生了解先进的社会主义思想与优秀的中华传统文化，帮助学生树立文化认同感与民族自信心。①

三、教学实施

本文以"餐桌礼仪"一课为例，简述在中职韩语课程中弘扬中华文化的应用实施方法。案例选自两册初级韩国语教材中的"饮食"主题，并节选下册中的第 4 课时"餐桌礼仪"作为课程内容。依据本教学单元的主题，深入挖掘同属于儒家文化圈的中韩两国礼仪文化异同，将对礼仪文化和价值理念的讲授有效融入课程思政，帮助学生感受课程中蕴含的尊重、关爱、谦让等道德伦理要求。本课程对学生培养礼仪素质与文化自信起到重要的作用。

（一）优化教学目标，强化文化认同

在原有的教学目标基础上，融入课程思政内容。以本课为例，在知识目标中增加跨文化比较、学习中韩饮食文化差异；在能力目标中增加培养学生批判性思维能力；在价值目标中增加培养学生中华文化认同感、增强民族自豪感、跨文化交际等内容。

（二）精选思政内容，贴合学生生活

习近平总书记指出，"礼仪是宣示价值观、教化人民的有效方式"。礼仪关乎人

① 廖晗 . 高校外语实践课融入课程思政的路径探索与研究［J］. 才智，2023（05）：57-60.

格，关乎国格。礼仪不仅是当代文明社会活动的行为准则，也是塑造个人和社会良好形象的重要手段。

本课选取"饮食"作为主题，并进行优化，在保留原有的语言学习三要素语音、词汇、语法的基础上，将"烹饪手段"与"饮食手段"两小部分内容进行简化并有机结合；增加"运用韩语介绍中国著名美食烹饪与食用方法""对比中韩餐桌礼仪""探寻韩国礼仪起源"的实践表达练习，既要学生精准掌握语言知识，又要求学生在理解语言形式及其意义之外，能在相应的语言情境中进行运用外化输出。本课旨在培养学生在外事场合能灵活运用跨文化交际的礼仪规范，展现中国人的文化自信和礼仪风采，提升文化软实力。

以"传播中华传统文化、提升礼仪素养、讲好中国故事"为主线，通过线上检索学习中韩传统及现代餐桌礼仪知识，挖掘礼仪之"根"；线下学习如何遵守韩国餐桌礼仪，讲好中国餐桌礼仪故事，从而树立文化自信，析出礼仪之"髓"；通过学习与分享多元化的礼仪规范，弘扬礼仪之"魅"，创建"以礼析髓、以礼筑魂、以礼塑形"的"三礼"教育理念，打造有文化、有深度的韩国语课堂。

（三）中韩异同对比，培养跨文化比较思维

通过课程内容的优化升级，实现语言教育与文化渗透的有机结合。本课原主题是饮食，且仅包含韩国饮食相关内容。尽管只有 1 课时韩国餐桌礼仪的内容，也有一定的文化渗透其中。为了深化学生课程思政，本课在原定的课程内容上进行调整，从韩国饮食引申到中国饮食，从韩国餐桌礼仪延伸到中国餐桌礼仪，再引申到韩国儒家文化起源于中国，有助于培养学生文化意识，理解各国文化内涵，比较异同、汲取精华、尊重差异，形成对中韩文化的正确认识，特别是对中华优秀传统文化的深刻认识，以开放包容的心态理解多元文化，坚定文化自信，促进文化传播。[①]通过跨文化比较，让学生理解"同中有异，异中有同"，培养学生跨文化比较的思维模式，增强中华文化认同感。

---

① 吴赛平.基于"新课标"的中职英语文化教学［J］.中国冶金教育，2022（03）：45-47+53.

四、反思与改进

（一）强化课堂表达，思政内化外输

对于专业课程，课程思政不是要按照思想政治理论课的模式去教授专业课，而是在获得专业知识的同时引发价值领域的思考，实现思想政治教育与专业课程的有机对接，因此引发学生的思考与交流尤为重要。[①]在日常教学中，可以通过"学外国话，讲中国故事"的方式方法，考查学生对课程思政的接受程度。本案例尝试性地使用了此方法，发现学生的接受程度很高，外化输出介绍"中国餐桌礼仪"的口语表达兼顾了专业技能练习与课程思政融入。将来可以尝试翻转课堂的教学方法，教师在课前简单介绍与新课内容相关的语法单词后，让学生在课堂上对融入了课程思政的主题发表看法与演讲，以此考查学生语言学习的工具性与人文性。

未来可更多地结合社会热点问题或特殊情景进行教学，比如在进行节日教学时，教师可以安排学生用韩语给自己的母亲写一封信，让学生将感恩具象化，使学生的思想道德得到正确的引导。学生既能学习外语知识、掌握语言技能，又能提高自身的综合素质。教师通过让学生学习用韩语词汇组成具有思政意义的语句，赋予其更多的精神含义，进而提高学生的思想境界。比如开展课堂讨论"你身边的礼与无礼"，让学生分享自己对"礼"的思考和所见所闻，引导学生在生活中践行文明、和谐、诚信、友善的社会主义核心价值观。[②]

（二）深挖教材素材，建立思政体系

初级韩国语课程在课程思政的大背景下，应该继续深挖素材，建立起完善的课程思政体系。如在教学设计中优化教学目标与教学过程，增加活动设计意图和课程思政，在体验韩国文化的过程中融入中国文化元素，加强"用韩语讲中国故事"，在润物细无声中加强自身文化认同感，培养学生的文化自信，达到立德树人的教学目标。[③]在思政改革过程中应从最初的一个目标"思政点"，发展到由多个"思政点"形成一

① 徐之海，金鑫，李奇，等.高校理工类通识课课程思政教学方法探索与实践［J］.高教学刊，2023，9（03）：90-92+97.
② 金玉花，葛茜，何美玲.外语课程思政建设探索和成效研究——以日语实践类课程为例［J］.东北亚外语研究，2022，10（03）：16-27.
③ 张婷婷.课程思政在高校外语教学中的实践研究［J］.现代职业教育，2022（03）：112-114.

条"思政线",再由多条"思政线"形成一个全面的思想政治教育面的"思政面",将思政内容与专业知识融为一体。

（三）结合中华文化,将社会主义核心价值观融入课程思政

习近平总书记在中共中央政治局第三十九次集体学习时强调:"中华文明源远流长、博大精深,是中华民族独特的精神标识,是当代中国文化的根基,是维系全世界华人的精神纽带,也是中国文化创新的宝藏。"韩国同属于中国起源的儒家文化圈内,两国在历史上有渊源,在文化上能共通。作为中华文明的重要组成部分,中华优秀传统文化蕴含着丰富的思政教育资源,是提高学生综合文明素养的有力依托。在韩语课堂中结合中华优秀传统文化,融入社会主义核心价值观,实现课程思政与专业技能的有机结合有着得天独厚的条件。对学习非通用小语种的学生而言,更需要在日常的语言实践活动中积累与社会主义核心价值观和中华优秀传统文化相关的外语词汇表达及翻译,这样才能更好地向世界讲好中国故事。

出国留学不仅仅要利用语言交流,学习国外的开明思想与先进技术,更要通过语言这座隐性的桥梁,架起我们与外部世界的联系,承担传播和弘扬中华优秀传统文化的艰巨任务,将我们优秀的文化历史传播到世界上的每一个角落。

明晰学习主题　厚植家国情怀

——以《荷塘月色》教学为例

徐　静

摘　　要：《荷塘月色》文质兼美，是一篇提升学生人文素养、厚植家国情怀的佳作。确立主问题，以问导思，提升精神品质。开展对比阅读，丰富爱国情谊。以语言为抓手，由景及人，从物到情，领悟"天行健，君子以自强不息"的精神品质。环节内容渗透思政元素，达成全程全方位育人目标。

关 键 词： 主题学习　家国情怀　课程思政

作者简介： 徐静（1991—　　），女，上海市群星职业技术学校语文教研组组长，讲师。

一、案例背景

中职语文课程兼具基础性、工具性和人文性，蕴含丰富的思想政治教育资源，是对中职学生进行人文素质教育和思想政治教育的核心课程之一。《中等职业学校语文课程标准（2020 年版）》明确要求："引导学生阅读诗歌、散文、小说、剧本等不同体裁的中外优秀文学作品，在感受形象、品味语言、体验情感的过程中，提高语言文化鉴别能力、文学欣赏能力和审美品位，提升人文素养。"《荷塘月色》选自中等职业学校教科书《语文》（高等教育出版社）基础模块上册第二单元。作为一篇经典的写景散文，文章借景抒情，记录了一个渴望自由的学者逼视自己灵魂深处的内心体验。从家到小路再到荷塘，朱自清先生的情绪随着行程的不同而变化。学生应关注景物描写的选材、笔法和散文意境创设的关系，把握当中蕴含的文人情怀，感悟中国文人赤胆忠心、舍生取义的家国情怀。学习本课要求学生具备较高的审美与鉴赏能力。由于学生的生活背景与作者所处的动荡、混乱的社会背景相距甚远，学生难以体会作者"众人皆醉我独醒"的智者似的孤独情感，难以准确把握一个进步知识分子的人生信念与理想。本课围绕"如何在时代变革中坚定梦想，长存希望"这一问题展开。首先，运用比较教学法游赏自然之景，品"实"（物、景）鉴"虚"（情感、心理），发现"第二自然"，走进作者的内心世界。其次，借助比较阅读，体会"物""我"关系，品味细腻的细节描写，揣摩作者独特而复杂的思想情感，提升文学阅读的审美知觉力和感受力。

二、问题分析

（一）课程思政融入缺乏主题聚焦，课程思政元素学习流于表面

《荷塘月色》写于 1924 年 7 月，特定时代背景下个人的彷徨、挣扎与抗争给予学生诸多思考与启示。积极的人生态度、强烈的忧国忧民思想和强大而坚定的民族精神和英雄气概等思政元素内容虽丰富，但缺乏主题聚焦，以往教学中虽面面俱到但多为蜻蜓点水，学生在掌握时往往出现什么都学了但什么都没深入学习的景况，课程思政融入得不具体、不聚焦。

（二）重点课程思政元素较少被挖掘，对家国情怀内容关注较少

《荷塘月色》作为经典散文美篇，学生目光常常聚焦在意象描写上，重点品析写景片段的修辞手法和审美意境，对于景物所映射出的作家复杂情感解读比较片面，只知由最初的"颇不宁静"到"宁静"，而又在"我轻轻推门进去，妻已睡熟好久了"中复归不宁静，浅尝辄止。忽视作者作为一名知识分子在国家危难之际的坚守、抗争与清醒，自然无法深刻理解作者作为进步知识分子的人生信念与理想，也就无法领悟"天行健，君子以自强不息"的精神品质。

三、应用实施

（一）定位学习主题，提升学生精神品质

1. 创设主问题，聚焦家国情怀

《荷塘月色》属于该单元任务二板块，单元任务二的主题是社会生活与自我探索——梦想与希望。依托该单元的单元目标设定，本课主问题设定为"如何在时代变革中坚定梦想，长存希望"（如表 1）。掀开《荷塘月色》散文美的外在特质，其内涵丰富，时代特色加诸在个人身上的印记很多，选择、信仰、坚守、迷茫缠绕其中。

学生围绕该问题，开始从景入手，借情入景，发现自然背后的"我"与"社会"；然后聚焦景物描写，由景到情，由物到人，品悟时代变革中个人的家国情怀（如图4）。

表1　第二单元单元任务

单元学习任务	任务一：社会变革与自我寻求——爱与责任
	任务二：社会生活与自我探索——梦想与希望
	任务三：社会环境与自我实现——智慧与勇气
	任务四：社会风貌与自我共情——无我之景与有我之景

2.运用比较法，丰富爱国情谊

借助比较阅读法，学生对比阅读《荷塘月色》与《灯》。两篇作品都强调了特定时代背景下个人的坚守与选择：朱自清从颇不宁静的现实世界里抽离，创设了一幅美轮美奂、自由欢乐的"荷塘月色"图；巴金以各种各样的"灯"为线索，勾勒出一部人类"灯火"传承的历史，那"灯"象征希望、信心、力量和光明。学生通过填写表格，由浅入深，在内容细节和关键语句的赏析中，从不同层次把握作者的个人信念与理想（如图1、图2、图3）。

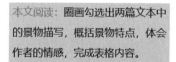

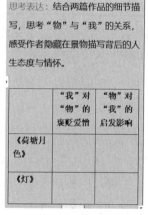

图1　景情联系　　　　图2　时代与个人　　　　图3　物我关系

3.借助微视频，深化精神内涵

课堂以微视频结尾，内容简洁，紧密贴合内容主题，一方面丰富学生的课堂学习资源；另一方面让学生深刻意识到当人生遭遇艰难时，要努力拼搏，风来时不被大风吹倒，风过时能够重拾信心，潇洒地藐视那背后的荆棘，坚定梦想，保持希望，永不言弃！这是《荷塘月色》中个人的家国情怀和爱国情谊在今时的延续。

（二）创设问题情境，强化社会责任意识

1. 以问导思，培养忧患意识

学生是课堂学习的主体，教师抛出关键问题，引导学生分享心得、交流思想。在无数读者阅读了《荷塘月色》后，都对朱自清笔下的荷香月色充满期待，兴冲冲地去了清华园，可是却看不到作者笔下朦胧、柔美的荷香月色，这是为什么呢？解决这个问题，学生需要关注文本中的关键句，比如"今晚却很好，虽然月光也还是淡淡的"这句话之前的文字介绍的是作者对从家到荷塘这一段小路的平时印象：幽僻、煤屑路、少有人走。如何理解呢？从生活常识来看，这条小路毕竟属于美丽的清华园的一角，且又是作者经常走过的，以朱自清对生活和自然美的细腻感受力，这条小路无论如何也应该是有些可爱之处的，但在他的笔下，小路的景象让他觉得阴森、可怕。从某种意义上说，这条小路其实是作者当时充满烦恼的生活、工作环境和难以看透的社会时局的代表。可这一切，在今夜却发生了奇妙的变化——"今晚却很好"。其实小路还是原来的样子，是因为作者内心有了期待，希望看到"日日走过的荷塘"在今夜的"另有一番样子"，这条小路就成为作者通往自由精神家园的时光隧道。了解了这一层内容后，学生再"看"第二个追问。作者的心境定然是有变化的，从颇不宁静到享受这荷香月色时的安宁恬静，后来又被树上的蝉声与水里的蛙声所惊醒，心境变得不宁静，"热闹是它们的，我什么也没有"。又忆起江南采莲的美好，可是他已无福消受，再次回到不宁静。学生通过这个问题能相对清晰地把握景物背后作者的情思。同时，借助三个连续的问题，学生能够把握最后的不宁静与开篇的不宁静有了程度上的不同，也能更加清晰地领会到中国知识分子在混乱时局中的"众人皆醉我独醒"的智者似的孤独和对社会极强的忧患意识。

2. 知人论世，感悟英雄气概

课前，借助纪录片，让学生对朱自清个人生平有了相对完整的了解。在学习《荷塘月色》时，开展课堂活动三——找寻时代洪流中的"我"。链接"朱自清宁可饿死也不肯领取美国救济粮"的故事，以史料为据，知人论世，学生感悟作者强大而坚定的民族精神和英雄气概，培育抵御外敌入侵、与阻碍社会与历史发展的力量做斗争的爱国主义精神。

3. 课后练笔，坚定理想信念

开展课堂活动四——塑造情感和谐的"我"。学生持续思考"物"与"我"的关系，感受作者隐藏在景物描写背后的人生态度与情怀。讨论共享作者在艰难时刻的自我坚持、自我探索的价值和给予我们的一些启发与力量：人生渗透着消极与积极斗争的痕迹，人生困境需要探索突围。最终，积极战胜了消极，满怀希望，充满期待。课后依托单元任务主题和文本核心内容，以"大自然的慰藉"为话题，设计学生结合自己的经历，联系已学的作品，撰写一段 300 字左右的生活日记，以强化个人承受力，增强个人职业素养，提升使命担当的社会责任感。

任务	主要教学内容	教学环节		思政元素	融入方式
《荷塘月色》1 课时	1. 以"我"为中心，结合写作背景，品"实"鉴"虚"，走进作者的内心世界。 2. 品味细腻的细节描写，揣摩作者独特而复杂的思想情感，提升文学阅读的审美知觉力和感受力。	预习任务		积极的人生态度	观看视频短片；查阅作者生平信息
		导入		文化自信	图片渲染
		新授	活动一：游赏自然之美	/	/
			活动二：发现自然背后的"我"	忧患意识、担当意识、爱国热情	填写表格；课堂讨论；问题思考
			活动三：找寻时代洪流中的"我"	民族精神、英雄气概、抵御外敌入侵，与阻碍社会与历史发展的力量做斗争的爱国主义精神。	填写表格；小组讨论；故事分享
			活动四：塑造情感和谐的"我"	家国情怀、社会责任感	填写表格；课堂讨论
		小结		坚强独立的职业素养："天行健，君子以自强不息。"	观看微视频
		课后作业		文化自信、社会责任感	写作训练

图 4　思政元素挖掘与融入一览表

四、反思改进

在《荷塘月色》的教学过程中，通过深入挖掘思政元素，创设逐层深入的系列课堂活动（"游赏自然之美""发现自然背后的'我'""找寻时代洪流中的'我'""塑造情感和谐的'我'"），在达成语文学习目标的同时也完善了学生的思想教育。视频、故事等资源激发了学生的学习兴趣，丰富了学生的学习体会；比较阅读触发了学生着眼言语细节，层层深入，把握作者的复杂情感，厚植家国情怀；课前预习、课中活动、课后练习，课堂内外渗透思政元素，达成全程全方位育人目标。

　　同时，教学中也存在一些不足。作为"课程思政"的教学手段，辅以视频资源的课堂学习对学生情感态度价值观的塑造具有重要作用。但对中职生来说，这样的情感教育所能维持的时间是短暂的。因此，教师应根据中职生当下的身心特点创设相关的实践活动，引导学生从认识、认同向认可迈进。此外，丰富学生的语文课外学习资源，引导学生向课外延伸，厚植家国情怀，在生活中学语用文，坚定个人信念与理想。

　　语文课是中职的文化教学基础课程，课程主要目标是培养学生掌握对母语的应用，具备一定的人文素养，重视学生对理解能力、表达能力和持续学习能力的培养。课程目标的达成离不开课程思政元素的助力，挖掘课程思政内容，融入课程思政元素，须在语文课堂教学中点点落实、步步实现。

览历史名城　树文化自信

——以阅读课"Where History Comes Alive"为例

张依宁

摘　　要：坚持立德树人，是党和国家对职业教育的要求，课程思政是其中必不可少的关键环节。本文以中职英语阅读课"Where History Comes Alive"为例，深入挖掘思政元素，通过情境式、自主探究式等教学形式，将思政元素巧妙融进阅读活动，在阅读教学的过程中培养学生的文化意识等学科核心素养，促使学生建立文化自信和历史自信，激发民族自豪感；注重知识性、思想性、教育性的渗透，从而实现语言教学和思政元素的有效结合。

关 键 词：课程思政　中职英语　阅读课

作者简介：张依宁（1995—　　），女，上海市群星职业技术学校教师，助理讲师。

一、案例背景

语言是文化传播的载体，在人类文明中一直扮演着至关重要的角色。英语，作为一门外语，也是中外文化交流的桥梁。在英语教学中，教师要融入具有鲜明时代特征的思政元素，加深学生对祖国文化的理解，增强爱国情怀，坚定文化自信，树立正确的世界观。

中等职业学校英语课程是一门公共基础课，也是一门培养学生人文素养的人文教育类科目。本案例授课班级为中本贯通班，所用教材为普通高中英语教材。《普通高中英语课程标准（2017 年版 2020 年修订）》提倡除了注重学生的语言能力以外，还应注重其文化意识、思维品质和学习能力等核心素养的发展，落实本学科立德树人的根本任务。①做好立德树人，课程思政是其中必不可少的关键环节。在课程思政背景下，中职英语课程要"与思想政治理论课同向同行，形成协同效应"，构建"三全育人"格局。②中职英语课程思政是指在英语课堂教学中渗透道德规范、文化意识、爱国精神等方面优化课程内容，对学生进行价值观培养、中华优秀传统文化教育。③

二、问题分析

中职英语阅读课"Where History Comes Alive"隶属"历史、社会、文化"主题群，主要涉及中外著名地点及相关文化。文章介绍了两个具有丰富历史底蕴的城市——西安和佛罗伦萨。文章通过挖掘古都西安的历史文化——它既是"丝绸之路"的起点，又是"一带一路"的重要节点城市，促使学生建立文化自信和历史自信，激发民族自豪感，培养爱国精神。同时，文章通过带领学生走进文艺复兴的发源地佛罗伦萨，启发学生了解海外优秀文化，培养国际视野，增强文化认同。但在当前的英语教学实践中，思政元素的融入还存在诸多问题。

（一）教学内容不够丰富，缺乏学科融合

目前，英语教学课程思政虽取得一定的成效，但仍浮于表面，难以达成课程思政与英语课堂的有机融合。本课主题为中外历史文化，涉及"一带一路""丝绸之路"等思政元素，有很大的挖掘空间。而在以往的课堂中，教师过分注重英语知识的讲授及技能的训练，情感教育常有缺失，且忽略了教学资源与其他学科的有机融合，使得教学内容过于片面。

（二）教学方法不够多样，缺乏情境导入

本课要求学生了解介绍一座城市的基本要素，通过介绍一座中国城市树立文化

---

① 中华人民共和国教育部.普通高中英语课程标准（2017年版2020年修订）[M].北京：人民教育出版社，2020.

② 陈雪军.中职英语教学中融入思政元素的有效策略探究[J].校园英语，2023（44）：139-141.

③ 吴尉凤.中职英语课程思政的内涵、问题及教学策略探索[J].校园英语，2023（40）：106-108.

自信。然而流畅的语言输出需要在环环相扣的教学活动和较为真实的情境中生成。在以往的教学过程中，教师多采用较为传统的教学方法，教学活动设计缺乏趣味性和互动性，缺乏有效的思政氛围和情境，挖掘深度不够，教学活动流于表面，影响了育人目标的达成。

（三）教学模式不够灵活，缺乏主体代入

思政的渗入不是强制灌输，而是让学生在潜移默化中主动地更新和完善自己的认知。本课要求学生在了解西安和佛罗伦萨后，丰富自己对中外文化的感知。这就需要以学生为主体，通过引导学生自主阅读，使其形成自己的逻辑框架。在以往的教学中，课堂多以教师为主导，对学生的主体性关注不够，这就导致思政渗入不够深入，教学效果不佳。

三、应用实施

基于以上问题分析，本节阅读课深入挖掘了课程思政元素（如表1），进一步探索了将思政元素融入中职英语教学的方法。

表 1　课程思政元素总结表

教学内容	思政元素
阅读、归纳西安的特征及历史地位	文化自觉
阅读、归纳佛罗伦萨的特征及历史地位	鉴赏海外优秀文化
介绍一座中国城市	文化自信、历史自信、家国情怀
对比"一带一路"和"丝绸之路"，思考历史意义	文化认同、国际视野

（一）追忆辉煌历史，唤起文化自觉

1. 融合学科，激活知识

本篇课文隶属于"历史、社会、文化"主题群，虽是一篇英语课文，但蕴含了深厚的历史和文化知识。古代陆上"丝绸之路"始于长安，终于罗马，而文章中的西安和佛罗伦萨恰恰处于这条贸易和文化交流之路的起点和终点。因此，课前布置学生查阅"丝绸之路"相关资料并绘制地图，在课堂的导入部分，让学生基于自己先前储备的历史和地理知识，在自己绘制的地图上指出西安（长安）和佛罗伦萨在"丝绸之路"上的位置，引入话题，激发兴趣。

2.直观呈现，营造氛围

对于学生来说，文化和历史板块的教学材料相对晦涩，需要将枯燥的内容以生动的形式表现出来，创造生动活泼的学习氛围。在阅读介绍西安的文章之前，教师展示一张秦始皇陵兵马俑的图片，让学生说出自己对秦始皇陵兵马俑的了解，激发背景知识，从而形成阅读期待。通过播放《望长安》这部纪录片的精华片段，营造历史文化学习氛围，提高学生的学习兴趣和期待，利用视频内容帮助学生在短时间内整理历史遗迹，对课文内容形成基本的印象，引起共情。

3.思维导图，自主归纳

语篇内容只有经过整理和加工才能内化成学生可吸收的内容，强行灌输的效果不佳，因此要培养学生自主阅读的能力，并按照自己的思路梳理总结、归纳文本信息，体验作者的思维过程。在学习介绍西安这一部分时，教师提供思维导图框架，学生进行填空，梳理相关细节信息，了解西安的特征及在中国历史上的地位和重要性。通过阅读活动，唤起学生的文化自觉。

（二）鉴赏海外优秀文化，感悟文化多样性

除了帮助学生了解并传承民族文化，英语作为中外交流的语言桥梁，还应该帮助学生汲取人类优秀文明成果。在阅读佛罗伦萨的介绍前，让学生说出自己对佛罗伦萨及文艺复兴的了解，展现自身的文化素养，为阅读活动铺垫。当学生熟悉思维导图的模式后，在学习佛罗伦萨这一部分时，要求学生根据文本信息和自己的储备知识制作自己的思维导图，发挥学生的主体作用，改变传统的以教师为主导的阅读活动模式。在这一过程中，学生提升了自主阅读和分析归纳文本的能力，了解了佛罗伦萨在文艺复兴乃至欧洲史上的地位，在潜移默化中培养了学生鉴赏海外优秀历史文化的能力。

（三）着力文化交流，树立文化自信

1.情境融入，以说带读

英语课堂教学可以参照生活和职业场景，让学生在模拟环境下通过"做中学、学中做"，提高实际语言运用能力。此外，英语作为一门外语，肩负着提升学生跨文化交流能力的重任。为本节课产出环节创设的情境为中外交流项目，要求学生作为中国当地的向导，向外国学生介绍中国的城市，以说带读，学以致用。学生在处理文本内容后，在前期所搭建的语言框架基础上，使用恰当的结构和语言向外国学生

介绍城市，以巩固学生在阅读过程中所学的语言和文化知识。学生在较为真实的情境下完成任务，综合运用所学知识进行语言产出，并在这一过程中建立自己的文化自信和历史自信，激发爱国情怀。

2. 小组合作，自主探究

根据中等职业教育的特点，英语教学可以根据完成项目、任务所需要的基本语言知识和技能进行安排，组织学生以小组的形式通过合作和探究完成任务，在此过程中培养学生运用语言解决问题的能力。[①] 在读后活动的中外交流项目中，要求学生以小组为单位进行活动，鼓励学生之间开展互助合作，激励每位学生参与课堂教学活动，从而发挥学生的主体作用，培养学生的自主探究意识，充分挖掘学生潜能，开阔其视野，促进学生全面发展。同时，在中外文化交流中，学生增强了文化认同，树立了文化自信，实现了德育浸润。

（四）跨越历史时空，培养国际视野

英语作为一门外语，还应帮助学生树立人类命运共同体意识和多元文化意识，形成开放包容的态度。在读后活动中，通过播放"一带一路"的中英文宣传片，让学生思考"一带一路"的历史意义及其构建人类命运共同体的具体体现。此外，让学生对比"一带一路"和"丝绸之路"的相似之处，思考两者在历史上兼具的地位和作用。学生通过类比、分析总结，实现迁移，跨越时空进行思考。在感悟"一带一路"和"丝绸之路"深远意义的过程中，学生开阔了国际视野，实现了文化认同，升华了主题。

四、反思与改进

（一）特色与亮点

本课将思政要素自然地融入英语课堂教学中的各个环节，落实了立德树人根本任务。其一，融合学科，多面渗入。将英语学科教学和政治、历史学科有机融合，让学生以英语为载体，在丰富历史文化底蕴的同时，加深对中外文化的感悟，树立文化认同感和中国情怀，建立文化自信和历史自信。其二，创设情境，任务引领。

---

① 中华人民共和国教育部.中等职业学校英语课程标准（2020年版）[M].北京：高等教育出版社，2020.

通过图片、视频等媒介，将晦涩的文化历史材料以生动的形式表现出来，创造生动活泼的学习氛围，提高学生的学习兴趣和期待，形成对语篇内容的直观认识。通过构建较为真实的任务情境，让学生输出语言，巩固和运用所学的语言和文化知识，并在这一过程中培养爱国情怀。其三，发挥主体，探究开展。通过自己制作思维导图，梳理、归纳文本信息，体验作者的思维过程。发挥学生的主体作用，提升自主阅读的能力，增强阅读积极性，在潜移默化中培养感悟历史文化的能力。通过小组合作交流，培养团队合作精神，促进学生全面发展，在中外文化交流中增强文化认同，开阔国际视野。

（二）不足之处

本课对英语课程思政有了初步的探索，但仍有一些待改进之处。其一，教学准备上对学生的课前了解须更深入。本篇课文涉及很多与历史文化有关的专有名词及短语，因此，有必要在课前对学生主题词汇及背景知识做一个小调查，从而根据学生的基础来调整阅读活动的难度，确保活动的有效性。其二，教学反馈上对评价维度的设置须更到位。本节课有大量的阅读活动，考查学生语言的综合运用能力，但评价主体为教师，缺少学生参与，且评价维度单一。如何在课堂有限的时间内开展多形式、多维度的评价，是一个值得探讨的问题。

总之，本篇课文除了通过阅读让学生掌握介绍中外历史古城的语言，更注重在这一过程中培养学生的思维品质，自然地融入思政学科元素。通过让学生了解西安和佛罗伦萨这两座城市，在层层推进的课堂活动中，加深学生对中外文化的感悟和熏陶，逐渐树立学生的文化认同感和中国情怀，建立文化自信和历史自信，引发学生关于构建人类命运共同体的思考，深化德育主题，加强德育浸润，实现了育人价值的软着陆。

传承与弘扬革命文化 推进欣赏演绎进阶

——以"品《长征组歌》 鉴合唱特色"单元为例

吕 丽

摘　　要： 艺术（音乐）与革命文化有着密切的联系，是落实革命传统教育的重要载体。本文依托中等职业学校公共基础学科音乐鉴赏与实践中的合唱教学内容，以《长征组歌》为载体，品鉴合唱的特色，探索革命文化与音乐课程的融合教学，拓展音乐学科的育人效能，逐步提高学生的艺术鉴赏力、审美判断力和文化理解力。

关 键 词： 革命文化　中职合唱　欣赏演绎　单元教学

作者简介： 吕丽（1986—　　），女，上海市群星职业技术学校教师，讲师。

一、案例背景

习近平总书记于 2016 年 7 月 20 日在宁夏考察工作结束时的讲话中强调："我们要铭记革命历史、传承革命传统，并用以教育广大干部群众，教育一代又一代青少年。"

2021 年 1 月 19 日，教育部发布了《关于印发〈革命传统进中小学课程教材指南〉〈中华优秀传统文化进中小学课程教材指南〉的通知》，按照覆盖全部革命历程，反映革命传统主要内容，注重有机融入的基本原则，围绕中国共产党的领导地位、革命斗争精神、爱国主义情怀、艰苦奋斗传统等主题内容，提出将艺术学科有重点地纳入学科安排的具体实施内容。《革命传统进中小学课程教材指南》中明确指出："艺术是落实革命传统教育的重要载体，在净化学生心灵、陶冶情操、提升人生境界中发挥着重要作用。"[①]

[①]　中华人民共和国教育部.教育部关于印发《革命传统进中小学课程教材指南》《中华优秀传统文化进中小学课程教材指南》的通知［EB/OL］.（2021-01-19）［2022-03-28］.http://www.moe.gov.cn/srcsite/A26/s8001/202102/t20210203_512359.html.

本次单元教学属于艺术（音乐鉴赏与实践）课程，是中等职业学校公共基础学科内容。本课程在第一学年开设，第一学期为基础模块，第二学期为拓展模块，共计36课时。为了贯彻习近平总书记"走好新时代的长征路"重要指示，结合课程内容中拓展模块的教学要求，本次合唱单元的教学以"歌唱"中的合唱部分为切入点，设计以大型经典红色声乐套曲《长征组歌》为载体的"品《长征组歌》 鉴合唱特色"主题单元教学内容，是对之前基础模块内容的综合鉴赏与实践（如图1），引导学生边欣赏合唱，边重走长征之路，在提高对合唱艺术鉴赏水平的同时，感悟合唱作品中传递的长征精神；引导学生学习共产党人英勇顽强的英雄气概，弘扬党的自力更生、艰苦奋斗的优良作风，树立正确的历史观、民族观、文化观，厚植爱国主义情怀。①

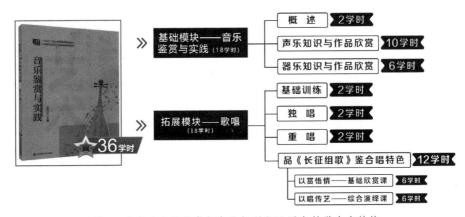

图1　艺术（音乐鉴赏与实践）课程设置和教学内容结构

二、问题分析

（一）作品鉴赏与思政教育浮于表面，内容须融入浸润

艺术（音乐鉴赏与实践）是中等职业学校公共基础课程，是学校美育教育的重要途径之一。就当前中职音乐的教学内容而言，教材中虽以古诗词作为标题，将传统文化意境带入音乐场景中，但多以"谱例＋注解"歌曲常识性的介绍欣赏为主，其较多的内容和普适的解释说明文字，未能将思政教育与音乐美育较好、较深地融合。依据《中等职业学校艺术课程标准（2020年版）》（以下简称"新课标"）要求，本次单元

---

① 　左莉.对《长征组歌》艺术风格与演唱处理的探析［D］.长沙：湖南师范大学，2006.

教学的思政元素可以体现为：理解中华优秀传统文化、革命文化、社会主义先进文化蕴含的思想观念，自觉培育和践行社会主义核心价值观，以及理解和借鉴不同地域、不同时代的文化，增进文化自觉，坚定文化自信。[①]教师须将艺术作品中深层次的思想观念、文化元素以及现实意义挖掘出来，分主题、分模块地进行思政教育。

（二）教学路径与实施方法过于割裂，策略有待合理完善

本次红色合唱主题的单元教学选取"歌唱"这一拓展模块的内容，在教与学的过程中，不仅需要学生具备较高的鉴赏水平来欣赏、学习合唱要素知识，还需要在练唱实践中不断提升演唱技能，从而更好地提升合唱表现力，理解歌曲内涵。在以往的声乐欣赏教学中，教师多采用讲授法、对比法、示范法等，教学内容碎片化，课程思政的教学路径不够深入和系统，未能采用合理有效的教学策略。教师须结合学生所学专业，采取恰切的音乐教学法、顺畅的教学路径，推进课程思政与教学过程的深度融合。

（三）评价方式与评价指标惯于传统，评价仍需动态优化

依据音乐欣赏的感官、感性、理智三个层面，在课堂教学中由于听觉与感性欣赏占比较多，评价方式多以师评、生评为主，从而评价指标多以主观感受或审美经验为主，尚未形成系统的合唱评价体系，未能有效、全面地评价学生所学情况，未能客观、时时地记录学生成长轨迹。

三、应用实施

（一）贯彻课标，浸润内容：聚焦"革命传统进课堂"思政主线，优化合唱教学内容，发挥育人价值

1. 设定"三有"育人目标，拓宽教学设计思路

从"培养什么人"出发，遵循"和谐统一"为中心的合唱教学设计思路，以合唱技能为基，以艺术修养为本，以铸成红色文化为魂，育"有骨气、有品位、有修养"的中职生。依据新课标中理解中国音乐与革命文化的密切关系，弘扬民族精神的内容要求，将革命传统全面融入课程教材，对革命传统教育目标、内容、方式等进行单元教学内容的顶层设计（如图2）。

---

① 中华人民共和国教育部.中等职业学校艺术课程标准（2020年版）[M].北京：高等教育出版社，2020.

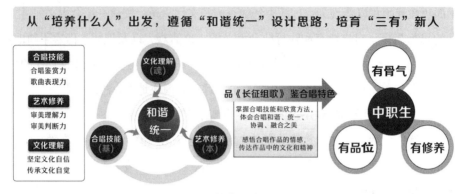

图 2　教学设计思路

2. 聚焦"革命传统进课堂",优化合唱教学内容

本次单元教学精选《长征组歌》中 6 首合唱歌曲,选取合唱特点、演唱形式、音色、声部、音响、指挥六个方面的知识进行合唱教学。设计第一层级以欣赏、学习合唱要素为主的教学内容,第二层级以练唱实践合唱技能、提升合唱表现力为主的教学内容,共 12 课时。将红军长征中重要的历史事件、革命文化内涵以及弘扬的不同长征精神传授给学生,带领学生边重走长征之路,边学习合唱知识,进阶性地认知革命传统文化,增强中华民族的归属感、尊严感、荣誉感,弘扬党的优良作风,培育自强不息的吃苦精神,历练敢于担当的奋斗精神,充分发挥革命文化铸魂育人功能,努力实现革命传统教育整体化、系列化、长效化(如图 3)。

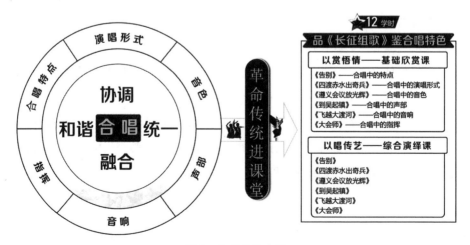

图 3　合唱教学内容

（二）借助联觉，优化路径：创设"两课型四环节"教学策略，活用信息技术，打造有效课堂

1.依据学生认知规律与音乐基础，设定"提升合唱鉴赏力、表现力"的教学目标

课程授课对象为舞蹈表演专业 2022 级学生，共 24 人。学生呈现音乐节奏的感知力、自学能力较强，音乐基础知识、歌曲情感理解能力较弱的情况。基于学生的音乐基础和对革命传统文化的认知规律、学习能力的情况分析，围绕课程标准，设定"提升合唱鉴赏水平、增强合唱表现力"为单元教学目标。通过达尔克罗兹教学法、情境教学法及实践练唱法，逐层提高合唱的艺术鉴赏能力，感悟合唱作品的情感，传达合唱作品中的文化和精神（如图 4）。

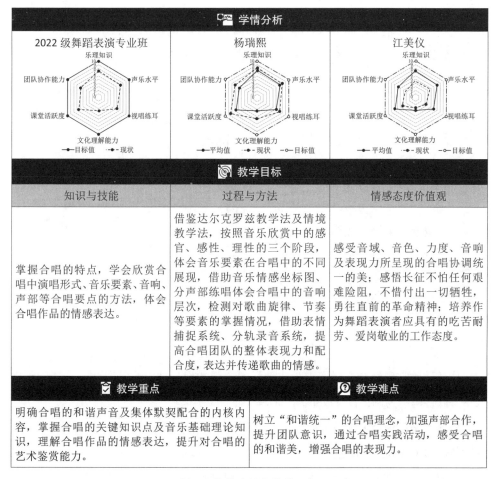

图 4　学情分析和教学目标

2.借鉴达尔克罗兹教学法，创设"两层四步"教学策略，感悟革命精神

借鉴达尔克罗兹教学法中的"视唱练耳、节奏律动、即兴表达"制定四步教学策略，融入合唱教学。在审美鉴赏的基础上，运用肢体语言，将听觉艺术和视觉、运动觉有机融合，多觉联动，从而伸展出更多音乐体验和表达上的触角，以亲身的感受层层体悟合唱歌曲的情感。

本单元的前六课时为基础欣赏课，设计了"感、辨、唱、悟"四步教学策略，通过感受乐曲、辨析要素、学唱和声、领悟情感，提高合唱的鉴赏能力和鉴赏水平，达到以赏悟情。本单元的后六课时为综合演绎课，设计了"赏曲、融声、达意、传情"四步教学策略，通过实践练唱，达到以唱传艺。从基础欣赏课的"以赏悟情"，到综合演绎课的"以唱传艺"，让学生在欣赏中感受合唱要素，在唱练中感悟合唱技巧，在表达中感怀《长征组歌》的文化和精神，实现学生从合唱艺术的学习者和欣赏者，到红色文化的表达者和传递者的成长蜕变（如图5）。

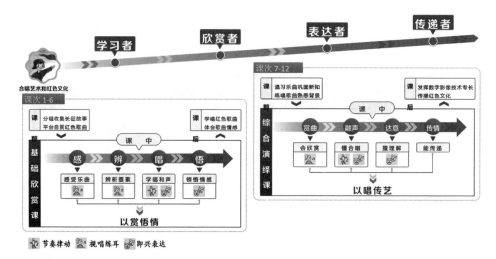

图5　"两层四步"教学策略

从基础欣赏到综合演绎，进阶式地学习合唱知识与技能，以课型一：基础欣赏课——以赏悟情为例，设计以下教学流程（如图6）：

教学实施过程分为课前革命历史进程预习、课中合唱知识欣赏与革命文化体悟、课后革命情感巩固三个阶段。

课前，学生借助网络、相关红色书籍分组进行长征故事的搜集、发布，通过学

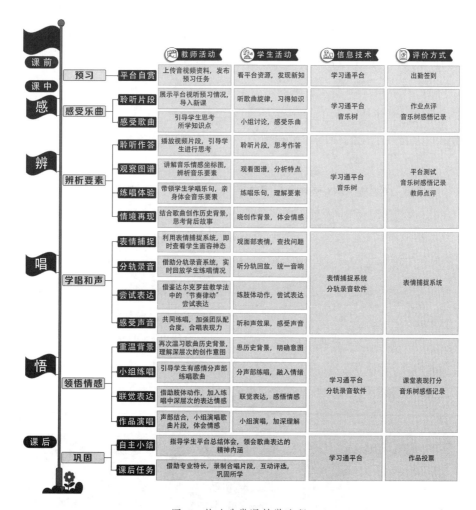

图 6　基础欣赏课教学流程

习通平台自赏红色歌曲视频，初步认识红军长征艰苦卓绝的历程和获得的伟大成就，对歌曲的革命历史背景有全面的认知，为情感体验做好铺垫。

　　课中，通过"感受乐曲"环节，运用虚拟现实技术（VR），虚拟再现红军长征大背景，集体欣赏《长征组歌》歌曲；在"辨析要素"环节，分析合唱歌曲中旋律、节奏、力度等音乐要素的特点，理解并掌握音乐语汇，体会歌曲不同音乐要素作用下所表现出的革命英雄气概；在"学唱和声"环节，亲身学唱歌曲中的经典片段，体会抑扬顿挫的音乐背后所表达的歌曲情感，涵养或是慷慨激昂，或是艰苦奋斗，或是军民鱼水的革命情怀①；在"领悟情感"环节，再次结合歌曲革命历史背景，在对合唱作品鉴赏的基础上，加深对《长征组歌》文化层面、历史层面的理解，感悟伟大的长征精神，强化理想信念，增强革命文化自觉。

课后，分组自主练唱，录制喜爱的合唱片段，互动选出最佳作品，共享学习体会，加深对革命历史及革命英雄人物的认识，理解长征这一重要的革命历史所展现出的中国共产党的优良作风和高尚品德，增强对祖国、对中国共产党的热爱之情。

3. 运用信息技术，精准把握合唱中的"形、声、色"，解决教学困惑

合唱有着复杂的和声体系，音乐情感坐标图可以直观地展示合唱中的声部分层，具象呈现合唱作品中的旋律、节奏等要素的特点，帮助学生较好地理解合唱基础知识，感受纵向的音响层次，有助于解决合唱音乐要素难理解的问题。

合唱要求声音和谐统一，在欣赏和练唱过程中，表情捕捉系统可以聚焦学生表情、动作的和谐度，有助于解决歌唱状态难调动的问题。分轨录音软件可以即时回放声部音响，关注声部间何时起唱、何时接唱，对学生合唱表达的"形、声、色"做更精准的捕捉和把控，提高合唱的整体配合度和表现力，解决合唱效果难自测的问题，用信息技术手段合力打造有效课堂（如图7）。

图7　用信息技术手段合力打造有效课堂

①　唐艺华.《长征组歌》音乐创作民族化研究［D］.南京：南京艺术学院，2008.

（三）赋予多维，促进成长——构建"四化"合唱课程评价体系，检测学习成效，体现评价育人

依据学科核心素养，结合课标中学业水平的内容，设置音乐感知、合唱体验与艺术表达三个评价维度，构建过程化、可视化、个性化、融合化的合唱评价体系，借助体验表达音乐树呈现。在学生掌握合唱技能与音乐知识的基础上，着重聚焦革命传统文化的理解，设定认知革命历程、感受革命情怀、体认革命精神、弘扬革命传统四个方面文化理解角度的评价要求。课前，系统评价学生讨论情况；课中，系统记录对合唱艺术特点的感悟内容，反映对合唱的体验表达能力与专业练唱技能水平，通过师评、生评和机评等多元多维实时呈现；课后，系统评价学生总体参与度、课堂活跃度等。通过"四化"合唱课程评价体系，可以记录学生成长轨迹，调动学生成长欲望，激发学生成长速度，有效发挥评价育人的功能。

四、反思与改进

（一）特色与创新

1. 赏练红色经典合唱作品，文化自信和文化传承更为自觉

本次单元教学以《长征组歌》为载体，进行合唱的欣赏与练唱。课前收集长征历史的背景资料，了解长征的历史故事；课中欣赏和唱练歌曲，并对作品进行音乐要素的深度分析，体会革命情怀、理解革命文化；课后录制合唱作品，进一步通过体验感悟，传递革命精神。通过对红色合唱作品的欣赏与练唱，学生更深入地了解了长征革命历程，认同长征的革命精神，赓续红色文化传承。

2. 活用信息技术，引入达尔克罗兹教学法，情感体验更为深刻

音乐情感坐标图、分轨录音软件以及表情捕捉系统的恰切运用，不但在理论层面将合唱音乐特点的异同与变化具象呈现，直观展现了歌曲所要表达的革命情感的跌宕起伏，还在音乐实践层面调动歌唱状态，把握合唱和谐统一的美，有助于提升学生对歌曲情感的理解。

运用达尔克罗兹教学法，以学生的音乐体验为出发点，在理解音乐要素的基础上，用肢体律动来表现对歌曲的情感，用聆听与声部配合来展现合唱的统一协调，用相互间的沟通表达来呈现对合唱歌曲的理解[①]，这样的课堂气氛宽松融洽，学生的

---

① 周锴. 达尔克罗兹体态律动教学法在高校合唱指挥教学中的运用 [J]. 戏剧之家，2020（29）：51-52.

学习态度积极向上，合唱的表现力和革命情感表达力明显提升。

（二）不足与改进

1. 思政元素挖掘不够深入，思政与教学内容融合深度有待提升

合唱作品有着广泛的风格和题材，所蕴含的文化内涵不仅有红色文化，还有有待于进一步深挖的思政元素。音乐鉴赏课程作为公共基础课，面向的是所有专业的中职学生，如何与学生所学专业融合，提升学生的鉴赏能力，助力其专业学习需要不断实践与研究。在广度上，须聆听赏析不同时代、题材、风格的音乐作品，潜移默化地拓宽音乐视野。在深度上，须在不断积累音乐基础知识的基础上，逐步掌握分析音乐作品的方法与手段，丰富音乐实践活动，与所学专业有机融合，深度分析作品所蕴含的文化内涵，提升对作品的艺术表现和表达能力。

2. 教学诊断力度不够，课程评价体系仍需完善

目前的评价机制较多是在知识技能层面，而对学生情感、价值观的评价还不够深入，同时学生音乐基础参差不齐，如何借助精准评价进行教学诊断，从中发现问题，让每一位学生都有所获，还需进一步调整与优化评价体系。针对学生学习过程中生成的问题，动态调整课程的评价维度，比如调整音乐要素理解程度、音乐能力表现度等刚性指标或音乐学习习惯、活动参与活跃度等柔性指标，有助于实现感性评价与理性评价的结合。增强数字评价工具的功能，优化增值评价的形式，关注并助力学生成长，从而持续提升学生对音乐作品的鉴赏水平和对多元文化的理解能力。

将二十四节气融入课堂，传承与弘扬中华优秀传统文化

——以"图文混排绘制海报"课为例

李汉博

摘　　要： 针对中国传统二十四节气与办公软件应用课程的结合问题，本文深入探讨了一种有机结合的方式及其重要意义。该方法通过引导学生使用图文混排技术创作节气海报，旨在提升学生的办公软件应用能力，并增强对中国传统节气文化的理解与热爱。课堂上采用"看—学—做"三维一体的创新教学模式，以弥补传统教学在文化传承方面的短板，进一步激发学生的创新思维和自主思考能力。经过实践验证，该教学方式不仅大幅提高了学生的办公软件应用能力，还加深了他们对节气文化的理解和认识。这一教学方式为传承与弘扬中华优秀传统文化，培养具备专业技能且理解传统文化的高素质人才提供了新的路径。

关 键 词： 节气文化　图文混排应用　文化传承与弘扬　实践导向学习　综合素质培育

作者简介： 李汉博（1991—　　），女，上海市群星职业技术学校教师，助理讲师。

一、案例背景

办公软件在当今社会中是不可或缺的存在，它们彻底改变了传统的文档处理方式，使用户能够轻松创建、编辑和格式化各类文档，极大地提高了工作效率。同时，办公软件还支持多人协同编辑和共享功能，促进了团队合作与沟通。无论是插入多媒体元素、制作数据图表，还是进行灵活的打印和分享，办公软件都提供了全面的解决方案。因此，它们被广泛应用于企业、政府、教育以及科研等各个领域，成为

现代办公的必备工具。

为了适应这一趋势，中职校计算机应用专业特地开设了办公软件应用课程。该课程选用了人民邮电出版社的《Office 2016 办公软件应用案例教程（微课版 第 3 版）》作为教材，旨在通过一个学期 60 学时系统教授 Word、Excel、PPT 这三种基础办公软件的应用技巧。通过系统学习这门课程，学生能够熟练运用 Word 进行文档编辑、排版和格式化，利用 Excel 进行数据处理、分析和图表制作，以及运用 PPT 创建演示文稿并添加动画效果等功能。本次课程以中国二十四节气为核心内容，通过深入挖掘节气的文化韵味，将传统文化与办公软件应用相结合。学生为每个节气精选了富有特色的图案与元素，并使用办公软件的图文混排功能，将这些元素精心制作成海报。这一过程不仅锻炼了学生的设计、制作与创新能力，更深化了学生对节气文化的理解；同时，学生通过实践熟练掌握了排版、配色、字体选择等海报制作技巧，提升了审美素养。

通过课程设计，中职校计算机专业不仅帮助学生熟练掌握了办公软件的应用技巧，还成功地将传统文化融入现代教育中。这种创新的教育方式不仅有助于传承和弘扬中华优秀传统文化，更为学生未来的学习和职业发展奠定了坚实基础。

二、问题分析

在图文混排课程中，一项关键任务是让学生利用自己搜寻的素材设计中国传统二十四节气海报，并在课堂上进行展示和分享。这一环节旨在加深学生对节气文化的理解，并锻炼设计和表达能力。然而，在实际授课中，由于部分学生对二十四节气了解不足，导致在制作海报时更侧重任务的完成，而不是深入挖掘和传达节气的文化内涵。因此，尽管课堂上有部分学生的生动讲解和精美海报的呈现，但整体效果并未完全达到预期，学生不仅在课程学习上产生问题，对二十四节气的理解和感受也有待加强。

（一）上机操作时学生缺乏自主思考

在制作二十四节气海报的过程中，学生对教师步骤的盲目跟从现象尤为严重。以教师制作冬至海报的示范操作为例，教师在制作海报时，精心地在海报中央放置一盘饺子，以此作为吸引目光的视觉中心，随后巧妙地添加其他元素和文字，共同烘托出冬至吃饺子的传统主题。观察到这些步骤后，学生往往会不假思索地直接模仿，在自己的海报中也如法炮制，将饺子或其他类似的图像置于中央位置，然后添加一些文字草草完成。在这一过程中，学生往往缺乏自主思考，不会深入探究老师为何选择这样的布局，以及这样的设计背后蕴含着何种特别的意图或艺术效果。学生只是简单地复制老师的操作，力求自己的作品与老师的示范保持一致，却忽略了在创作中融入自己的理解和创新。

（二）教学过程中忽视对传统文化的探讨

在图文混排的课程中，课程过于注重技术层面的训练，却忽视了对二十四节气这一传统元素的深入挖掘与探讨。二十四节气的海报制作原本是一个融合传统文化与现代技能的绝佳教学机会。然而，在教学中，教师和学生往往只关注海报设计的技巧，例如使用何种文字环绕方式，选取哪些图片素材，怎么使用形状和边框增加层次感或应用色彩和滤镜改变海报的整体风格，却忽略了对二十四节气背后丰富文化内涵的探讨与传承。这种教学内容不仅使课程变得单一枯燥，更剥夺了学生接触、理解和热爱中华优秀传统文化的宝贵机会，让学生成为只会操作电脑而缺乏人文素养的"技术工匠"。

三、教学实施

（一）温故节气历史，增强对传统文化的重视

在华夏大地上，二十四节气犹如时间的标记，贯穿古今，蕴含着深厚的文化内涵和民族精神。这不仅仅是一套农业生产的时间指南，更是一部讲述自然与人类和谐共生的生活史诗。

选择二十四节气作为授课主题，不仅是为了让学生领略其背后的历史意蕴和文化内涵，更是为了强化学生对中华优秀传统文化的认知与传承。在课堂上通过播放二十四节气的相关短视频，希望引导学生深入探索二十四节气的智慧与价值，感受古人对天地自然的敬畏与尊重，以及对和谐共生的不懈追求。通过制作节气海报，可以更直观地感受到二十四节气作为中华优秀传统文化的魅力，以及蕴含着的丰富历史和文化内涵。在创作过程中，可以深入挖掘这些文化内涵，将其融入海报的设计中。通过这样的课程，让年轻一代在感受中华优秀传统文化魅力的同时，自觉成为其传承者与弘扬者，共同书写华夏文明的新篇章。

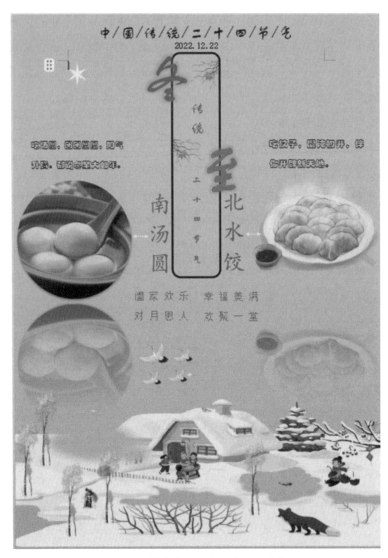

图 1　学生制作的冬至节气海报优秀作品

（二）探索"看—学—做"一体教学方式

"看—学—做"教学方式是一种强调实践操作与理论知识相结合的教学方式（如图 2）。这种教学方式的核心思想是通过观察、学习和实践三个环节，帮助学生掌握知识和技能，并培养其独立解决问题的能力。

首先，"看"是教学的第一个环节。在这个环节中，教师精心展示一系列精湛的节气海报，旨在引导学生深入观察和欣赏。通过展示这些充满创意和艺术性的作品，教师不仅激发了学生对节气文化的兴趣，还提供了学习和借鉴的优秀范例。这一环节的设置，为后续的教学活动奠定了坚实的基础，使学生能够在欣赏中感悟，进而提升自己的创作水平。

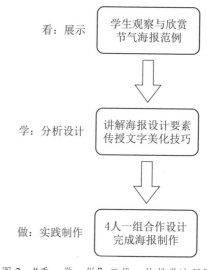

看：展示　　学生观察与欣赏节气海报范例

学：分析设计　　讲解海报设计要素传授文字美化技巧

做：实践制作　　4人一组合作设计完成海报制作

图 2 　"看—学—做"三维一体教学流程图

其次，"学"作为承上启下的关键环节，承载着对理论知识的深入剖析与对学生思辨能力的培养。在这一环节中，教师一开始选择一张核心图片作为海报主题，选择的图片需要质量高、色彩鲜艳，能够吸引观众的注意力。然后使用文字环绕技巧，根据需求和整体设计风格，可以选择文字紧密环绕图片的方式或保持适当间距。通过不断调整文本框与图片的位置、大小，最终可以达到理想的文字环绕效果和整体布局，使节气海报既具有视觉美感，又能清晰传达所需信息。

最后，"做"作为教学的压轴环节，承载着将理论知识转化为实践能力的重任。在这一阶段，教师以 4 人为一组分配节气海报制作任务，先选定一名组长，负责监督整体项目进度并确保团队间的顺畅沟通，其余三名成员则依据各自的专长进行分工：设计师负责构思出吸引人的整体布局和视觉风格，为海报奠定美观基础；文案撰写员则负责提炼与节气紧密相关的文字信息，并阐述选择这些元素的原因及其在海报中的巧妙运用；制作员则专注于将其他成员的创意构思转化为电子版，运用专

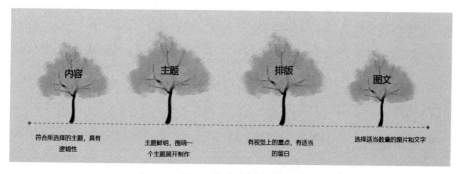

内容　　主题　　排版　　图文

符合所选择的主题，具有逻辑性　　主题鲜明，围绕一个主题展开制作　　有视觉上的重点，有适当的留白　　选择适当数量的图片和文字

图 3 　优秀海报要素

业的图像处理技术，精细处理每一个图像细节，确保海报的最终呈现效果与设计师的初衷相符。这样的分工明确且高效，有助于团队在短时间内创作出高质量的节气海报。

（三）浸润传统文化，以教学活动点亮二十四节气

通过深入挖掘二十四节气，设计一系列教学活动，旨在实现多维度的教育目标。首先，为了让学生完成一幅具有传统文化韵味的节气海报，在课堂上播放二十四节气的介绍短片，引导学生深入学习和挖掘节气文化的深刻内涵。在操作上，教授学生运用图文混排技巧，如字体选择、排版布局和色彩搭配等，将传统节气元素与现代设计手法相结合，创作出既体现技术创新又彰显文化传承的海报作品。

其次，学生通过参与讨论和制作，不仅能够掌握图文混排技术并应用于海报设计，还能在实践中培养创新意识和实践能力。应鼓励学生尝试不同的设计思路和技术手段，勇于突破传统框架，以富有创意的方式呈现节气文化。

此外，团队协作与沟通能力的培养也是本次教学活动的重要目标之一。在海报制作过程中，要求学生分工合作、相互支持，共同解决问题。通过小组讨论、意见交流和协作编辑等方式，学生的团队协作精神和有效沟通能力得到显著提升。

为了有效提升学生的审美素养和艺术鉴赏力，特地安排小组作品欣赏与评价环节。在这一环节中，学生有机会互相观摩各自的作品，共同品味其中的色彩魅力、版面设计的巧思以及整体美感的呈现。通过彼此的交流和启发，不仅能够加深对海报设计要素的理解，更能激发出更多的创意灵感，为未来的创作奠定坚实的基础。同时，引入优秀的传统节气艺术作品供学生借鉴学习，有助于拓宽他们的艺术视野和创作思路。

最后，课程中始终强调文化传承的重要性，让学生意识到作为新时代青年传承和弘扬中华优秀传统文化的责任与使命。讲解节气文化的历史渊源、社会价值和现实意义等内容，有助于激发学生的社会责任感和担当精神。希望通过这些具体的教学活动和融入方式，让学生在实践中深刻体会传统文化的魅力，并自觉成为中华优秀传统文化的传承者和弘扬者。

四、反思与改进

本课的教学情况总体良好，课堂气氛活跃。从实际成效来看，本堂课的目标达

成度较高，说明教学内容与方法得到了有效的实施。在教学过程中，大部分学生都能够熟练掌握图片插入、裁剪、文字环绕以及图片色彩调整等基础的图文混排技巧。此外，学生成功完成了二十四节气海报的制作任务。这一成果不仅体现了学生对图文混排技巧的掌握程度，更展示其将所学知识应用于实际创作的能力。这也进一步证明了本堂课的教学目标已经得到了很好的实现。

　　然而，在本次图文混排课程的教学过程中，虽然大部分学生都表现出了积极的学习态度和较高的操作技能，但也有几名学生的行为须引起重视，如将他人的作品稍作改动就声称是自己的创作，或者拆分现成海报的元素进行重新组合分布，试图掩盖抄袭的本质。这种行为不仅违背了学术诚信和道德规范，也损害了原创作者的权益。

　　针对这一问题，教师深刻认识到在课堂上加强对学生版权意识培养的重要性。版权意识不仅是法律法规的要求，更是现代社会公民应具备的基本素养。因此，必须在教学中明确强调版权的重要性，让学生明白尊重他人创作成果是每个人的责任和义务。

筑基劳动精神　规划引领成长

——以《心理健康与职业生涯》第五单元为例*

卫　魏

摘　　要： 本文以《心理健康与职业生涯》第五单元"规划生涯　放飞梦想"原有教学内容为基础，运用大单元教学设计方法，优化教学设计并加以实施，为中职思政课程教学改革实践带来新思路和新方法。

关 键 词： 大单元教学设计　心理健康与职业生涯　大观念

作者简介： 卫魏（1989—　　），男，上海市群星职业技术学校教师，讲师。

一、案例背景

长期以来，我国传统的思政课程课堂教学虽一直强调以学生为中心，但在教学设计和实施中依然以"如何教"为主，而课堂教学最重要的是学生"学什么""怎么学""学得怎么样"。可见，在传统的思政课堂教学实施中难以真正做到以学生为中心。

《中等职业学校思想政治课程标准（2020 年版）》（以下简称"新课标"）颁布后，由教育部组织编写中职思政课程的四本教材。此次教改的最大差别就是将原有的心理健康与职业生涯规划两门课程，整合为心理健康与职业生涯一门课程。本课程作为整合的新型课程，其教学内容体现了中职教育的特色内容。此外，新课标的研制思路也打破了两门课程原有的学科逻辑，不仅课时减少、教学内容增加，还要求两门学科交叉融合不留痕迹。

---

* 本文系 2023 年度上海市中等职业学校课改课题"基于学科核心素养的心理健康与职业生涯课程单元教学实践研究"（编号：2023K-07）的阶段性研究成果。

　　《心理健康与职业生涯》教材中的单元教学内容结构，趋向于同一主题下不同角度的平行教学内容，想要提高课堂教学质量，需要授课教师围绕起统率作用的"大"的观念、项目、任务、问题进行教学设计，组织成围绕同一目标设计教学任务、教学情境、教学实施与评价的完整的学习事件，也即大单元教学设计。[①]

二、问题分析

　　中职思政课要紧密结合社会实践和学生实际情况，培育学生五大学科核心素养，落实立德树人根本任务。为解决学生实际困惑，设计问卷并发放给学生进行问卷调查。经过前期问卷调查，共回收 513 份有效问卷。其中关于"请你选出最感兴趣的主题，并写出具体困惑"这一问题，有 180 人选择"职业生涯规划"这一选项，占比 35.09%，为最高，凸显出现代中职校学生对职业生涯规划越发重视。根据大单元设计所需要素：大单元主题（即大单元大观念）与课时、学习目标、评价任务、学习过程、作业与检测、学习反思[②]，结合课前调查、课题组成员们的文献研究和课堂教学经验，将《心理健康与职业生涯》第五单元作为大单元教学设计和教学实践的主要内容，并确定"我的追梦之旅"这一大单元大观念。优化后通过前期调查分析、确定单元目标和任务、重构教学内容、实施课堂教学、评价学习效果五个方面，开展教学设计和实践，并在教学实践中力求做到课上真学习、课后真实践、解决真问题。

三、应用实施

（一）确定单元目标和任务

　　根据新课标中对心理健康与职业生涯课程的学业要求，结合课题组的前期调查和课题组成员实际教学经验，以动漫影视专业学生为例，按照五大中职思政学科核心素养，设定如下第五单元学习目标，解决"学什么"的问题。[③]

　　政治认同：坚持运用马克思主义立场、观点和方法，全面客观分析自身条件和

①　崔允漷.如何开展指向学科核心素养的大单元设计［J］.北京教育（普教版），2019（02）：11-15.

②　张玲珑.部编本初中语文大单元教学设计研究［D］.黄石：湖北师范大学，2022：9.

③　班玉金.学科核心素养下高中政治课大单元教学目标设计研究［D］.伊宁：伊犁师范大学，2023：3.

外部环境，在制订、执行、评价、调整自己的职业生涯规划时，能立足国家和社会需要，立志为中国特色社会主义事业、为实现中华民族伟大复兴的中国梦而奋斗。

职业精神：树立正确的劳动观，在学校专业学习中自觉践行劳动精神、劳模精神、工匠精神；增强职业道德意识，养成良好职业道德行为习惯；学会根据我国的动漫影视行业发展情况和自身专业特长进行职业生涯规划；认真执行职业生涯规划，在社会实践中增长才干。

法治意识：在制订和执行职业生涯规划时，主动了解与动漫影视行业密切相关的法律知识，树立正确的权利义务观念，自觉遵守相关法律法规，在专业学习和社会实践中为社会主义法治国家建设贡献自己的力量。

健全人格：在职业生涯规划过程中，正确认识自我，处理好自己、他人、社会三者之间的关系；能够确立符合社会需要和自身实际的职业生涯目标，增强自主性，能够以积极心态适应社会发展变化。

公共参与：在职业生涯规划中体现主人翁意识，立志成为新时代弘扬正能量的动漫影视媒体人，树立用自己的专业能力为人民服务的职业观和成才观，主动将自己的职业生涯发展与承担社会责任、履行公民义务结合起来。①

基于大单元教学的核心素养目标，将第五单元的单元任务设置为：在充分了解国家发展、社会需求、行业前景和自身特点的基础上，立足专业，制订一份目标清晰可行、行动计划详细、评估标准量化、具有调整备选方案的独属于自己的职业生涯规划，并在学校生活中加以实践。

（二）重构教学内容

根据课程教材，第五单元共有 3 个课题，需 7 课时。经过前期问卷调查，共收集 513 份有效问卷，在问题"你可以接受一个大单元主题课程用多少课时学完？1 课时 40 分钟"中，有 170 人选了"3—4 课时"，占比 33.14%，位居第一；有 159 人选了"5—6 课时"，占比 30.99%，位居第二。由此，经由课题组成员商定，依据学科核心素养目标和设置的单元任务，结合问卷调查结果，将第五单元的课时定为 6 课时（如表 1），根据大单元教学设计逻辑，调整教学结构，增强教学逻辑性和层次性。

---

① 高等教育出版社，教材发展研究所.教师教学用书　思想政治　基础模块　心理健康与职业生涯［M］.北京：高等教育出版社，2023：257.

表 1　第五单元原教材内容与大单元设计教学内容对比

原教材教学内容			大单元设计教学内容		
教学安排	课时数	主要教学内容	教学安排	课时数	主要教学内容
第13课 立足专业 谋划发展	3	劳动的内涵、意义、价值；劳动精神、劳模精神、工匠精神；专业、职业、职业群；职业素养、职业道德；制订规划、描绘蓝图	任务1 了解职业 确定目标	2	了解专业、职业与职业群，树立积极正确的劳动观；确定生涯目标，搭建职业生涯规划的主要框架结构
第14课 执行规划 夯实基础	2	认真执行规划、定期检查效果、增强职业适应	任务2 全面分析 完成规划	2	使用工具分析自我职业兴趣、职业性格、职业能力、职业价值观和职业发展内外部环境特点；初步完成职业生涯规划
第15课 完善规划 奋发有为	2	评价标准和方式；调整时机和方法	任务3 执行反馈 评估调整	2	通过微实践进行反馈，制订评估标准并对职业生涯规划进行调整，完善规划

（三）设置课时情境

在教学实践过程中，首先需要做的就是围绕单元教学目标和单元任务设置真实情境，帮助学生更有代入感，从而做到课上真学习。如针对任务1"了解职业　确定目标"，创设情境"本学期结束就面临升学或就业的选择，但到现在为止，我什么准备都还没做，该怎么办"。设置这一真实任务情境后，分解教学课时，第一课时主要通过情境引导学生在课堂上再次充分讨论制订生涯规划的重要意义，深入了解生涯规划的主要框架结构及设计原则；第二课时引导学生了解专业所对应的职业群，选择一个职业作为自己的职业生涯目标，为后续教学初步完成职业生涯规划做铺垫（如表2）。

参照《中华人民共和国职业分类大典（2022年版）》，我国现有1639个职业。在教授职业生涯规划相应内容时，教师需要引导学生知道我国职业数量之巨，激发学生了解职业的积极性，发挥学习的主观能动性，利用业余时间了解不同职业所需的职业素养、职业道德、职业能力、发展前景等，解决现实中的真问题。

表2　第五单元每课时对应的情境设置

大单元大观念	单元任务及思政要素	课时	课时任务	课时情境
我的追梦之旅	单元任务：在充分了解国家发展、社会需求、行业前景和自身特点的基础上，立足专业，制订一份目标清晰可行、行动计划详细、评估标准量化、具有调整备选方案的独属于自己的职业生涯规划，并在学校生活中加以实践。 思政要素：树立积极正确的劳动观；培养劳动精神、劳模精神、工匠精神；培育自立自强、敬业乐群的心理品质；掌握制订和执行职业生涯规划的方法，提升职业素养。	1	了解专业、职业与职业群，树立积极正确的劳动观	本学期结束就面临升学或就业的选择，但到现在为止，我什么准备都还没做，该怎么办？
		1	确定职业生涯目标，搭建职业生涯规划框架	我还是很迷茫，未来我会做什么工作？
		1	全面分析自我	经过面试，获得了工作机会，选喜欢但收入低的工作还是选收入高但不喜欢的工作？
		1	分析内外部环境，完成职业生涯规划	入职三年，感觉个人职场发展前景渺茫，我该继续坚持这份工作吗？
		1	执行职业生涯规划的行动，并进行反馈	入职八年，我还能换行业吗？
		1	根据反馈对职业生涯规划进行评估调整	我发现这样下去我定的目标实现不了，要怎么改变呢？

　　课堂教学的主体是学生，教师在课堂上主要起引导作用，提高学生进行课后拓展的主动性，通过互联网查找资料、访谈学长和学姐、寻求专业教师帮助，或者深入了解父母的职业，了解自己专业所对应的职业群，充分挖掘自己制订的生涯目标所需具备的职业素养、职业道德、职业能力、发展前景等，做到课后真实践，从而解决"怎么学"的问题。

（四）评价标准

　　教师通过学生对单元任务的完成度进行学习效果评价，准确知道学生在每一个单元"学得怎么样"。学习效果的评价不仅便于教师积累教学经验，更有利于教师进行教学设计反思和改进，从而提高教学能力。

　　在中职思政课教学中，常采用结果性评价来获知学生学习效果，而围绕大观念的大单元教学设计则更关注过程性评价，即监测学生学习的过程及其表现，从而评价大单元学习中学生的五大学科核心素养的提升程度，促使课堂上下的教与学的行

表 3　职业生涯规划评分标准[①]

评价内容			评价标准	分值
规划的内容	发展目标	长远目标	长远目标有所学专业特点，具体实在，能鼓舞斗志；既体现宏伟志向，又不脱离实际，有激励性和现实性	5
		阶段目标	阶段目标合理、层次清楚，发展路径符合行业实际；能够"跳一跳，够得着"，体现努力向上、持续发展的特点	5
	发展条件	自我认知	能从所学专业和即将从事的职业出发，对自身优势、劣势以及个性特点和家庭条件有清晰认识	10
		环境分析	能明确"我的梦"与"中国梦"的辩证关系，"我的梦"与"中国梦"高度契合；简明扼要地说清与实现发展目标有关的学校、家乡、行业环境等	10
	发展措施	终身学习	在学知识、练技能、了解社会的过程中，特别是在校期间，注重提高学习能力；每个阶段的措施都能体现终身学习的理念，有阶段性强的持续学习措施	10
		个性调试	在校阶段，有依据首次就业的职业需要调适个性的措施；能依据每个阶段目标岗位对从业者的个性要求，制定调适个性的措施	10
		素养训练	针对首次就业的目标岗位以及此岗位对从业者职业素养的要求，制定在校阶段具体的训练措施，体现德智体美劳全面发展；结合工匠精神养成，操作性强；各个阶段的职业素养训练措施符合本阶段发展目标需要，有行业、岗位特色，针对性强	20
	管理调整	规划管理	有管控自己行为、养成良好习惯特别是学习习惯的措施；有通过同学、老师、亲友、同事等的帮助，落实规划管理的安排	5
		规划调整	在规划实施过程中遇到困难时有对策和调整方案	5
规划的表述	结构清晰		标题醒目，画龙点睛；环节完整，要素齐备；首尾呼应，逻辑严密	5
	设计合理		配有与规划密切相关的表格、图示、照片，匹配性强；文字与图标布局合理、美观大方	10
	规范通顺		语言简明扼要，语句通顺平实，没有语病和错别字，正确使用标点符号等	5

[①]　蒋乃平.职业生涯规划（第五版）[M].北京：高等教育出版社，2020：191.

为形成闭环，达到"教—学—评"一致性。①

（五）教学效果

经过一学期小范围的教学实践，通过观察与测试，综合结果性评价与过程性评价，发现与传统教学方式相比，围绕大观念的大单元教学设计更有利于提高学生的学习效果。以《心理健康与职业生涯》第五单元为例，学生学科学习积极性提高了28.03%，心理调适方法掌握度提高了13.47%，职业生涯规划理论知识掌握度提高了7.24%，自我分析程度提高了9.59%，权利义务观提高了24.11%，学科核心素养目标达成度提高了10.19%。

四、反思与改进

（一）备课难度大，要发挥教师的团队协作性

心理健康与职业生涯作为一门崭新的课程，想要高质量实现大单元教学设计，对于独自教学的教师来说，备课难度较大，建议组建思政教师团队进行分工合作，共同备课，相互吸取教学经验，共同进步。

（二）学情差异大，要激发学生的主观能动性

基于中职校特点，心理健康与职业生涯课程授课教师需要面对不同专业不同班级的学生，即使同一教学内容的大单元教学设计依然存在一定的迁移难度。因此，可以充分激发学生的主观能动性。教师可以通过数字化学习平台，布置有专业区别的课前任务，督促学生在课前通过预习熟悉相应学习内容的同时，教师也能收集更多真实存在于专业学习中的问题作为授课素材，建立自己的教学素材库。

随着新课标的颁布和新教材的投入使用，思政学科的教学目标逐步演变为对学生学科核心素养的培育。相对传统教学设计，指向学科核心素养的大单元教学设计能够更有效地整合教学资源、优化教学过程、激发学生学习主动性、提高教学效果。虽然在实际教学中仍存在一些挑战，大单元教学设计在中职心理健康与职业生涯课程中仍具有非常重要的应用价值，相信随着未来对大单元教学设计的进一步研究和实践，能够不断完善大单元教学设计，并迁移应用到更多课程中。

---

① 侯开欣，郑国萍.基于核心素养的大单元逆向教学设计研究［J］.教学与管理，2024（06）：73-77.

专业建设

动漫与游戏制作专业教学改革的创新与实践

丁 宁

摘 要： 根据《上海市全面推进城市数字化转型"十四五"规划》和《上海市教育委员会关于开展上海市中等职业学校示范性品牌专业和品牌专业创建工作的通知》的要求，上海市群星职业技术学校动漫与游戏制作专业依托职业教育创新改革背景，积极响应国家职业教育发展战略和上海城市数字化转型规划，三年来学校致力于动漫与游戏制作专业示范性品牌专业建设，形成"艺术＋技术＋科学"的数字媒体特色专业群。通过深化校企融合，引入"分布式协作"教学理念，学校深化了动漫与游戏制作专业内涵建设，创新了人才培养模式，推进了产教融合、特色办学、国际化教学、课程教学改革等，形成了一支专兼结合、具有国内一流水准的教学团队，建成了在上海具有深刻影响的中等职业教育示范性品牌专业。

关 键 词： 动漫与游戏制作专业 教学模式 职业教育

作者简介： 丁宁（1992— ），女，上海市群星职业技术学校动漫与游戏制作专业教研组组长，助理讲师。

一、实施背景

党的二十大报告指出："统筹职业教育、高等教育、继续教育协同创新，推进职普融通、产教融合、科教融汇，优化职业教育类型定位。"这一新部署、新要求，是"实施科教兴国战略，强化现代化建设人才支撑"的重点举措，对开拓职业教育、高等教育、继续教育可持续发展新局面，书写教育多方位服务社会主义现代化建设新篇章，具有非常重要的导向意义。《上海市全面推进城市数字化转型"十四五"规划》中提出，整体推进城市数字化转型，涉及经济、生活、治理等各个领域。上海将文化创意产业作为城市竞争力提升的重要增长极，致力于建设"全球电竞之都"和"游戏创新之城"。如何找准职业教育与经济社会发展需求相对接的要点，加快推进现代职业教育改革，解决专业技能人才短缺，培养产业生力军，缓解就业压力，为建设现代产业体系提供支撑，是职业教育促进实现第二个百年奋斗目标、实现中华民族伟大复兴的中国梦的具体体现。

上海市群星职业技术学校动漫与游戏制作专业开设于 2005 年 8 月，是"教育部动漫与游戏制作专业全国中等职业学校重点专业教育示范基地"、上海市中等职业学校首批示范性品牌专业、中国职教学会教学工作委员会数码艺术（类）教学中职研究会（中职）暨全国中职校动漫游戏教育联盟的主任单位、第三批"1+X"证书（游戏美术设计）试点院校、上海市动漫游戏学生创业基地、浦东新区动漫游戏高技能人才培养工作站。2017 年，学校与韩国东义大学顺利实施国际合作办学。2019 年，学校与上海电影艺术职业学院合作开展中高职贯通游戏艺术设计专业人才培养。目前，动漫与游戏专业在校有 3 个中高职贯通班级、3 个现代学徒制班级和 3 个中职班级。

根据《职业教育提质培优行动计划（2020—2023 年）》的主线，以专业对接产业，深化校企融合，引入"分布式协作"教学理念，探索符合新时代的工匠教学模式，凸显新时代职业教育现代化水平和服务能力。

二、实施目标

（一）建设总目标

依据长三角地区文化产业与区域发展融合互进战略的总要求，服务"上海文化"品牌建设发展规划，立足浦东文创产业数字化转型需要，精准对接以动漫游戏引领的数字文创行业企业对人才提出的新需求，围绕"技艺并创、特色办学"定位，到 2026 年，把学校建设成为"人工智能＋数字赋能"的布局合理、定位准确、特色鲜明、沪上领先的数字文创特色类高水平职业教育现代化专业群和人才培养高地，实现人才培养模式新突破、人才培养质量新提升，为把学校建成"上海很知名、国内有影响、国际可交流"的数字文创特色类职业院校奠定坚实基础。立足浦东，服务上海，辐射全国，围绕"技艺并创"专业定位，契合上海以及长三角地区动漫游戏行业对人才提出的新需求，我们将以优质专业建设为契机，进一步深化专业内涵建设。

（二）具体分目标

1. 以专业对接产业的课堂教学内容，培育动漫游戏人才

打破以学校教学为主、企业实习为辅、学生"先学后做"的教育常规，改为将

项目制作引进课堂并作为教学内容，由"双师型"教师及企业"师傅"带领学生一同参与项目制作，指导学生"做学并举"或"边做边学"；在顶岗阶段，根据学生专业所长，把学生分派到最适合的岗位实习，帮助学生快速融入职业情境，缩短成为熟练工的周期，从而使学生毕业即体面就业，三年成主管，自觉树立职业自信。

2. 创新"分布式协作"新时代工匠教学模式

"分布式协作"模式是以学生为中心的集传统教学法、"学习型组织"、"分布式学习"和"U盘式生存"为一体的新时代工匠培育模式。为学生创建企业工作的情境，感悟企业文化的氛围，围绕产品设计与制作展开学习，以产品进入市场的结果检验和总结学习过程等，使学生主动建构学习、实践、思考、运用、解决与激励的高效"学做一体"的教学模式。

三、实施过程

（一）创新人才培养模式，推进校企深度融合

动漫与游戏制作专业坚持立德树人，全面发展，主要面向游戏公司、动画公司、出版社等动漫游戏企业，培养能在生产、服务第一线从事游戏美术设计、动漫画制作、三维室内制作，具有主动学习意识的高素质知识型、发展型技术技能人才。用三年时间，争取把动漫与游戏制作专业建设成为在专业人才培养方案、校企一体、教育科研、社会服务等方面达到上海领先、国内一流、国际有一定影响力的专业。

依据上海市动漫与游戏制作专业教学标准，与上海艺趣网络科技有限公司（前身为上海奥趣数码科技有限公司）深度合作，对接国内游戏行业前沿的技术标准，融入了动漫游戏行业的相关商业仿真和商业实战内容，校企共同修订了动漫与游戏制作专业教学实施方案（3年制）；作为（中职）全国中职校动漫游戏教育联盟主任单位，以上海市群星职业技术学校的动漫与游戏制作专业教学实施方案为蓝本，以（中职）全国中职校动漫游戏教育联盟为平台，组织杭州美术职业学校、宁波鄞州职业教育中心学校、芜湖职业技术学院附属学校、佛山南海信息技术学校、张家口职教中心等学校，制定了全国中职校动漫与游戏制作专业人才培养方案；3年间，与上海电影职业技术学院一起修订了中高职贯通教育游戏设计专业人才培养方案（5年制），与上海天华学院一起修订了数字媒体艺术设计专业人才培养方案（7年制）；对接韩国动漫游戏行业先进的技术标准，与韩国东义大学合作，于2018年10月制

定了 7 年一贯制游戏动画专业人才培养方案。

（二）借助"分布式协作"教学模式，精准对焦专业与岗位

以"入学便入职"为指导，以"毕业即就业"为目标，创新产教融合，形成订单培养、名师工作室、引企入校、现代学徒制、共建实训基地等丰硕成果。三年间签约企业增加了上海艺趣网络科技有限公司、上海凯熙文化传播有限公司、上海七翎石文化传播（上海）有限公司、上海正悦文化传播有限公司和上海匠临动漫设计有限公司共 5 家。与上海艺趣网络科技有限公司深度合作，革新教学手段，以项目制作作为教学内容主体，由"双师型"教师及企业员工带领学生一同参与项目制作，教师（员工）将项目拆分为多种个体，根据学生能力水平分派难易程度不同的项目个体，使学生边学边做，同时尊重个体特点，因材施教，根据每个学生的学习程度，着重补漏，让学生在学习进程中尽量少走弯路；在顶岗阶段，根据学生擅长的方向，将其分派到最适合的学习岗位，从而快速融入职业情境，缩短学习进程。同时引入Substance、Zbrush、Crazybump 等新型软件技术，弥补学生美术基础上的不足，提高了制作效率和项目效益。3 年间，通过校企合作，学生参与制作了韩国和中国市场多部游戏大作，例如火遍全球的《绝地求生》《穿越火线》《地下城与勇士》等 26 部商业作品，接触到最前沿的技术，与行业著名制作人同步发展。

（三）丰富课程资源，深化课程教学改革

学校将信息化与专业化深度融合，形成总容量为 0.05TB、新增容量 0.02TB 系统的数字化专业教学资源库；新建网络课程和精品课程数均为 6 门，统编 / 规划教材总数为 5 门，统编 / 规划教材主编总数为 4 门，统编 / 规划教材参编数为 3 门，主编校本教材数为 6 门。例如在中国超星联盟平台上有王靖怡老师的《三维动画场景设计与制作》精品课程辐射全国，在全国动漫游戏课程教学改革中有示范引领作用。

学校尝试打破课堂界限，将课堂搬进中华艺术宫，让学生进一步体验工作情境，感悟不同企业文化氛围。2018 年 12 月，高嫣、陆劼君、周媛三位老师走进中华艺术宫，与大师面对面，对中华艺术宫中的展品《像》进行解读与再创作。1 节集漫画、构成、影像 3 门的完美跨界合作课，3 位老师的完美协作，20 位来自 2 个年级、5 个班级、3 个专业临时组队的学生，以团队形式尝试多次元融合创作，最终呈现 4 幅不同风格的《像·不像》作品，4 组 Vlog 影像作品。3 位老师开设了 1 堂集漫画、构成、Vlog 为一体的创意课程，旨在探索艺术类专业课程间的融合。随着数字媒体技

术的高速发展，艺术作品的表现形式也越来越多样，但内核的基础知识是有着共通性的。这次课程模拟企业团队制作流程，将不同专业、不同年级的学生组合在一起，共同完成了一个目标。

专业课堂教学充分体现个性化、层次化，教师将"我的学生个个有出息"的教育理念落实到具体的课堂教学中。经过 3 年的培养，绝大部分学生毕业后能各得其所、各尽其才，达到了"毕业即体面就业"的培养目标。

四、实施保障

在党支部领导下，学校加强动漫与游戏制作专业建设，不断增强党组织力；组建动漫与游戏制作专业建设管理工作小组，制定动漫与游戏制作专业建、管、用等管理制度；强化质量保证，建设可持续发展长效机制。

（一）组织保障

由校长牵头组建领导小组，主导规划实施的分工与进度安排，形成规划顶层设计、重大事宜部门协调的联动推进机制。领导小组下设项目工作组，负责对规划实施计划进行项目分解，在项目具体落实中及时协调、督促和检查，保障项目进展顺利。各工作小组制订具体实施计划，协同参与，加强组织领导，明确责任，并将落实情况作为学校内部各项工作考核的主要依据。

（二）经费保障

加大经费拨付力度，拓宽办学经费来源渠道。积极申请政府专项项目资助，积极申报相关专项资金，获取专项经费资助。有效利用学校内外部资源，增强自身的资金吸纳能力，不断拓宽筹资渠道，保障项目的资金供应。同时，建立健全内部财务约束机制和节约激励机制，完善资产使用管理制度，加强建设项目的绩效管理，形成科学规范的资产配置协调、高效运营机制；强化节约意识，杜绝各种浪费，降低运行成本，提高办学效益。

（三）评估督导保障

强化质量保证，根据产业链延伸和产业转型升级的需要，适时调整动漫与游戏制作专业结构，确保专业建设与所对接产业链、岗位群发展相适应；制定专业协调发展机制，保持主体稳定，增强专业方向灵活性，提高专业群适应产业发展能力；对专业建设成效进行评价，促进专业建设各要素持续改进，提升专业内涵建设水平，建设专业持续发展长效机制。

　　加强对发展规划实施情况的评估检查，建立项目实绩考核制度，提高整体执行力，进一步健全执行机制和监督机制。组织开展实施评估，进行中期监测、年终评估和重点项目绩效跟踪评估，全面分析检查实施效果及各项措施的落实情况。将主要指标纳入各部门综合评价和绩效考核体系，实行表彰奖励和问责制度。

五、特色与成果

（一）就业升学质量稳定

　　2018—2023 年，动漫与游戏制作专业中职毕业生共计 433 人。截至 2023 年 7 月 20 日，企事业单位直接就业 163 人，升入全日制普通高校（含本科、专科）就读 215 人，通过中外合作赴国外留学（本科）27 人，成人高等教育学习（不含就业后参加成人高等教育）8 人，专业毕业生升学率达 43.3%，专业对口就业率达 90% 以上，就业稳定率达 85% 以上。就业学生平均初次就业起薪为 3500—4000 元。参与制作了《绝地求生》《穿越火线》《地下城与勇士》等 26 个国内外大型游戏项目。毕业生进入完美世界、腾讯、哔哩哔哩等大型企业工作，约 15% 的毕业生成长为中高级人才和技术骨干。学生的就业率、对口率、稳定率、晋升率、工作水平、企业满意率和学生满意率均保持较高水平，与高校学生基本同工同酬。用人单位对毕业生问题解决能力等的满意度为 96%，毕业生对学校管理模式等的满意度为 100%。

（二）岗课赛证成绩显著

　　多渠道开展学生职业资格培训和职业能力考核认证工作。以"1+X"游戏美术设计、动画制作员两大职业技能考证为代表，有效实现"岗课赛证"融通，增强专业毕业生的就业竞争力。五年来，获得行业企业及其他职业资格证书、职业资格证通过率达 95%，在各类技能大赛上成绩优异，获得全国技能大赛一等奖 2 个。在上海市星光计划技能大赛中，"动画片制作""Python 程序设计""基础美术""平面设计"等赛项获得一等奖 6 个、二等奖 16 个、三等奖 22 个；参加长三角青少年人工智能奥林匹克挑战赛获二等奖 2 组、三等奖 1 组，是全市唯一获奖的中职校；参加全国中等职业学校文明风采竞赛，省级、区级及以上技能竞赛获奖 88 人次。

（三）课程教改全面深入

　　专业引入企业资源，实施"校中企、企中校"产教融合课程教学模式，积极参与课程、教材、资源建设和三教改革，主持开发了《上海市中高职贯通教育游戏艺术设计专业教学标准》《上海市中等职业学校动漫与游戏制作专业教学标准》《国际水平动漫与游戏制作专业教学标准》《全国中职校动漫与游戏制作专业人才培养方案》，参与编写了《上海市中等职业学校动漫与游戏制作专业实训装备标准》，参与修订了《上海市中等职业学校动漫与游戏制作专业教学标准》，开发了3门上海市动漫与游戏制作专业市级精品课程并编写出版了配套教材，建设了在线开放课程3门，新立项2门，获评"市级优秀开放课程"1门、"市级课程思政示范课程"1门，上海市中职"匠心匠艺"优质课堂建设3项，带领全国中职动漫教师编写了11本专业教材并出版，获评"市级优秀校本教材"1本。本专业承担了市级项目15项，市级课题研究5项；获上海市教学成果一等奖3项、二等奖1项；专业课改课题获评2021、2022年市级优秀课题。

（四）教师专业能力提升

基于以专业对接产业的教学改革，专业教师积极参与教改、科研和社会服务，成绩斐然。近年来，学校鼓励教师积极参与课题研究，其中市级课题3项，区级课题5项，2018年成功申报了市级项目"现代学徒制试点项目"并已开题，2018年结题了市级青年教师课题"基于'分布式协作'模式下的数字影像技术课堂研究和方案设计"；2017年市级课题"动漫之翼骨干教师团队建设"围绕课题项目积极开展研修活动，借助课题平台协同发展；2017年结题了区级课题"'T-O-E-S'翻转课堂教学模式在中职计算机任务型课程中的实践与研究"；2018年申报了区级课题"谈跨界共同体视域下信息化推动中职动漫专业教学变革的思考"。据统计，2016年，动漫与游戏制作专业教师发表区级论文10篇。

多元融通、跨界融汇、产教融合、学做融创

——电子竞技专业对接产业转型发展的建设

李　爽

摘　　要： 为配合上海建设"全球电竞之都"，学校以培养新兴电竞产业专业人才为己任，大力发展电子竞技专业，分别从电子竞技人才培养方案、课程标准、电竞师资培养、实训中心建设、电竞教材开发等方面进行实践探索，取得一系列实践成果，为上海"全球电竞之都"的发展积极贡献力量。

关 键 词： 全球电竞之都　课程标准　产教融合　电竞人才

一、实施背景

（一）对接"全球电竞之都"产业链紧缺专业的需求，建设电子竞技专业

2021 年，中共中央办公厅、国务院办公厅印发的《关于推动现代职业教育高质量发展的意见》中指出，"鼓励学校开设更多紧缺的、符合市场需求的专业"，以对接产业转型发展。为深化上海文化发展改革，全力打响"上海文化"品牌，全面提升上海城市软实力，落实《上海市社会主义国际文化大都市建设"十四五"规划》中指出的"推动文化创意产业创新发展，提升城市文化核心竞争力。重点聚焦'两中心、两之都、两高地'，推进全球影视创制中心、国际重要艺术品交易中心、亚洲演艺之都、全球电竞之都、网络文化产业高地、创意设计产业高地建设"，在上海市教育委员会的指导下，上海市群星职业技术学校率先开始建设电子竞技专业。

2018 年 11 月，上海市群星职业技术学校被上海市教育委员会授牌"上海市职业教育电子竞技专业试点学校"。学校于 2019 年 9 月开始招收第一批中职电子竞技运营与管理专业学生。2021 年 1 月，上海市群星职业技术学校和电子信息职业技术学院成功申报中高职贯通电子竞技运动与管理专业，并于 2021 年 9 月开始招生。

（二）培养电子竞技人才缺少高质量专业建设模式和高效的专业教学研发机制作为指导

对接产业转型发展的电子竞技专业是新开设专业，在专业建设上没有可供借鉴的经验。为了更好地推动中等职业学校电子竞技专业的学科建设和人才培养，全面了解当前电子竞技产业的发展现状、岗位需求及知识需求，通过中职、高校、企业、行业多方深度校企融合，借鉴相关专业建设，探究中职电子竞技运营与管理专业人才培养方案、课程标准、校本教材、实训课程的开发，为中等职业学校电子竞技运营与管理专业提供一系列核心专业建设指导文件。

二、实施目标

在全面了解当前电子竞技产业的发展现状、岗位需求及知识需求后，中职、高校、企业、行业多方通过深度协同，基于"岗课赛证升"融合育人，从"产教"融合视角出发，做好电竞专业教学实施顶层设计，打造电竞师资队伍，研究电竞课程标准，建设电竞实训中心，开发电竞教材，培养具有较高文化素养，掌握电子竞技运营与管理技术，能从事赛事策划、赛事执行、栏目包装、内容制作、场馆运维、商务营销、项目管理、项目策划等工作，具有职业生涯发展基础的知识型、发展型、复合型高素质技术技能人才。

三、实施过程

（一）打造"上海领先、国内有一定影响力"的电竞品牌专业

学校依托试点专业建设的平台与契机，深化专业内涵建设，创新人才培养模式，推进产教融合、课程教学改革等，形成一支具有国内一流水准的教学团队，努力打造"上海领先、国内有一定影响力"的品牌专业。上海市群星职业技术学校的电子竞技运营与管理专业是上海市建设的第一个中职电竞专业。2020 年学校又成功开设第一个中高职贯通专业。学校建立了中职校第一个能全球直播的电子竞技馆，开发了中职校第一套电竞专业人才培养方案、课程标准、校本教材、实训手册。

（二）建立"多元融通、跨界融汇、产教融合、学做融创"专业建设模式

通过政府牵头，上海市群星职业技术学校建设了电竞实训中心。学校联手上海市电子竞技运动协会、上海市校园电子竞技运动行业协会，和完美世界教育有限公

司、谷斗公司、天下秀等企业，以及上海体育学院、上海电子信息职业技术学院等高校，通过"多元融通、跨界融汇、产教融合、学做融创"，融机制、融课程、融资源、融教学、融实训、融师资，协同建设电子竞技专业（如图 1）。

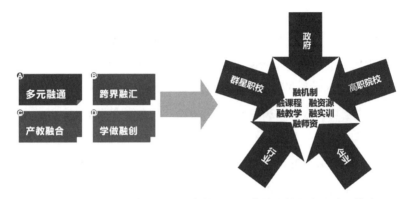

图 1 "多元融通、跨界融汇、产教融合、学做融创"专业建设模式

（三）探索"中—高—行—企"多元融通、跨界融汇高效研发机制

通过多年教学实践，我们逐步探索出一套"中—高—行—企"多元融通、跨界融汇高效研发机制（如图 2），即中职、高校、行业、企业通过协同聚力、协同保障、

图 2 "中—高—行—企"多元融通、跨界融汇高效研发机制

协同执行与协同反馈机制，共同参与人才培养方案的制订、课程标准的开发、教材的编写、"1+X"证书的考证。实践表明，该机制使教学实施工作得以高效运行，成功实现"中—高—行—企"多主体协同创新，有力助推了电子竞技专业建设的内涵发展。

从"产教融合"视角研发两个六版专业人才培养方案。 上海市群星职业技术学校与上海电子信息职业技术学院、完美世界公司合作，结合行业专家的指导意见，完成了《2022年电竞行业调研报告》，开发并撰写修订了中等职业学校《电子竞技运营与管理专业人才培养方案》2019年版至2022年版共4个版本，以及《电子竞技运动与管理（中高职贯通）专业人才培养方案》2021年版和2022年版共2个版本。

基于"岗课赛证升"开发两大系列23门课程标准。 根据课程标准"八协同"开发路径，"中—高—行—企"共同开发了《电子竞技运营与管理专业课程标准》和《电子竞技运动与管理（中高职贯通）专业课程标准》两大系列标准，现已完成《电子竞技概论》《电子竞技项目解析》《电子竞技赛事执行》《电子竞技赛事策划》《电子竞技赛事项目管理》《电子竞技内容编辑》等23门课程标准。

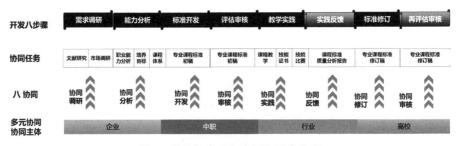

图3　课程标准"八协同"开发路径

基于赛事执行、制作传播职业能力，编写校本教材及实训手册。 "中—高—行—企"共同开发产教融合的校本教材，目前已编写《电子竞技史》《电子竞技新论》《电子竞技游戏解析》《电子竞技赛事组织与运营》《游戏赏析与体验》《电子竞技赛事节目解析》《电子竞技运营与推广》《栏目包装》《视频剪辑》9本校本教材及实训手册，后续将继续协同开发。

对接产业转型发展、岗位需求、教学目标，渗透"1+X"考证。 2021年3月，在完美世界公司的帮助下，"中—高—行—企"跨界完成了电子竞技赛事运营"1+X"证书考点申报和考证工作，将考证要求渗透到课程学习之中，接续高校培养目标，要求学生参加初级考证，平均通过率达 94%。学校还获评电子竞技赛事运营"1+X"证书优秀考点。

（四）"三高"引领产教融合、学做融创发展，建设团队，对接现代学徒制，助推创新创业

"三高"引领建设"双师型"专业团队。针对电子竞技行业发展迅速、发展时间短、人才市场缺少电子竞技专业教师的特点，学校专门从其他专业挑选了年纪轻、学历高、学习研发能力强的教师进行转型，并组建电竞专业教师团队。教师教学团队对接行业企业生态链发展，通过参加企业实践和高技能人才培训，教师教学团队不断成长。教师教学团队的 11 名教师平均年龄低于 32 岁，全部都是"双师型"教师，超过一半教师具备研究生学历。其中有 3 名教师不仅是高级讲师，其职业技能证书亦均为高级，且都是区级学科带头人，可谓"三高"（高学历、高职称、高技能）引领的"双师型"专业团队。学校还引进了 3 名高校教师和 4 名企业兼职教师，师资团队实力雄厚。教师教学团队共同研发人才培养方案、课程标准、校本教材、实训手册、课题研究，取得可喜成绩。

实施"现代学徒制"，采用"校中企进阶课程"教学模式。学校与谷斗科技有限公司合作，在电子竞技专业实施"现代学徒制"。电子竞技专业学生通过"校中企进阶课程"（学校课程、校企课程、企业课程）的学习实践，不断增强理论自信和技能自信，积极参与培训、考证和各项比赛，勇获佳绩。

"互联网＋创新创业"大赛引领学创新潮流。基于校内外优势资源，以校内各专业青年教师为中流砥柱，联动多领域的专家学者组成群星职校创新创业教育专家团队。通过校内集训，孵化"双创"项目，入围上海赛区复赛。"智元科创"项目团队勇夺市赛金奖，"RED WORLD"和"破风"项目斩获市赛铜奖，还有诸多优胜奖项目。学校将持续深化"学做融创"，以赛促教，以赛促学，尽心尽力为高素质技能人才的培养做出贡献。

四、实施保障

在资金保障方面，在浦东新区教育局和上海市教育委员会的大力支持下，投入学校 3258.91 万元（其中区级资金 2934.91 万元，市级资金 324 万元）用于新专业的项目建设，有效地保障了专业建设发展。

在师资保障方面，学校与合作企业联合进行了多轮师资培训，所有教师都参与了电子竞技专业师资培训，职业技能持证率达 100%。学校还组织教师到电子竞技相关企业进行实践锻炼等，极大提升了教师教学团队成员的电竞专业素养和课程标准开发能力。

在教研保障方面，学校定期组织教学研究，展开深入讨论，并形成"反思个人问题—碰撞群策群力—重构自我思考—整合解决思路"的问题导向研究模式。

在沟通保障方面，专业组建立了以微盘、QQ、微信为载体，以科研集会、读书沙龙、成长历程为主题的资料及心得分享群，有效促进了"中—高—行—企"不同身份背景教师、不同成长阶段教师、不同擅长领域教师之间的充分交流与协同创新。

五、特色与成效

（一）建立了可推广、可辐射的中职电子竞技课程体系

通过"多元融通、跨界融汇、产教融合、学做融创"专业建设模式，学校建立了中职电子竞技专业课程体系，制定了人才培养方案，开发了课程标准，确定了双向进阶课程，制作了实训室建设标准，编写了任务引领型电子竞技教材，为电子竞技行业发展、高校接续教育输送人才。

（二）拓展了中职电子竞技专业教师成长途径

学校为专业教师成长搭建平台，拓展了"'三高'引领—项目实践—企业轮岗—以赛促教—科研提升"的专业教师成长途径。以"三高"教师引领专业团队发展，以内涵项目建设为依托，积极参与电子竞技行业发展市场调研，参加企业轮岗顶岗实践，增强岗位认知。以科研课题研究为指引，强调理论与实践相结合，以研促教，以赛促教，使教师得到快速成长，屡获佳绩，如获得全国职业院校技能教学能力大赛三等奖，上海市优秀教学成果一等奖；学校教材获得上海市中职校优秀校本教材；完成上海市教科院规划课题 1 个，市中职校课改项目 3 个；发表论文近 10 篇；22 人次参加各级职业师资培训，"双师"率 100%。

（三）增强了学生持续发展动力

通过几年的学习，电子竞技专业学生高质量发展，获得较高社会认可度。2022年，中高职贯通电子竞技专业的学生本市录取分数线平均为 578.7 分，最高分为646 分，平均分高于其他中高职贯通专业 22 分。该专业得到了家长和广大考生的认

可。学校电竞专业升学率和对口就业率达到了 85% 左右。参加电子竞技赛事运营证 "1+X" 考证，20 级学生通过率达到 88%，21 级学生通过率达到 100%。参加各项比赛均获佳绩，获得上海市 "星光计划" 职业院校技能大赛一、二、三等奖若干；获 "城市动漫杯" 电子竞技赛 "王者荣耀" 比赛第四名；获 "城市杯" 两岸学生电子竞技邀请赛 CSGO 第三、FIFA 足球个人赛第二，获最佳组织奖；参加上海市中职学生创新创业大赛获奖 7 项，其中 2 项金奖。

六、反思改进

（一）进一步完善课程体系建设，助力专业全面发展

学校将继续发挥 "多元融通、跨界融汇、产教融合、学做融创" 专业建设模式优势，持续修订电子竞技运营与管理专业所有的专业人才培养方案和课程标准，加大中高职电子竞技专业配套理实一体教材开发和建设力度，建设完整、完善的电子竞技运营与管理专业课程体系和教材体系。

（二）开发配套数字化教学资源，满足个性学习需求

继续加强 "中—高—行—企" 深度合作，针对学生做学一体，增加真实项目实训的要求，模拟电竞赛事商务、执行和策划虚拟仿真环境，从可操作性、接近现实出发，创设电子竞技专业赛事虚拟仿真训练系统，建设电子竞技运营与管理专业教学系统，建设系列电子竞技网络课程，运用大数据、人工智能等不断丰富数字化教学资源的多样性和交互性，从技术手段上满足学生个性化的学习需求。

（三）进一步加强电子竞技专业双师培养，提升电子竞技专业师资队伍

继续发挥 "'三高'引领—项目实践—企业轮岗—以赛促教—科研提升" 发展途径的作用，以针对电子竞技专业不同学生之间知识基础、学习能力参差不齐等特点，尤其对于已具备一定岗位技能的学生，进一步加强分层分类教学，根据课程标准，开发《电子竞技新论》《电子竞技赛事与节目解析》《视听语言》《赛事运营》《栏目包装》等针对课程不同层次的任务学习包，满足不同学生的学习需求，从而提高整体教学质量。

（四）进一步加强产教融合、校企合作，提升专业影响力和辐射力

学校和上海市产教融合促进会、上海市电子竞技协会、英雄联盟等单位加强进一步合作，提升合作空间，拟组织一些电竞赛事，锻炼学生的实战能力，核验专业教学的实效性，扩大专业的影响力。

艺术设计专业中高职贯通人才培养模式的探索与实践

房皓玥

摘　　要： 上海市群星职业技术学校与上海科学技术职业学院是上海市重点中职和高职学校。两校于 2022 年启动艺术设计专业中高职贯通招生培养试点，积极探索产教深度融合的人才培养模式，依托上海雅昌艺术印刷有限公司等行业资源，构建理论教学与产业实践无缝衔接的人才培养机制。通过共建实训基地，开设产教融合课程，邀请企业专家指导，不断优化专业方案与教学内容，培养学生专业技能和职业素养。两校共享教学资源，合作育人，推动中高职教育衔接，实现人才培养目标，为区域经济社会发展提供有力支持。

关 键 词： 中高职贯通　产教融合　校企合作　人才培养模式　资源共享

作者简介： 房皓玥（1984—　　），女，上海市群星职业技术学校艺术与平面设计专业教研组组长，高级讲师。

一、实施背景

增强与社会经济发展的适应性，是职业教育在"十四五"期间的一项重要改革任务。要"增强适应性"，就必须以深化产教融合、校企合作为突破口，形成职业教育和产业发展融合，院校专业建设与社会经济发展、企业需求良性互动的发展格局，逐步健全需求导向的人才培养模式。

上海市群星职业技术学校是上海市公办综合性重点中等职业学校。学校坚持校企合作，拥有多个上海市级示范性实训中心，专业获多项全国级竞赛奖项。上海科学技术职业学院是上海市公办高等职业学院，秉承"工科立校、科技引领"办学理念，拥有 14 门上海市精品课程等成果奖项，以产教融合、校企合作培养应用型人才。为推动中等职业教育与高等职业教育衔接，上海市群星职业技术学校与上海科学技术职业学院经上海市教育委员会批准，于 2022 年启动艺术设计专业中高职贯通招生培养试点。两校积极合作，科学制定人才培养方案，共同探索中高职教育贯通培养模式，为区域经济社会发展培养合格人才。

二、实施目标

（一）建设总目标

适应社会经济发展的职业教育，要从实际出发，把职业技能教学要求与企业经营项目内容要求结合起来，依托上海雅昌艺术印刷有限公司等行业资源，构建产教深度融合的人才培养机制。双方与企业共同制定人才培养方案，整合课程资源和实训条件，实现理论教学与产业实践无缝衔接。

运用现代智慧课堂的基本形式，构建科学合理的教学结构，学生能在最佳的学习条件[①]下进行学习。利用信息技术以及互联网平台推进工作室的校企合作与互联网深度融合，有利于学生适应"互联网 +"时代的要求。以行业需求、职业技能为导向，重视实践动手能力培养，提高职业素质综合能力，从而实现职业学校学生依托工作室与企业岗位需求的"无缝对接"。

（二）具体分目标

1. 共建校企合作实训基地，实现实践教学资源共享

共建校企合作实训基地，实现实践教学资源共享，是一种富有创新性和实效性的教育模式。这种模式使学生在实训基地能够接触到行业的最新技术和设备，并有机会参与企业的实际项目，从而极大地提升了他们的实操技能和解决实际问题的能力。

校企合作实训基地为学生提供了一个真实的、贴近市场的实践环境。在这个环境中，学生可以亲身体验到行业的前沿技术，了解最新的设备操作和维护方法。这种实践经验对于学生来说是无价之宝，它不仅有助于他们巩固和深化理论知识，还能让他们更好地了解行业需求和市场趋势。

2. 产教融合下引入"工作室制"，培育中高艺术设计人才

"工作室制"的引入，对于培育中高艺术设计人才具有显著的意义。这种教学模

[①] 张屹，郝琪，陈蓓蕾，等.智慧教室环境下大学生课堂学习投入度及影响因素研究——以"教育技术学研究方法课"为例 [J].中国电化教育，2019（01）：106–115.

式不仅改变了传统的教学方式，还为学生提供了更加具有实践性和创新性的学习环境，有助于培养他们的实际操作能力和创新思维。

学生在工作室中可以亲身参与设计项目的全过程，从构思、设计、制作到实施，都能够得到充分的锻炼。这种实践性的学习方式，使学生能够将理论知识与实际操作相结合，提高他们的专业技能和实践能力。学生在工作室中可以提前接触到行业内的标准和规范，了解行业发展趋势和市场需求。通过参与实际项目，学生能积累一定的工作经验和成果，以此提升他们未来的就业和职业发展力。

三、实施内容

（一）产教融合人才培养模式，推进校企深度融合

艺术设计专业坚持立德树人、德技并修，培养学生德智体美劳全面发展，主要面向互联网和文化创意产业、工艺美术、艺术设计行业等企事业单位，培养具有一定文化水平、良好的职业道德和人文素养，能从事新媒体与平面设计制作、影视剪辑与合成设计制作、数字传播与交互设计制作等相关工作，具有职业生涯发展基础的知识型、发展型、高素质技术技能人才。

建立文创实践中心，开展"校企实训课程联合开发""校企师资联合培训"与"校企学生联合培养"的全过程的产教融合模式。签订长期战略合作协议，明确各方权责与合作内容。共同制定人才培养方案，整合理论教学与实践教学课程资源。邀请企业专家参与专业方案制定，确保方案满足产业发展需求。

（二）创新"工作室制"，搭建阶梯式课程模块

按照培养立德树人、德技并修、学生德智体美劳全面发展的艺术设计人才的目标，根据新媒体与平面设计职业岗位能力进阶原理及行业发展趋势，搭建课程模块，并形成课程路线和框架。

创新"工作室制"，联合深度校企合作的企业，创建产教融合、协同育人为特色的三方合作育人模式。艺术设计专业中高职贯通培养模式按照"三融合一体化能力进阶"的特色路径来开展人才培养，即"艺术与技术交叉融合""学校与企业深度融合"及"多岗位一体化能力课程模块融合"。引入全国文创领军企业雅昌文化集团（上海）艺术园区核心企业上海雅昌艺术印刷有限公司等文创企业，建立文创实践中心，开展"校企实训课程联合开发""校企联合师资培训"与"校企学生联合培养"

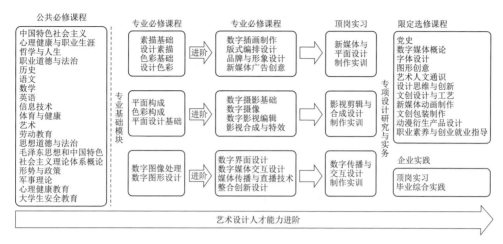

图 1　艺术设计专业

的全过程的产教融合模式来开展艺术设计人才的培养，共同开展"三方一体"的课程体系设计，实施"大课程、小模块、阶梯化递进"的教学过程，来满足互联网和文化创意产业、工艺美术行业可持续发展的复合型、创新型的高素质专业技能人才需求，满足学生宽口径就业需求。

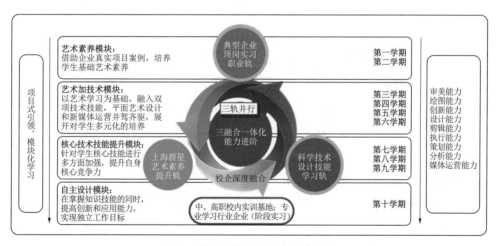

图 2　艺术设计专业人才培养模式

邀请企业专家参与课程开发、技能训练和担当评委。企业专家指导学生学习最新行业动态和技能，推动专业教学内容不断更新，培养学生的职业素养和专业认知。通过开设产品设计与印刷项目等实训项目，实现产教融合。学生到企业实习，完成企业实际产品设计与印刷项目，体会企业项目开发全过程。

（三）依托行业资源，培养复合型技能人才

建立校企合作实训基地，提供实践教学场地与设备。学生到基地学习与实践，掌握行业最新技能。通过实践教学，学生掌握理论知识与专业技能，并具备一定的职业素养，满足产业用人单位对人才的要求。

定期召开校企联席会议，就人才培养方案执行、实践教学管理、质量监控等内容进行交流与研讨。邀请企业专家参与课程开发及教学进程。为学生提供职业指导，更新专业知识与技能。面向企业开展定制化培训，实现校企共赢。企业定制化培训有助于企业员工提升技能，尽快适应岗位，同时也增加学校的社会服务功能，实现校企共同发展。

四、实施保障

（一）双方领导高度重视，保障政策落实

中高职贯通工作涉及双方专业建设与管理，需要获得高层支持与资金保障，以确保各项工作顺利开展。成立中高职贯通联合指导委员会，统筹规划与协调。指导委员会由双方专家、行业代表及管理人员组成，定期研究中高职贯通相关事宜，保障政策落实。[①]

（二）明确责任与任务分工，确保培养方案落地

签订长期战略合作协议，规定双方以及企业专家在人才培养方案制定、课程开发、实践教学等方面的权责，促进合作。健全质量监控机制。建立专家评估、双方督导、学生及用人单位满意度调查等监控措施，保障培养质量达标。

加强中高职贯通学生学习记录和考核管理，实行导师责任制，提供学习指导，统筹协调双方管理措施，满足不同学生的需求。

（三）中高职教科研深度合作，实现队伍梯度建设

选择教学理念先进、师德素养过硬的教师参与中高职贯通教学，鼓励教师进修交流，不断提高专业水准和教学能力，创新人才培养方式，积极探索在线开放课程、实训虚拟仿真、校企共建教学工厂等新模式，拓展人才培养途径。

---

① 张翠敏.工业设计教育中工作室教学模式的认识及反思［J］.网络与信息，2012，26（03）：38.

双方教师共同研制课程与教材、互相授课观摩、交流教学方法等，不断提高教学水平，实现资源共享。

五、特色与成果

（一）建立产教融合"工作室制"人才培养模式

在建立产教融合"工作室制"人才培养模式的过程中，理论教学与实践训练实现了有机衔接，培养了学生的专业技能与职业素养。通过与企业密切合作，学校的专业方案与课程体系得以紧密对接行业需求，确保学生接受的教育内容与实际工作场景相符。在课程开发方面，学校邀请企业专家指导，使学生能够掌握最新的行业知识与技术，提升他们的竞争力和实践能力。

校企合作的成果显著，不仅成功举办了多期定制化培训，还受到了企业的好评。学生在实习实训中取得了令人瞩目的成果，获得了企业的认可与赞赏。这种紧密的校企合作模式不仅促进了学生的全面发展，也为企业提供了人才保障，实现了双赢的局面。

（二）专业发展取得显著成效

教师到企业实践，参加行业学会活动，不断提高专业水平。教学团队以此为起点参加全国和省市级比赛，多次荣获各项成绩，部分教师被评为行业专家，担任中国赛区、省市级等专业赛事相关项目评委，指导学生获得多项赛事奖项。学校成功举办校企文化活动，如设计作品展览会、印刷技能大赛等，增进相互了解，提高社会影响力。

《基于"分布式"理念的数字影像技术专业实训项目教学改革与实践》获得 2022 年上海市优秀教学成果一等奖；《数字图像处理（PS）——非遗文创设计制作项目》获得 2022 年度上海市课程思政示范团队称号；2022 年，获上海市"星光计划"第九届职业院校技能大赛特等奖；2022 年，在全国职业院校技能大赛教学能力比赛中获得中职专业技能课程一组三等奖；2023 年，获上海市"星光计划"第十届职业院校技能大赛特等奖；2023 年，指导学生获得"星光计划"第十届职业院校技能大赛平面设计、实用美术项目二、三等奖，并在两个项目均获得团队二等奖。

（三）有力推动产教融合与协同创新

双方共享教学资源，合作育人，实现互利共赢，服务区域经济发展，为中高职贯通探索出行之有效的合作模式。

在产教融合与协同创新的进程中，学校和企业形成了密切的合作关系，为学生提供了更丰富的学习资源和实践机会。通过与企业的紧密合作，学校可以更好地了解行业的最新发展动态和需求，调整教学内容和方法，确保教育培养的实用性和适应性。同时，企业也能够通过与学校的合作，及时发现并吸纳优秀人才，推动企业技术和管理水平的提升，实现了双方的互利共赢。

产教深度融合的"工作室制"的教学模式，不仅在教育培养方面取得了显著成效，同时也促进了协同创新的发展。学校与企业共同开展项目化教学，探索前沿技术和创新模式，为产业发展提供了新的动力和支撑。

六、体会与思考

中高职贯通的核心是产教深度融合。两校与企业密切合作，依托行业资源共同开展人才培养。"工作室制"实现理论教学与实践训练有机结合，培养学生专业技能与职业素养。专业方案与课程开发紧跟行业需求。企业专家指导，实现与产业发展相匹配。资源共享扩大人才培养规模，提高教学质量。制度创新确保人才培养目标达成。质量监控及时发现问题，提出针对性改进措施。

综上，中高职贯通获得显著成效，不但提高了人才培养质量，也推动了双方深层次合作，实现资源共享与创新发展，值得肯定。但也须不断总结经验，发掘问题，进一步提高合作水平与人才培养质量。要不断深化中高职贯通，带动中高职教育变革，进一步形成可复制模式，支撑现代职业教育发展。

基于目标协同培养的实训教学改革探究

——以数字影像技术专业"专业 VI 设计"项目为例[*]

高　嬿

摘　　要： 本文针对数字内容制作产业对"强目标""高执行"复合型人才的需求，借鉴企业目标管理模型，形成基于目标协同理念的数字影像技术专业综合实训教学组织模式，并以"专业 VI 设计"项目为例，为职业院校教师开展实训项目课程教学改革实践提供参考。

关 键 词： 目标协同　"对齐—对话"体系　"反馈—追踪"模型　"识别—复盘"工具

数字内容制作产业作为文化与科技的融合体，正迅速崛起为新兴产业集群。其产品涵盖平面、影视、音频三大品类，且生产流程深入策划与运营的每一环节。这一产业跨领域^①、全链条^②的特性，要求从业人员不仅要精通专业知识和技能，还要具备领域内的拓展能力和流程间的协同合作技巧。随着数字内容产品制作速度的加快，"强目标"^③与"高执行"^④已成为企业岗位的新要求。员工须明确目标，高效执行，并

---

* 本文系上海市教育科学规划课题（编号：C2024045）的阶段性成果研究，课题主持人为高嬿。

① "跨领域"指从业者须具备在不同专业领域（如平面、影视、音频等）间灵活切换和整合知识的能力，以适应数字内容制作的多样化需求。

② "全链条"强调数字内容制作从策划到运营的全过程的连贯性，要求从业者熟悉并能有效参与各个生产环节，确保项目的整体推进和质量。

③ "强目标"指的是明确并坚持项目目标的能力。从业者需要清晰了解项目的方向和目的，并确保个人工作与整体目标一致。

④ "高执行"指在明确目标后，高效、迅速地实施计划的能力。它要求从业者能在有限时间内高质量地完成任务，对挑战做出快速响应。

拓宽产品类型，融合策划与运营。因此，企业对员工职业能力的评估，越来越注重目标感和执行力。

然而，传统的综合实训课程往往以单一专业为主导，课程目标也多是教师自上而下教学目标的转化。在专业群建设的大背景下，我们尝试对综合实训课程进行全新的开发与实施，并研究其全过程管理机制。我们将目标协同理念引入教学之中，从明确目标、跟踪关键结果、周期性反馈等多个维度进行教学改革与实践。

一、实训项目教学现状与问题

实训项目教学的现状有：一是教学场景往往由一名教师、多台电脑和一个固定教室组成，仅教师清晰课程目标和整体计划，带领学生按照预定目标和计划推进项目的实施；二是材料只有一个项目、多份参考和一些图文资料，仅教师掌握实训项目关键结果评价的指标，学生在模仿关键结果中猜测评价的指标；三是任务仅仅通过一次展示、几句点评和一套满意度测试组成，仅教师拥有决定任务难易程度的话语权，学生在终结性的点评中完成项目结果的交付。

通过观察和梳理，我们发现阻碍综合实训课程教学效果达成的问题，归根到底是学生不明确"目标"的问题，由于目标的不明确导致达成目标的路径不清晰，路径不清晰导致跟踪关键结果的指标不准确，跟踪指标不准确导致学习者的学习成就感不被满足，学习成就感不被满足导致参与度降低，参与度降低导致教学目标达成度不高，从而陷入非良性的教学循环。这与行业企业项目管理中需要明确"目标"，然后运用知识、技能及时准确完成关键结果，从而保障项目按时保质完成的需求不一致，也与学校教学整改聚焦课堂教学赋能高质量发展的需求不一致。针对实训项目"目标"不明确的现状，梳理问题如下：

一是原有的"目标"设定未能与学生个人成长目标同步。中职学生拥有独立的自主意识，注重学习的主导权，进而获得满足感和成就感，原有实训项目目标设定单一，且自上而下，忽略了满足学生个体成长的需求。

二是原有的"关键结果"指标宽泛，未能与学生任务实际需求对接。中职学生有能力阅读和理解评价指标，而宽泛的指标缺失了指导"目标"达成的重要功能，忽略了学生想要了解目标达成路径和标准的需求。

三是原有的"周期"检测缺失，未能与学生持续发展需求匹配。中职学生按其年龄、认知和经历等学情分析，仍需要周期地检测对标实训项目任务的完成情况。终结性的检测缺失过程性指导功能，忽略了学生需要从尝试到验证再到尝试的多轮次循环向上的需求。

二、改革理念和实施思路

借鉴行业企业项目目标协同的理念，进行实训课程目标体系的研究和搭建，解决学生对于目标"是什么"的困惑，逐步引导学生认同目标的意义感和使命感。配合目标—关键结果可量化的监测指标，解决"怎样做"的问题，有效推进实训项目教与学达成，形成基于目标协同下的实训项目教学改革理念，即通过目标—关键结果的制定、执行和复盘等举措达到"目标明确、节点细分、指标清晰、反馈及时"的教学目标，促使"强目标""高执行"的专业人才培养目标的达成。

形成改革理念后，具体的实施思路如下：一是建立目标—关键结果对齐的"对话"方法。从"想不想"着手，找到目标的"意义感"，进而达成学生个人成长目标与团队协作目标、实训项目目标、企业岗位职业能力目标的共识。以项目为例，学生个人成长目标由学生主动设定。在设定的过程中，学生会考虑很多因素，包括自己以往的成绩、与团队成员的默契程度、可以获得的帮助等。通过与项目目标的对话和对齐，最终达成"目标"。这个"目标"一定是学生自己设定的，学生才会更加愿意去完成它。

二是构建目标—关键结果执行的"追踪"指标。从"能不能"着手，给出明确的"路径"和"指标"，追踪和确认学生成长进度与实训项目进度，形成多维度、可量化、可检测、可追踪的执行步骤。以项目为例，实施量化的指标，形成"反馈—追踪"模型，对接学生实际学习的需求。确定的完成时间，务实的内容呈现，可衡量的关键结果，学生掌握评价点即得分点，满足学生了解目标达成路径和标准的实际需求，形成以终为始的项目化思考方式。

三是构建目标—关键结果执行周期的"复盘"工具。从"许不许"着手，评价周期内学生个人成长目标与实训项目阶段目标的完成情况，同时调整目标设定，开启新的循环，即实训项目的优化迭代。以项目为例，运用周期"识别—复盘"工具，匹配学生过程性指导的需求，帮助学生及时对齐和调整关键结果，总结前期经验，识别自身优点和不足，为未来的学习和工作提供借鉴。

三、教学实施——以"专业VI设计"为例

(一)基本情况

1. 课程情况

综合实训课程围绕"职业素养贯穿、知识技能辅助、人文技艺并创"的定位，建设"能充分信任、能不惧冲突、能全情投入、能担负责任、能正视结果"的安全实训环境。课程以"全媒体"为表现手段，以跨级混班学生为教学对象，以多元协同校企师资为引导主体，以岗课融通、分类进阶的实训项目集群为教学资源，将目标和执行等岗位能力融入实训项目课程，探索"能协同发展、能引领专业、能辐射示范"的实训项目教学组织形式，为培养数字内容制作行业"强目标""高执行"的复合型技术技能人才提供强有力的支撑。

2. 教学情况

第一，88人组成的跨年级、融专业、混班制学习共同体（按项目需要分组成团），模拟企业团队成员间年龄不同、专业不同、基础能力不同的构成特点。第二，5人组成的跨校企、跨年级、融课程协同备课团队（按项目需要分布或集中授课），模拟企业项目实施中的领导、顾问、师傅和同伴。第三，3间教室组成的可拆分、可组合的项目实训空间（按项目需要变换空间），模拟企业项目实施中场地、空间的调度和组合。

3. 项目情况

实训项目"专业VI的设计"聚焦本校专业，学生通过完成专业VI的设计，主动研读项目说明文件，明确交付物的数量、要求和提交时间，积极学习与交付内容相关的资源，梳理制作的思路，形成执行的计划，实现协同的共创，达到认识专业的目的。本项目属于创意创新类的实训项目，计划24课时完成，每周4课时连上。

(二)实施过程

1. 构建目标—关键结果的"对齐—对话"体系

围绕目标进行充分沟通，师生双向趋同，达成学生个人成长与实训项目、企业岗位职业能力目标的共识，确认并公布目标。

步骤一：初定目标，发布个人目标。教师团队讲解VI设计内涵，赏析优秀VI作品，学生初步感知和认识VI。通过调查问卷、谈心等"对话"方式，了解学生

的兴趣爱好、技能基础、学习能力、阶段目标、职业目标等信息。学生提出"学什么""怎么学""学了有什么用"等问题，逐步对齐知识、技能和素养等信息。团队初定目标，个人说出自己能完成的子目标。

步骤二：对话目标，对齐个人目标。学生和教师各自提出目标，但是这个目标会被挑战和调整，教师团队设计子目标测试内容，学生选择想要完成的子目标，通过内容测试，展示并阐述自己的成果。

步骤三：双向趋同，确认个人目标和关键结果。教师团队结合学生测试的成果和项目实施的要求，给予成果评价和目标选择的建议。从对话—对齐—发布形成多回合的对话，逐步将学生制定的目标与实训项目的目标、企业岗位职业能力的目标趋同匹配，对齐学生与教师双向目标的共识（4个子目标），即创意、绘画、软件和手工目标，完成本次目标对话，学生确认并公布目标和关键结果。

2. 构造目标—关键结果的"反馈—追踪"模型

通过构造该模型，不断追踪和确认学生的成长与项目实训的进展情况。

步骤一：明确反馈周期和关键结果要求。以项目制作流程为主线划分出创意构思、绘画呈现、软件精修、手工修订和整体布展五个关键结果，教师团队提供时间节点推进表、质量要求对照表、任务写作评分册等量化、可测的指标，推进关键结果与团队任务对齐。项目队长定期关注并对齐任务与关键结果，及时反馈调整任务对齐关键结果。

步骤二：制定反馈方式。采用定期会议、进度报告、个人更新等方式反馈。遵循计划制订、计划实施、检查实施效果以及根据成功或失败的经验进行总结和改进等四个关键步骤。如果成功，团队应该将做得好的地方纳入标准；如果失败，则应该明确下一循环的改进方法。

3. 构建目标—关键结果的"识别—复盘"工具

评价周期内的学生个人成长目标与实训项目阶段目标的完成情况，同时对齐或调整目标，开启新的循环。

步骤一：建立高质量的识别机制。主要包含五个关键领域：学生个人完成的目标和关键结果有效结合，学生个人实施过程中遇到的问题，如何帮助团队其他成员发挥潜能，如何让个人更加清晰自己的目标岗位标准，学生个体的总结和反思是什么。

　　步骤二：建立识别机制的循环模式。通过推荐或自荐的方式选出展示团队，通过阶段性的关键结果识别和一周工作成效复盘，团队内部分享协作经验，讲述技术难点，寻求指导帮助。团队间互相学习，在复盘中对齐和调整下一阶段关键结果，同步开启新的循环。

　　（三）实施成效

　　本次实训教学改革在目标协同培养方面取得了显著且积极的成效。

　　在目标达成方面，本次"专业 VI 设计"实训项目实现了高标准的任务完成率。具体而言，88 位学生组成的 22 个项目组成功完成了 10 个专业的 VI 设计任务，达成率高达 91.1%，这一数据充分验证了实施方案的严谨性和实效性。学生在项目中展现出了高度的专业素养和扎实的实践能力，他们的设计成果不仅数量丰富，更在质量上达到了行业水准。这些成果包括但不限于 63 个精修标志、42 套标准用色、24 个字体设计以及 22 份应用效果图等，每一项都体现了学生对专业知识的深刻理解和创新应用。

　　在执行能力提升方面，本次实训项目同样取得了显著成果。学生在教师的精心指导下，不仅掌握了项目执行的关键方法和技巧，更在团队协作、时间管理以及资源调配等方面得到了实质性提升。这些能力的提升得益于项目实施过程中的严格管理和有效引导，如日报制度的形成、甘特图等项目管理工具的应用等。这些举措不仅帮助学生形成了良好的工作习惯，也为他们未来在职场中的发展奠定了坚实基础。

四、教学改革思考

　　通过对数字影像技术专业"专业 VI 设计"实训项目实施目标协同培养的教学改革实践，我们初步验证了该教学模式的有效性和可行性。然而，在实施过程中，我们也发现了其面临的挑战和困难。

　　首先，目标协同的应用具有局限性，并非适用于所有实训项目教学。我们的实践表明，目标协同更适用于需要思维能力和创造能力来改造流程和提升研发和管理效率的项目，如设计类工作项目。但对于偏生产和制作类、依赖时效性的项目，目标协同可能并不适合。

　　其次，实施目标协同需要满足一定的基础条件。这包括在综合实训项目中逐步建立试点而非全面推进，需要经验丰富的导师来讲解目标协同理念，并在其辅导下制定适配的目标和关键结果。此外，对教师和学生的适应、理解和创意能力也有较高的要求。同时，需要营造一个公开透明的环境，加强沟通，建立信任关系，并引入合适的目标协同管理软件来辅助和承载模式的实施。

最后，尽管目标协同是一个理性的量化工具，但仍须结合感性的内化自驱方法。目标协同作为目标管理和愿景管理的方法，有助于项目实践参与者保持方向，取得实际进展。然而，设定正确的目标只是起点，关键在于找到目标的"意义感"，以激发内在动力。因此，实训项目的目标必须重要、具体且鼓舞人心。在本案例中，尽管目标的设定已满足前两项标准，但仍须进一步建立目标的"意义感"，以激发内在动力，帮助团队和个人找到意义。

中职动漫与游戏制作专业项目化教学的实践探索

——以"三维游戏角色制作"课程为例

刘会芳

摘　　要： 中职动漫与游戏制作专业培养的是"德技并修"，能从事三维游戏模型、动画制作等工作，具有主动学习意识的高素质知识型、发展型技能人才。因此，在课程内容设置上必须紧贴动漫游戏行业项目化对于岗位技能人才的需求。项目化教学是"行为导向"教学法的一种，以真实项目为载体，将理论和实践结合起来。它的特点是通过项目化教学设计和实施，采用真实案例，让学生的学习更加具有针对性和实用性，让学生的学习不再仅仅依赖教科书，而是在项目中学习知识、完成学习目标。本文旨在通过项目化教学开展探索性研究，论述"项目化"教学的设计与实施策略，提升课堂的教学效果。

关 键 词： 动漫游戏　三维游戏角色设计　项目化

作者简介： 刘会芳（1991—　　），女，上海市群星职业技术学校电竞专业教研组组长，讲师。

动漫游戏作为国家政府部门重点关注和扶持的创意产业，属于实践性强、技术更新快、行业市场结合紧的专业。"三维游戏角色制作"课程是中等职业学校动漫与游戏制作专业核心课程，开设在第四学期，要求以学生为主体，学生能够运用本专业的理论知识与技能掌握游戏角色造型与部件的制作流程和制作要求，达到游戏角色设计师岗位的职业标准，为进入游戏美术行业顶岗实习奠定扎实的基础。

项目化教学是指选取企业完整的典型项目作为课程载体，项目贯穿教学全过程，教学过程即项目开发过程。在教学过程中，按照企业项目开发过程将其分解为若干个具体的工作任务，把教学内容巧妙地隐含在每个任务中，以完成一个个具体的任务为目标，层层推进教学。[①]

一、目前动漫与游戏制作专业实施项目化教学存在的主要问题

（一）课程设计不够合理

目前国内大多数中职院校还处于教学改革进行阶段，很多专业课教师对于项目化教学模式、教学理念和教学方法缺乏足够深入的理解。只是单纯地将角色设计的理论授课过程以项目的方式展示，并没有真正地对课程设计进行项目化结构的改变，使得专业课程之间缺乏系统化设计，教学过程趋于表面。只是对某一个课程进行项目化教学，而并没有对专业课进行整体项目化设计，使得课程与课程之间并没有项目化的整体结合，学生的学习过程和学习方法很难改变，学生对项目化操作不够重视，学习的动力也减弱，脱离实际的职业岗位需求，缺乏职业岗位能力需求导向。

（二）教师项目实践经验不足

现在很多的院校也进行了校企合作，但是校企合作往往都过于表面化、形式化，大部分专业教师缺乏企业技能岗位实战的经验，缺乏实践项目资源，师资队伍没有企业专家的专业指导等，导致教师在教学过程中就很难达到与实践任务相结合，无法实现项目化教学的系统性。

（三）项目化教学设计有待优化

大部分教师在课堂中引入的项目化只是把案例的素材拿来赏析一下，并没有把企业项目化的完整流程和企业标准引入课堂，这就会导致学生对市场需求和企业的真实制作流程不了解的现象，最终导致学生很难持续性开展三维角色设计作品的综合实践与创作，在就业中很难融入企业团队。

（四）课程考核方案难以符合企业标准

企业执行的项目标准是要在需求方规定好固定的开始和结束时间内完成工作，在项目结束后有一件符合需求方标准的完整作品。而教师缺乏企业的系统项目制作经验，不了解企业的要求和标准，在教学中无法采用企业严格的规格和标准对学生的作品进行考核，那么学生完成的作品就很难准确判断是否达到企业的规格和标准。

---

① 祝海英，刘玫. "项目化任务驱动教学法"在三维动画教学中的应用［J］. 中国科教创新导刊，2010（07）：24.

二、项目化教学设计

（一）项目化教学设计的重点

1. 紧贴行业需求的项目化教学内容设计

在构建项目化教学课程内容设计上必须紧贴行业需求，项目案例、参考均来自校企合作的真实项目，教师与企业专家须对真实企业项目进行分析重构，形成可用于教学的课程内容、指导范例以及案例。例如在"三维游戏角色制作"课程设计上，选择学生喜爱的热门游戏风格为教学主题来对内容进行规划，分为"Q版卡通""唯美梦幻""国风武侠""二次元""写实"等大类进行，体现职业性和趣味性。（如图1）

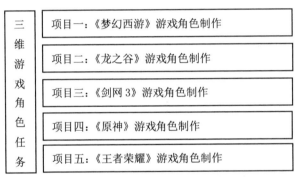

图1　三维游戏角色制作课程教学内容项目化整合图

2. 匹配岗位流程的项目化教学流程设计

教师需要定期到企业进行真正的岗位实践，在优化项目化教学流程设计中融合策划、原画、建模、贴图绘制等专项技能，使其能够被熟练运用于综合项目流程中，明确所学的专项技能在整体项目制作流程中的位置和作用，树立整体项目制作的全局观。将整个项目按照企业制作流程划分为8个环节，从项目的策划到原画、从建模设计创作到UV贴图、从烘焙到绘制材质制作、从引擎测试到渲染，作品完成后要把控质量细节并展示汇报，围绕清晰的任务主题循序渐进地推进。

3. 对接企业标准的项目化教学评价设计

项目化教学评价和传统的讲授课程的考核有很大的区别。在"三维游戏角色制作"课程中，在完善项目化教学评价上，教师以企业真实项目为载体，按照企业的衡量标准对学生进行综合评价，注重过程性评价。教师主要通过"运行—评估—反馈—解决—总结"促进学生能力形成。实时性评价就是学生通过实践，不断反思、学习和总结的过程，从职业素养、实践能力、设计成果、教师评价与学生互评四个部分进行评定，并结合项目作品不同成果的形式进行最终评价。通过项目化课程的系统学习，可以在作品完成时以小组PPT进行过程性展示汇报，进行学生互评与校企双师实时性评价。

（二）项目化教学设计的难点

1. 如何实现理论知识与专业技能的有机整合

在构建项目化教学内容时，整合教学资源围绕着项目实施，将项目涉及的理论知识和专业技能依据教学的内在规律进行重组和系统化设计，并对知识点、技能点适时迁移、扩充，形成项目化教学的课程内容。

2. 如何设计项目化教学流程

以下以"三维游戏角色制作"课程为例，设计了"轮岗制"教学流程。把教学内容按照PBR流程依次从前期、中期、后期的岗位划分为策划、原画设定、3D建模、UV贴图、烘焙、绘制材质、引擎测试、渲染等，明确岗位分工（如图2）。完成一个项目之后定期进行轮岗分工，可以提高团队的合作能力，强化技术操作能力，帮助学生熟悉项目制作的完整对接流程，掌握游戏项目的制作技能，达到项目化企业成果标准，从而和企业有效接轨。

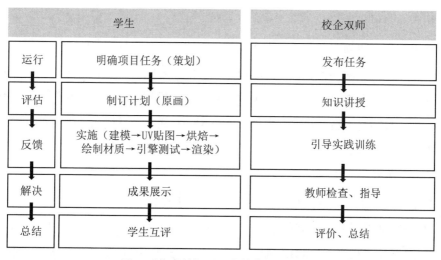

图2　"轮岗制"项目化教学操作流程图

三、结合企业游戏角色制作的项目化教学实施

在课程设计中，教师与企业专家将企业的真实设计项目进行分析重组，根据学时安排、学情和实施流程，形成"三维游戏角色制作"课程，承接"原画设计"课程，后续是"三维角色动画"课程。合理地分配教学模块任务和项目创作时间，筛选出在企业项目实施中经常会遇到的典型问题，形成可用于教学的项目系统性内容，经过提炼、分析、归纳，转化为具体的任务，贯穿到动漫与游戏制作专业的各个课程中，分解实践模块，划分难度区域，制定专项模块和综合模块。

例如，以腾讯游戏产品《王者荣耀》中"飞天"杨玉环角色的设计为项目目标进行训练。在理论教学环节中，指导教师详细介绍企业游戏角色模型制作的理论知识。在实践环节按照企业的项目化 PBR 制作流程进行设计：将班级 32 人划分为 4 个项目组，每组 8 人就是一个完整的项目制作流程岗位，包括策划、原画设定、3D 建模、UV 贴图、烘焙、绘制材质、引擎测试、渲染等。

1. 策划

策划是项目设计的主要落实者，以设计方案为主，对主策划制定的方向进行拆分，设计方案，落实推进，筛选与《王者荣耀》游戏中"飞天"杨玉环角色相关的设计任务，将中国文化元素融入角色设计，并制定相关的需求表。

2. 原画设定

按照企业项目化制作流程，游戏原画是三维游戏角色模型制作前的一个重要环节。原画师根据策划的文案和需求表设计出"飞天"杨玉环角色的美术方案，包括游戏风格、气氛、主要角色和场景的设定、中国元素的融入等。企业项目流程制作将原画放在模型制作之前，是为后期的游戏美术（模型、特效等）制作提供标准和依据。原画设定是为游戏研发服务的，所以要保持游戏整体的统一性，保证模型师及其他美术环节的制作。

3. 3D 建模

按照企业标准，游戏角色模型制作根据模型的面数，将模型分为高、中、低三种。3D 建模师根据原画设计师提供的原画进行模型制作。在制作过程中，充分考虑《王者荣耀》次世代半手绘 PBR 风格、"飞天"杨玉环角色的美观和技术与原画师确认需求。首先要根据原画分析角色模型的各项要求，从整体到个体，分析每一个部

位的长宽高比例、层次关系和造型。要分析部件用什么方法来制作更有效率，这个模型要分多少张 UV 才能显现出好的效果来。^①其次是制作中模、高模。在制作中模、高模的过程中，用合理的布线来准确表达模型的结构，每一个部件的结构、比例一定要准确无误，避免出现多边面、藏点藏面等问题。制作完要整理一下大纲视图，分好组。^②最后，制作低模。如果中模结构没什么大问题，那么高模就不用再修改什么了，重新拓扑也可以，以保证模型符合《王者荣耀》产品的制作标准。

4. UV 贴图

如果产品是次世代项目，那么就要求高精度模型和法线贴图、高光贴图和本色贴图。首先根据《王者荣耀》中次世代半手绘 PBR 风格，在模型制作完成后要合理地进行 UV 拆分。拆 UV 就是方便贴图与 3D 模型更好地贴合，确保贴图内容位置与模型位置完美匹配。因为贴图是平面的，所以就要用像一个盒子的六面展开图那样的方法拆 UV。利用 3D 软件来烘焙高精度的 Normal 贴图，调整高模、低模的匹配度，并添加细节。

5. 烘焙

烘焙之前需要重新进行高、低模匹配，能烘焙的软件也很多，MAYA、SP、MT，还有专业的烘焙工具 xNormal 都有烘焙法线和 AO 等效果。

6. 绘制材质

在 SP 里将烘焙出来的各种贴图贴在低模上，制作材质，调整各种材质的参数，增加贴图的脏迹、磨损、刮痕等细节，呈现出更逼真的效果。

7. 引擎测试

通过引擎测试可以看到最终的"飞天"杨玉环角色设计效果。引擎测试可以执行游戏版本的测试流程、测试工具和测试方法，提出改进建议，推动相关漏洞得到及时解决并对游戏提出优化修改建议。

8. 渲染

材质制作完成后，可以将 PBR 材质不同通道的贴图输出，然后导入模型使用的软件或平台，不同通道的贴图与材质通道正确连接，就可以渲染得到基本相同的

① 郭法宝.PBR 流程在游戏模型制作中的实践与应用［J］.电视技术，2023，47（11）：112–115.
② 闫嘉乐.浅谈近年来游戏美术制作流程的变化［J］.文艺生活，2018（03）：278.

PBR 材质效果。

四、提高项目化课程教学的对策

第一，引入真实的企业项目制作流程支撑专业整体课程设计，构建项目化系统课程内容。通过项目化将知识与技能融合在一起，学生在完成工作任务的过程中就自然地将知识传授与技能训练、学习与工作任务融为一体，提升了学生快速胜任实际工作的能力。

第二，加强校企合作，以"双师型"培养为目标加强"双师型"教师队伍。教师要通过在相关企业中的岗位实践来锻炼自己的技能，提升自己的项目实践经验能力，并不断地思考、总结。学校以创新改革为动力，优化校企合作模式，还可以邀请著名的企业专家举办讲座学习和授课，把企业的最先进技术和工艺应用于教学实践中。教师通过讲座和学习进行反思和总结，形成"双师双元"创新教学模式。

第三，引进游戏行业的先进技术和 PBR 制作流程（策划、原画设定、3D 建模、UV 贴图、烘焙、绘制材质、引擎测试、渲染等），紧贴企业项目化的制作标准和要求，提高教师的专业教学水平，激发中职学生的学习兴趣，提高学习的主动性和积极性，提升学生对于动漫游戏行业发展的自信心。

第四，对接企业标准，注重过程性评价，完善课程评价标准。采用实时评价促进学生对课程进行学习和反思。采用企业岗位能力的考核标准，邀请企业专家参与学生的职业技术能力和成绩考核，对学生掌握的课程内容和技能情况进行实时过程性评价，让学生的显性能力和隐性能力得到双重提升。

本次项目化教学是基于"三维游戏角色制作"课程项目化教学的特点，创造性地将企业的真实项目任务、PBR 制作流程和评价标准引入"三维游戏角色制作"课程。这种项目化教学改变了传统的知识体系构建课程内容教学模式，让学生作为主体掌握了游戏角色制作全流程；清晰地了解了每个制作流程和标准；学生也多次参与到企业的真实项目中，完成的作品顺利被企业应用到上线作品中。学生在实践中提升了独立分析能力、团队合作能力和解决问题能力，激发了对游戏角色制作的兴趣，为未来走入职场成为符合企业需求的人才打下了坚实的基础。但是，学生对于综合项目的系统化思维还有待加强，对于潜在用户的需求把握不足，后续还需要在更多的企业案例中挖掘分析的路径和方法。

非遗文创设计项目资源库构建的实践探索

闫蕾蕾

摘　　要： 非遗文创设计项目资源库的构建对职校数字文创设计专业教学具有重要意义。在非遗文创设计项目资源库的构建策略中，内容上以非遗文创设计项目为单位收集整理，形式上满足非遗文创教学中的实际应用，运行上以分布式学习理念为基础，评价上以学生作图效率和作品质量为依据，通过运用信息化新技术、新手段，将学校专业课程、行业技能实践和优秀传统文化、工匠精神等进行整合，从而构建更适合学校数字文创设计专业教学的非遗文创设计项目资源库。在使用非遗文创设计项目资源库时要把握尺度、善用资源、注重创新，以更好地实现文化育人，推进非遗文化的传承、保护和发展。

关 键 词： 非遗文创设计项目　非遗文化　资源库

作者简介： 闫蕾蕾（1987—　　），女，上海市群星职业技术学校教师，讲师。

党的二十大报告提出，要推进文化自信自强，铸就社会主义文化新辉煌。近年来，全国职业院校通过开展非遗文创设计项目课程学习的教学改革，推进文化育人，引导学生在项目学习中了解非遗文化，增强文化自觉、文化自信，创新创作优质文创产品，助力非遗文化的传承、保护和发展。但在教学过程中，因缺乏非遗文创资源的支持，非遗文化资源难以得到充分挖掘，专业与文化缺乏有效整合，在非遗文创设计项目教学过程中仍然存在形式化、表面化的教学现状，学生对非遗文化一知半解，设计资源查找耗时费力，设计效率低，作品缺乏非遗文化内涵和创意构思，同质化严重，既不能激发消费者购买欲望，也无法真正实现非遗文化的传承和保护。因此，构建服务于非遗文创设计项目教学的非遗文创设计项目资源库就显得尤为迫切了。本文通过实践探索如何运用信息化新技术、新手段，将学校专业课程、行业技能实践和优秀传统文化、工匠精神等进行整合，构建更适合学校非遗文创设计项目特点的非遗文创设计项目资源库。通过非遗文创设计项目资源库为学生提供更高效的学习体验，提高学习效率和作品质量，提升文化自信与职业发展能力，为国家、为社会培养更符合市场需求的文创产业人才。

一、构建非遗文创设计项目资源库的教学意义

（一）形成规范的非遗文创人才教学模式

随着数字赋能、信息技术的蓬勃发展，职业院校专业教学模式不断改革创新，与时代接轨。学生的学习模式和教师的教学模式均发生了显著的变化。构建非遗文创设计项目资源库，使教师能够合理运用非遗文创设计项目资源库开展教学，完善指导过程。课前，教师通过非遗文创设计项目资源库发布资源，学生对项目文化进行学习和挖掘。课中，可以调取设计案例，对设计任务进行分析与研读，激发创作灵感，任务制作中也可以采集所需的素材资源帮助提高教学效率。课后，通过非遗文创设计项目资源库帮助梳理复习，完善设计逻辑，回顾技能实践点，推送个性化延展资源，拓展学生创作能力。

非遗文创设计项目资源库通过对非遗文化资源进行采集整理、分类检索、介绍解读的学习，能够及时解决学生在非遗文创设计项目课程中遇到的设计问题。非遗文创设计项目资源库包括灵感资源库和素材资源库，学生在参与非遗文创设计项目时，需要有非遗文创设计项目资源库作为设计支持。非遗文创设计项目资源库中存有大量优秀非遗文创产品设计案例、作品，当学生在开始设计时往往需要参考、研究这些案例。在设计过程中，也需要大量的素材图片和文字作为设计资源，从这些资源中寻找创新灵感，深入解读非遗文化，解构文化元素进行创新。如果每次课程学生都要根据设计需求上网搜索，既浪费时间又很难在大脑中形成逻辑。同时，教师需要预留大量教学时间用于学生进行资源学习与采集，项目教学进度也会变慢。非遗文创设计项目资源库的构建将非遗文创设计项目的教学模式规范化，优化了教学流程，节约了教学时间，避免了重复性的低效学习与制作。

（二）实现可共创共享的非遗文创资源

非遗文创设计项目资源库利用网络和数字化信息技术手段对项目所需资源进行整合，所有课程资源可以共创共享。不同设计项目课程的资源都能够通过登录网络进行查看和使用，项目完成后的过程性与结果性资料都能够在非遗文创设计项目资

源库里查看。在后续项目课程的使用中，非遗文创设计项目资源库的使用者可以更新、补充和迭代。

通过非遗文创设计项目资源库，教师能够更好地了解学生的学习情况，在设计方面的问题以及对技能的掌握情况，也能够总结教学经验，与使用非遗文创设计项目资源库的教师分享实践反思和教学成果，同时为新的非遗文创设计项目构建提供了借鉴基础。学生通过灵活使用非遗文创设计项目资源库资源，参与非遗文创设计项目资源库的共创共享，能够激发学习内驱力，培养创新意识，提升实践水平。企业借助非遗文创设计项目资源库能够了解学校学生的作品质量、职业能力和技能水平，通过共创共享，更便捷地参与到学校人才培养中，并根据行业与企业人才要求，补充完善非遗文创设计项目资源库，培养更适合企业需求的职业人才。

二、非遗文创设计项目资源库的构建策略

合理地将学校专业课程、行业技能实践和优秀非遗文化、工匠精神等进行整合，是构建非遗文创设计项目资源库的关键因素。要结合学校实际情况进行构建，从贴合教学实际和学生学习需求的角度出发，避免出现形式化、表面化、为了构建而构建的问题。

（一）内容上以非遗文创设计项目为单位收集整理

非遗文化项目从级别来看主要分为世界级、国家级和地域类的非物质文化遗产，内容和表现形式多样。《保护非物质文化遗产公约》中指出："'非物质文化遗产指被各群体、团体、有时为个人视为其文化遗产的各种实践、表演、表现形式、知识和技能及其有关的工具、实物、工艺品和文化场所。"[①] 例如，我国的二十四节气被列入联合国教科文组织《人类非物质文化遗产代表作名录》，属于世界级的非遗文化项目。

非遗文创设计项目资源库是以非遗文创设计项目为单位进行建立。例如，上海市群星职业技术学校的非遗文创设计项目主要有二十四节气文化项目、海派非遗文化项目、少数民族传统文化项目、地域性非遗文化项目。学生在使用非遗文创设计

---

① 　李林岐，刘文欣.浅析新媒体时代中华非物质文化遗产的对外传播途径［J］.新闻传播，2024（01）：46-48.

项目资源库的时候就对非遗文化有了清晰的了解。在学校少数民族班级授课的时候，选取适合少数民族的非遗文创设计项目，能够降低学生对于文化理解的难度。并且因为生源地的问题，针对不同地区的学生可以从其熟悉的文化入手，激发学生的学习兴趣，提升教学效果。非遗文创设计项目资源库对这些项目进行收集、整理，对其所蕴含的文化元素进行挖掘、整理和筛选，从而形成可供学生进行非遗文化研究、设计使用的非遗文创设计项目资源库，其建立逻辑如图1。

图1　以非遗文创设计项目为单位的资源库建立逻辑

非遗文创设计项目资源库与普通的设计资源库不同，它是将非遗文化内容进行解构、整合、提炼，其内容便于学生理解，能够使学生方便快捷地找到所需的非遗文化内涵。例如二十四节气文化项目中的芒种任务，在非遗文创设计项目资源库中，并不仅有关于芒种的百科知识和相关设计案例、作品。在该任务中，可以通过查找关键词，在百度百科、民俗故事、物候变化、传统美食、相关诗词等多维度深入了解芒种节气文化的内涵。在这些类别中，如果进一步搜索芒种传统美食青梅，可以查询到诸如"青梅煮酒"的传统文化故事，从而为芒种文创产品创作出更加细致、富有文化底蕴的内容。

（二）形式上满足非遗文创设计教学中的实际应用

非遗文创设计项目资源库需要满足非遗文创设计教学的真实需求，非遗文创设计项目资源库应当将重点放在产品原型、元素图案、插画绘制、配色方案、实际应用的梳理整合上。在非遗文创设计项目资源库的功能模块设置上，需要进行精细划分。在产品原型上，既要有产品的三视图、全景和局部特写的图片，还要有文字性的详细描述。例如"四时有趣"节气立体书项目，因为涉及立体结构的内容，因此资源库对于立体结构的常识性资源要进行构建，学生通过学习资源库中的V形结构、平行结构、经典拓展结构等基础结构，能够设计出更符合文创产品的立体结构。在配色方案模块，除了给出可以参考的配色色卡、配色案例，还需要给出可以使用的配色工具、配色教程、配色灵感网站的网址和网站相关的配色指导资源。

（三）运行上以分布式学习理念为基础

分布式学习理念强调以学习者为中心，教师、学习同伴、学习资料、网络媒体、课堂、图书馆等对学习者来说都是学习资源。以分布式学习理念为基础的非遗文创设计项目资源库，其构建者包含企业专家、行业高手、专业教师、学习同伴、学习者自己，每个人都是资源的构建者和管理者。

非遗文创设计项目资源库以分布式学习理念为基础，由集体智慧和所涉及的资源节点共同参与构建。在非遗文创设计项目资源库构建中，非遗文创设计项目资源库围绕项目，将项目中所有的人、技术、工具联结在一起交互作用，构建和使用方法更加灵活和便捷。在构建过程中，由于企业、行业专家、教师相较于学生对文化的理解能力更强，通常承担对非遗文化的解构和解读任务，例如，提供非遗文化的解读性文字资料、文化元素的提取思路等。构建非遗文创设计项目资源库，其目的是为文创设计教学提供支撑，通过非遗文创设计项目资源库，实现不同非遗文化的学习与创新设计，从而有效帮助学生在设计项目中事半功倍，提升设计效率。

（四）评价上以学生作图效率和作品质量为依据

例如学校通过问卷调查的形式，对学生使用非遗文创设计项目资源库的情况进行统计。从反馈的用时数据来看，非遗文创设计项目资源库将原本完成一个任务需要 3.5 小时缩短为 1.5 小时。在使用非遗文创设计项目资源库后，学生能够快速确定设计风格，构思草图，进行初步的设计提案，作图效率明显提高。从 21 级两个班级参与海派文化项目的作品评分来看，获得 A 级评价的学生数量较往年明显提升，从原来的 12 人上升到 26 人。在企业专家的评价中，对学生最终的作品给出了肯定，并指出有部分作品接近、符合商业要求，作品质量有了显著提升。

如图 2 所示，学生通过非遗文创设计项目资源库，基于设计目的，针对自己感兴趣的设计主题——"海派弄堂""海派女子群像"进行创作并延展应用，完成了符合设计目的和设计需求、具有海派风格的文创设计简案。

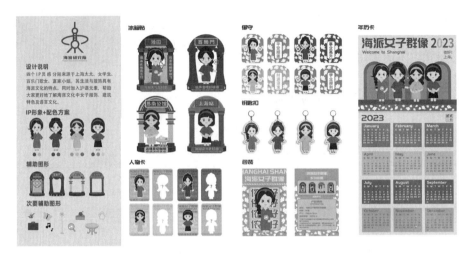

图 2 "海派女子群像" 的文创简案设计

非遗文创设计项目资源库在被使用的过程中，会根据学生个性化的需求，以及在项目实践过程中的项目实际需求持续构建，并对已有资源进行更新与完善。例如在"海派女子群像"的创作中，学生在对女子群像 IP 形象进行绘制后，发现缺少具有海派特色的道具、场景。通过对非遗文创设计项目资源库再一次搜索和整理，学生增加了百乐门、民国车站、豫园、老洋房、思南公馆、沪语等图片素材，上传了基于原始资料图片为原型的创造性辅助图案和文字背景资料。教师也在发现了学生的设计问题后，增加了张爱玲与海派文化的关系等资料，这些都是对非遗文创设计项目资源库的更新补全，也为后续设计非遗文创设计项目资源库的使用者拓展了资源边界。学生在项目实践过程中，通过主动发掘和学习不同的文化资源，拓宽了设计视野，也加深了对海派文化的认知与理解，思考深度进一步提升。设计时间则因为非遗文创设计项目资源库的使用而大大缩短。在构建非遗文创设计项目资源库的过程中，学生需要理解不同文化之间的差异与联系。教师通过对文创案例的解读，引导学生理解文化的内涵与表达方式，处理可能出现的误读与误判，确保非遗文创设计项目资源库的内容达到非遗文化学习的要求与标准。

如图 3 所示，学生通过非遗文创设计项目资源库，重新解读"金山农民画"，完成字体设计与辅助图形的延展应用，完成了具有特色的文创设计简案。通过作品可以看出，学生能够将非遗文化与产品设计有机结合，在传承文化的同时实现创新，表现出跨文化设计的高度。作品在视觉形式和文化内涵上都体现出设计的原创性，是非遗文化在当代社会的创意演绎。通过学习与实践，学生完成了一套完整的项目作品，检验了自身对知识与技能的掌握情况，有助于专业认同的形成。

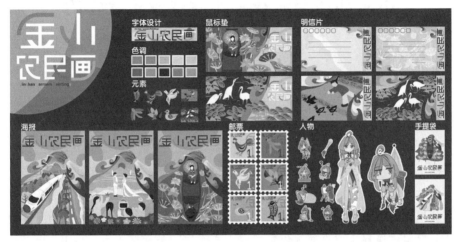

图 3　"金山农民画"的文创简案设计

三、结语

目前从实践的阶段性成果来看，非遗文创设计项目资源库的构建能够有效提高教学效率和教学质量，教师通过非遗文创设计项目资源库提升了教学效果，而学生借助非遗文创设计项目资源库加深了对非遗文化内涵的理解，完成了更契合非遗文化和市场需求的文创作品，达到了提升文创设计能力的目标，也起到了传承和保护非遗文化的目的。但在非遗文创设计项目资源库的构建中，还存在需要优化的地方，例如，学生在创新设计中容易受非遗文创设计项目资源库案例的影响，在非遗文创设计项目资源库的使用上停留在借鉴和模仿的阶段，而非遗文创产品的内核是独特的创造力，学生要善于利用而不是依赖非遗文创设计项目资源库。随着网络信息技术的不断发展进步，人工智能技术的不断突破，职业教育面临着更多机遇和挑战，唯有不断探索创新变革，才能培养出更符合社会发展的职业人才。希望本文能够为从事数字文创设计专业教学的同人们提供启发和参考。

中职动漫与游戏制作专业校企合作的
特征、实践与成效

龚斯文

摘　　要：通过校企合作的模式，强化课堂教学的深度，优化教学资源，使学生的学习紧跟社会的需求。明确中职动漫与游戏制作专业的课程体系需要从企业岗位核心能力出发，制定核心课程内容，实现课程与企业需求的对接。通过与企业共同制定课程内容，深入探讨课程内容在实际教学环境中的应用，加强实践教学的针对性和教学评估的系统性，从而提高实践教学的质量，培养学生解决实际问题的能力。

关 键 词：动漫与游戏制作专业　校企合作　岗位核心能力

作者简介：龚斯文（1980—　），男，上海市群星职业技术学校教师，助理讲师。

习近平总书记在党的二十大报告中指出："统筹职业教育、高等教育、继续教育协同创新，推进职普融通、产教融合、科教融汇，优化职业教育类型定位。"通过校企合作模式共同制定课程内容，有助于培养学生理论联系实际的意识，提高实践能力和创新能力。这一合作模式促进了课程建设、实施与完善，并严格遵守课堂教学质量标准，推动了职业教育教学改革真正落地。

一、动漫与游戏制作专业校企合作的特征

在这个快速发展的数字时代，动漫游戏产业正以前所未有的速度蓬勃发展。动漫与游戏制作专业的校企合作也有鲜明的时代特点，有别于其他专业的校企合作，其具备以下几个特征：

（一）沟通性

当前学校与企业之间的合作愈发紧密，为了确保这种合作关系能够顺利进行，双方需要建立起一种有效的沟通机制。这种机制的目的是确保学校与企业之间能够及时地交流各自的需求和期望，从而使得双方都能从合作中获得最大的收益。

学校和企业各自在不同的领域有着深厚的积累和专长。学校是教育和知识传播的中心。学校拥有丰富的教育资源、专业的教师队伍以及成熟的教育体系，能够为学生提供全面的理论知识和必要的实践技能。而企业则擅长于专业领域，它们是实践和应用知识的前沿阵地；企业拥有实际工作中积累的经验和专业知识，能够提供真实的工作环境和实践机会。

因此，学校和企业之间的沟通机制应当充分地利用双方的优势，促进资源共享。学校可以通过与企业合作，了解行业的最新动态，调整教学内容，使教育更加贴近实际，更具前瞻性。通过定期举行会议，讨论合作事宜，共同制订合作计划以及建立联络人制度，指定专人负责沟通协调工作，确保信息畅通无阻。通过这样的沟通机制，学校和企业可以确保双方的需求和期望得到及时的交流和反馈，从而促进双方的共同发展。

（二）高效性

动漫游戏产业作为一个充满活力和创新精神的领域，具有其独特的行业特性。这个领域的发展速度非常快，几乎每天都会带来新的技术突破和创意思维。随着行业的不断进步，专业知识也在经历着持续的更新和迭代，这就要求相关的教学内容必须与时俱进，以确保学生能够掌握最新的行业动态和技术知识。

在这个快速变化的行业中，教师需要密切关注行业发展的最新趋势，及时调整教学大纲和课程内容。这意味着教材和教学方法不能停留在过去，而是要不断地进行更新和改进，以便将最新的行业知识和实践案例融入课堂，始终使学生的学习成果能够与行业标准保持一致。

为了实现这一目标，教师需要与行业内的专家和企业保持紧密的联系，通过定期的研讨会、工作坊和实习机会，让学生直接接触到行业前沿的技术和理念。这样的互动不仅能够丰富学生的知识体系，还能够激发他们的创造力和解决问题的能力，为他们将来在动漫游戏行业中的职业发展打下坚实的基础。紧跟行业发展的步伐，不断创新和更新，以确保学生能够在毕业时拥有前沿的专业知识，满足行业对高素质人才的需求。

（三）规范性

将企业中的规范和实际操作流程引入课堂，是一种极为有效的教学方法。通过这种方式，教师可以模拟真实的工作环境，让学生在学习理论知识的同时，也能够了解和掌握在实际工作中应当遵循的行为准则和操作标准。这种教学模式能够帮助学生在安全的学习环境中，提前熟悉和适应未来职场的要求，从而在未来的职业生涯中能够更加顺利地融入工作环境。

具体来说，将企业规范带入课堂，意味着教师会教授学生如何在职场中进行有效沟通、如何处理工作中的常见问题、如何遵守职业道德和行业规范等。这些知识和技能的传授，能够帮助学生在学习阶段就能够识别和规避一些简单以及常识性的错误，比如文档格式不规范、沟通不当、时间管理不佳等，这些都是在真实工作环境中可能会遇到的常见问题。学生不仅能够在理论知识上有所提高，更能够在实践能力上得到锻炼，培养出良好的职业素养和工作习惯。

二、校企合作在中职动漫与游戏制作专业教学中的实施运用

以下以中职"枪 AK47"单元的"游戏道具制作"一课为例，说明校企合作在中职动漫与游戏制作专业教学中是如何实施运用的。

（一）基于岗位核心能力，实施课程改造

人才培养目标的实现，与科学的课程体系设计密不可分。遵循课标的人才培养模式，本项目研究已经基本明确了动漫与游戏制作专业三维方向课程体系构建的总体策略。具体而言，这一策略包括根据实际工作过程明确职业岗位定位，基于职业岗位分析确定所需职业能力，以及依据这些能力需求界定核心课程内容。

在企业的各职能岗位中，根据各岗位所需专业技能要求作为切入口，以识别本专业所针对的典型岗位，进而对岗位的工作任务进行深入考察，整理出专业课程中的技术和操作要点。通过梳理这些技术技能和操作能力所需的知识点、技能点和素质点，我们能够明确专业核心课程的目标以及专业方向课程的教学内容，更新课程设计理念，全面实施专业核心课程的改造。

在课程体系的构建过程中，我们严格遵循课程定位—明确课程对应岗位—分析岗位能力—确定课程教学目标—设计课程标准化项目—教学设计的基本流程，以确保专业核心课程对标企业岗位的专业要求。"枪 AK47"课程改造实例如图 1 所示。

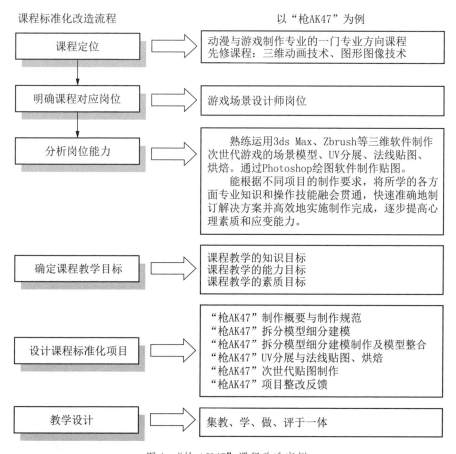

图 1 "枪 AK47"课程改造实例

为了提升教学效果并促进学生的全面发展，我们正积极改革教学方法，推行校企合作的教学模式。具体而言，教学流程遵循以下步骤：首先，由教师明确设定项目目标，随后学生进行项目的准备工作。其次，教师通过示范，向学生传授关键方法与技巧，确保学生能够掌握并运用这些方法。最后，在学生独立完成项目后，教师对工作成果进行整改和反馈，通过企业岗位规范的评估体系评判学生的项目成果和所学知识的掌握程度，培养学生解决问题的方法，确保教学质量达到符合人才培养方案所规定的标准。

（二）规范教学文件，确保教学标准一致

在确保教育质量和教学效果的一致性方面，学校通过制定和执行严格的教学文件规范标准，实现了各年级课程模块在知识点和技能层次上的无缝衔接。这些教学文件包括教学前期的课件、教学中期的教学反馈文件以及教学后期的项目考核文件。

教师需要按照课程进度，完成相应的教学文件。

在岗位需求的指导下，我们强调课件应该是专业课程中的代表项目，例如在三维道具课程中，我们选择枪械制作作为重点项目案例。课件应具备以下特点：

1. 课件内容的普遍性

课件内容须围绕课程教学内容展开，选取教学课程中最常用、企业相关专业岗位中制作重复率最高的项目，作为该课程的重点项目案例。

2. 课件内容的简洁、高效性

每个课程内容制作的模型复杂度各不一致，通过与企业资深美术设计师的合作，筛选出能在最短时间内掌握课程相关专业知识点与技能点以及制作技巧的项目案例，化繁为简，高效地完成课程教学任务。

3. 课件内容难易度的层次性

每个课程需要具备多个课件，难度有 1、2、3 多个等级。难度 1 需要学生能够 100% 完成；难度 2 主要针对成绩中等的学生，完成率控制在 80% 左右；难度 3 针对部分成绩优异、有开拓精神的学生，完成率控制在 60% 左右，并为每个层次的学生制定一个横向目标。

（三）丰富教学评价方法，了解学习情况

教学评价是教育过程中不可或缺的反馈机制，它直接反映了学生对特定课程的掌握和理解程度。以课程"枪 AK47"作为试点课程，将游戏公司现实项目中的枪械作为实操案例，配合游戏公司技术人员的指导，使学生融入企业项目制作的实践。

为了确保课程的最终考核能够全面反映学生的学习成果，我们结合了中职院校教学要求与企业实际需求，采用以下三种教学评价方法：

1. 教学反馈

在课程教学的中期阶段，学校将统一发放教学反馈表。学生需要在该表中详细描述在项目案例制作过程中遇到的问题、解决思路以及对课程内容知识点的掌握情况，从而帮助教师了解学生的学习状况，及时调整教学内容和方法。

2. 项目进度表

在布置课程标准课件的同时，教师会向学生提供项目进度表。该表明确规定了项目制作及提交时间的各阶段任务时间点，以及按照企业化流程完成课程教学任务的要求，也明确了迟交或未交阶段性任务的扣分标准，使学生能够清晰地认识到自己在学习过程中的责任和对项目整体进度的影响。

3. 岗位考核标准

通过对学生完成的项目案例进行评价，使其对项目案例的要求有更深入的理解。这将有助于学生进行自我检查和同伴互查，识别自己在专业技能和专业知识方面的不足，同时也能了解相关课程岗位项目案例的制作难度。这一过程将帮助学生清晰地认识自己的学习状况，为学习后续课程打好基础（如图2）。

游戏美术设计师岗位考核标准

对于一名设计师，企业首先看重的是诚实、守信、守时、善于沟通与合作的思想品质。"现代学徒制"的实施要求学生不仅具备游戏原画设计师、游戏场景设计师、游戏角色设计师等岗位的技术能力，还应具备执行力、服务意识和吃苦耐劳的精神。以下是三个岗位技术技能的考核标准。

1. 游戏原画设计师

● 熟练掌握游戏原画设计的制作流程和规格要求。

● 熟悉游戏原画设计中各种风格和制作要求，对角色设计中的常用姿势能熟练绘制，对人体结构及动态能准确把握，通过基础的色块或者线条来加强对比形体轮廓，对光的理论知识了解并能熟练运用。

● 能熟练运用 Photoshop 制作软件，根据所需原画设计的文字描述制定绘画风格及表现手法，进行游戏原画的绘制。

● 能熟练运用配色、服饰、道具、材质等元素来合理搭配出不同气质性格的角色。

● 能熟练运用不同时代、不同民族、不同文化背景下的建筑设计风格及元素运用技巧，运用笔刷等 Photoshop 常见工具快速表达出设计效果。运用透视知识和构图知识来使得画面更有可信度和空间感。

● 能准确执行客户意见，熟练运用 Photoshop 自由变化工具、液化等功能，在规定时间内将成品修改到位。

考核采用 10 分计分制，分数满 6 分为合格，按照分数由高到低录取人员。

评分标准	学习态度	思想品格	流程规格	形体轮廓	元素配色	软件熟练	团队协作	执行力	时效控制
计分	1	2	1	1	1	1	1	1	1
得分									
总计									

图 2　岗位考核标准

三、校企合作实施成效

（一）学生层面

通过问卷调查的形式，对学校采用校企合作模式后，学生围绕新课件进行学习的情况进行调查。共发放了 90 份调查问卷，问卷共 30 题，集中调研教学中知识点的掌握情况、课程内容的掌握情况、教师的教学情况以及是否理解项目的整改反馈情况。92% 的学生觉得课程中的知识点更加通俗易懂了；95% 的学生觉得在完成项目案例的教学后，通过评估可以知道自己的作品哪里有不足，哪里需要改进，对项目制作的流程理解得更加清晰。学生的成绩也从原来的只有五六个 A 级，上升至 12 个 A 级，学生整体成绩取得一定的提升。

（二）学校层面

首先，建立了新型的师资队伍。校企双方通过"现代学徒制"的共赢模式，打造出了一支校企互聘互用的师资队伍，既弥补了学校师资力量的不足，又帮助了学校师资贴近市场、跟上行业节奏。

其次，加强了项目建设的评估与检查制度。形成专业课程建设的检查评估制度，采用相应的奖励手段，使竞争机制更趋完善。

最后，完善了专业内涵建设。将优秀专业课程的授课计划、习题、微课视频、教案等教学资料发布至网络平台并开放使用，实现了教学资源共享。

在动漫与游戏制作专业的实践教学中，通过校企合作共同制订教学方案，确保教学内容的系统性和连贯性，为学生提供更精准的职业发展指导，规范了管理流程，推动了教育质量的提升。在实践过程中，制定的各课程的教学文件也有项目多、难度高等问题。因此，只有不断提升教师的专业素质，重视开展实践教学活动，才能提升实践教学的质量与管理水平。

"三林瓷刻"走进职校的实践与探索

严鸿敏

摘　　要:将非遗教育纳入国民教育体系,在学校教育中增加非遗内容的教学,对学生学习中华优秀传统文化和提高文化素养有重要意义。作为上海市非物质文化遗产的"三林瓷刻",被引入中等职业技术学校,成为专业课程体系的重要组成部分,形成传统技艺与职业教育的融合、设计理念与审美追求的统一,着力培养有人文修养、有工匠精神的技能型人才。

关 键 词:非遗教育　三林瓷刻　中职

作者简介:严鸿敏(1970—　　),男,上海市群星职业技术学校教师,中级讲师。

一、实施背景

瓷刻因地域不同或名"刻瓷",是用特种刀具和色彩在出窑成型的瓷上"绣花",故被称为"瓷上锦绣",属陶瓷装饰的一种。瓷刻常见的主题包括花鸟、人物、山水等,而瓷刻创作则包含书法、绘画、篆刻等中国传统文化元素,是中国传统的艺术形式之一。"三林瓷刻"是上海地区瓷刻技艺的典型代表,源于上海市浦东新区三林镇,历史悠久,可追溯至20世纪20年代,儒商张锦山师从上海瓷刻名家华约三,学习瓷刻技艺,采用高碳钢凿,在白釉素瓷上进行创作,创出了双钩、刮磨等表现手法,使瓷刻刀法更细腻、精致,更具金石味,颇受文人雅士、达官贵人的青睐与喜爱。"三林瓷刻"也以其精细的雕刻技巧和独特的风格而闻名于世,刻痕酣畅淋漓,笔墨神韵亦然,形成了一套自己的雕刻语言。

为传承"三林瓷刻"非遗技艺和提高学生传统文化素养,在中国关心下一代工作委员会(以下简称"中国关工委")领导的组织和支持下,"三林瓷刻"这项上海市非物质文化遗产项目正式被引入群星职校。传承人张宗贤先生作为社团教师,走进群星课堂来教授瓷刻技艺,传承瓷刻文化。"三林瓷刻"非遗课程项目提升了数字文创示范品牌的专业群内涵建设,形成了职业教育与非物质文化教育结合的传承模式。

二、实施目标

职业技术学校以技能为主的教学与非遗瓷刻作品学习在培养目标、教学方法和传承文化等方面都存在契合之处:

在培养目标上, 共同培养具有深厚文化素养和精湛专业技艺的校园非遗传承人,强调实践能力、创新意识与创新能力的培养。

在传承文化上, 非遗瓷刻学习是非物质文化遗产传承的重要组成部分,职业教育在传承技术技能的同时,也肩负着保护和传承优秀传统文化的重任。

在教学方法上, 通过历史人文知识的普及提升学生的人文素养,通过瓷刻作品欣赏提升学生艺术鉴赏能力,通过动手实践来提高学生的瓷刻技艺水平。

在师资队伍上, 学校聘请非遗传承人工艺大师直接参与教学,培养具备实践经验和专业技艺的教师,以确保技艺的纯正和有效传授。

三、实施过程

(一)"三林瓷刻"在守正中传承

1."三林瓷刻"社团的发展

2020年10月,中国关工委、校教务处以及非遗传承人三方,在学校举行了项目说明会,组建了"三林瓷刻"社团。社团活动以传承人进校园传授技艺,校方派两名兼职教师协同的方式开展起来。学校的社团兼职教师主要负责校内的相关事务,如协调场地时间、课程安排、招募学生组班;同时也作为学徒,跟随传承人学习瓷刻技艺。社团的宗旨以守正为根本,在创作主题上以中国传统文化为主。"三林瓷刻"社团初期最重要的工作就是让学生和教师首先了解瓷刻,然后掌握瓷刻的创作技法和表现形式,认真做好守正的基础。随着社团活动的深入,学生的人文修养、刻制技能在逐步提升。

2."三林瓷刻"项目实践课的规划与落地

青年学生是文化传承的重要承载者,将非遗项目融入学校劳动教育,通过系统的教学体系，可以使更多年轻人接触并了解非物质文化遗产，从而培养他们的兴趣和参与度。2023 学年，学校将非遗项目课程纳入学校常规实践课程。在原有社团课的基础上，学校逐步完善组织架构和管理机制，如表彰优秀个人、定期开展教学活动评估、建立反馈机制等。学校为非遗课程提供了必要的资源支持。随着项目实践课的深入，学生掌握了基本方法后，有强烈的创作意愿，教师依据瓷刻的工艺要求，激励学生进行传承创新创意。

3."三林瓷刻"在全媒体综合实践课程中的实施

全媒体课程基于"分布式"教学组织理念，让学生不受时间、空间限制，进行自主学习。2023 学年的全媒体课程以中国传统文化为脉络。"三林瓷刻"作为全媒体四大品牌综合实践课程，具有鲜明的非遗属性，并关注传统文化、绿色环保等主题，结合图形创意、二维动画、视频记录、平面包装设计、社交媒体宣传、载体创新等，在"三林瓷刻"的创新传承上进行了崭新的尝试。

（二）"三林瓷刻"在传承中创新

非遗文化的传承不是简单的复制，而是在继承的基础上进行创新发展。"三林瓷刻"通过引入以数字文创为主要方向的创新思路，在文创作品中注入青少年的审美追求，发挥专业优势。学生在尊重传统的基础上，加入现代设计理念和创新思维，使非遗文化更加生动、有趣，更容易被现代社会所接受，从而实现文化的传播和教育目的；他们还利用自身的专业知识和技能，开发出具有市场潜力的文化创意产品，有助于提升非遗作品的商业价值。

1."三林瓷刻"题材创新

非遗艺术题材创新通过多种方式与青年学生的亚文化相结合确认主题，由传承人和带教老师帮助学生共同完成创作。创作方式迁移的结果是作品的题材得到了极大丰富，而又不脱离瓷刻基本的工艺特色。经过半学期的探索，刻画主题从学生心中喜爱的动漫画人物扩展到中国传统故事中的器物、人物形象等。当这些形象在瓷盘上被一点点刻画出来时，非遗背后的历史和文化故事以年轻人所认知的形式呈现出来。

全媒体课程"非遗·瓷刻文创作品——九色鹿"团队的九色鹿主题选自敦煌壁画中讲述善恶有报的"鹿王本生"故事。在原有故事的基础上，团队进行了两轮创意设计。第一轮设计根据九色鹿的形象绘制了九色鹿坐、卧、奔、憩的多种姿态并辅以飞天的飘带作为装饰。九色鹿的动作栩栩如生，形态飘逸自然，在瓷刻作品中得到较好的表现。在进一步的创作动力的驱使下，第二轮设计团队创造了九色鹿的IP形象，以人物化的形象出现，融合现代漫画的形式美。从主体作品到周边作品再到最终的包装，体现出了团队优秀的原创能力。

2."三林瓷刻"载体创新

开发具有非遗元素的创意产品，如文具、家居饰品、数码配件等，将传统文化与现代生活紧密结合，满足年轻人对个性化和文化内涵的需求。从广义上讲，"三林瓷刻"的创作方式是在光滑的、经过烧结的陶瓷表面进行刻蚀，然后在刻蚀出来的粗糙的表面上进行上色，从而形成可以长期保存的颜料图层。因此，高光釉面的器物都可以成为瓷刻的创作载体。

全媒体课程的瓷刻项目组依据学生提案成立了八个不同方向的创新设计小组。学生在教师的指引下，打开思路，拓宽创作视野，从各个领域探索了瓷刻载体的多种可能性。其作品载体从日用的化妆品到桌面摆件，将中国传统纹样呈现在现代不同的场景化应用上，达到在日常生活中自然而然地接触和感受到非遗文化魅力的目的。

3."三林瓷刻"传播创新

数字化传播如今已经成为主要的传播手段，通过微信、微博以及其他自媒体平台等将非遗艺术以数字化的形式呈现给年轻人，是传播非遗文化的重要途径。

全媒体课程"此刻"团队选取《山海经》中的形象，以线面结合的方式重新塑造了六个形象。线条疏密有变化，形象与背景相得益彰，如同一张张小幅国画。在方形或者椭圆形的瓷片上，同学们精心刻制，体现出了瓷刻的线条美感。后续衍生出两只翼鸟的形象，并以此设计了翼鸟飞天的动画，整个项目包含了静态的瓷刻、作品动态的动画短片以及完整的包装设计。并且通过与包装的交互，帮助受众了解产品信息，采用线上线下互动的传播模式，增强了人们对非遗文化的兴趣和认同感。实践课程中也尝试了在社交媒体上进行宣传推广，如在哔哩哔哩上发布了"三林瓷刻"的视频内容，提高非遗艺术在青年学生中的知名度和影响力。

四、实施保障

（一）组织上的保障

学校教学部门牵头，在"三林瓷刻"社团课、实践课、全媒体项目实践课上都保证了一定的教学人员的参与，由非遗传承人、校园非遗传承教师、全媒体非遗项目教师、非遗读本撰写教师以及非遗传承课题研究团队共同组成了师资团队，从组织上保障了"三林瓷刻"非遗传承品牌建设需求，进一步提升了学校数字文创示范品牌专业群内涵建设。

（二）机制上的保障

学校开展对"三林瓷刻"非遗传承的社会调研，制订课程开发方案，确定课程内容和教学模式以及评价体系，从机制上保证了紧密把握社会经济发展需要，进一步加强专业劳动拓展课程的开发建设，在艺术美育、历史人文、劳动教育三个方面提升人才培养质量。

（三）经费上的保障

学校通过在内涵建设发展上投入经费，购买瓷刻工具和材料，聘请专家指导，在经费上保障了"三林瓷刻"非遗传承的正常运转，提高了学校在社会中的知名度及影响力。

五、特色与成果

（一）瓷刻实践提升了学生的综合技艺

通过瓷刻作品创作，学生提升了自身的绘画、设计、制作的综合技能。瓷刻作品创作激发了学生的想象力和创新能力。在全媒体课程中，学生的团队协作、沟通能力在项目组一轮又一轮的磨炼下得到了长足的进步。在瓷刻作品创作过程中，学生会遇到各种问题，需要独立思考，寻找解决方案，这对于提升学生的问题解决能力非常有帮助。

（二）瓷刻创作内化了学生的工匠精神

工匠精神是一种追求卓越、精益求精的专业态度和职业精神。它主张对工作的热爱、对技术的追求、对品质的执着、对创新的探索。这些精神特质逐渐内化于瓷刻作品创作过程中的每一个环节。两轮创作实践后，学生看到了自己技能的不断提升，追求精益求精；投入大量的时间和精力，逐渐培养出对瓷刻的热爱，愿意为之付出努力。

（三）瓷刻追寻提升了学生的人文精神

在文化认同感上，瓷刻本身是一个相对较小众的艺术门类，"三林瓷刻"更具有强烈的地域特色。学习和参与非遗瓷刻作品创作，学生深入地了解了三林镇的发展历史，探究了"三林瓷刻"的文化渊源，从而增强了对本土文化的认同感。

（四）审美能力提升与创新思维

在审美能力上，非遗瓷刻作品要求保留其独特的美学价值，参与其中可以锻炼和提升学生的审美鉴赏能力，激发创新思维。虽然非遗瓷刻作品创作讲究传统技艺的传承，但在创作过程中也需要不断创新和改良，这有助于培养学生的创新思维。

"三林瓷刻"非遗项目走进职校，与数字文创的专业方向相融合。"三林瓷刻"社团尝试从图形、材质、载体、传播形式等多个维度，在守正传承的基础上拓展创新，将非遗文化与现代设计理念相融合，挖掘非物质文化遗产的创意价值，创造出了既传承非遗文化精髓又具有创意设计独特性的文创产品。

今后，学校还须以职业发展为出发点，从教育模式、实践项目合作、社会服务等方面探索，逐步完善非遗文化特色专才培养机制，为培养更多懂得如何将非遗手工艺与数字文创相结合的专业人才贡献力量。

学科探索

"学科融合"视域下的职场情境教学的实践探索

金 婧

摘 要： 本研究关注中职教育中项目化与学科融合的职场情境教学方法。该方法结合实践教学与多学科知识，让学生在模拟职场中完成项目，提升核心素质和职场能力。通过研究、探讨该方法的定义、结构、内容及应用，分析现状，发现问题，并预测其发展趋势，旨在推动中职教育课程创新，满足社会对人才的需求。此研究对提升中职教育质量，促进学生顺利融入职场具有重要意义，有助于中职教育的持续发展。

关 键 词： 中职 学科融合 职场情境 教学模式

作者简介： 金婧（1984— ），女，上海市群星职业技术学校教师，高级讲师。

一、基于项目化的职场情境教学方法的内涵

项目化学习（Project-Based Learning，PBL）是基于问题导向的项目化学习模式。"学科融合"职场情境教学方法是根据各学科主题相关联的部分设计与职场有关的情境，通过开展项目化教学，引导学生逐步完成项目任务，汇报项目成果，从而达到教学目标的学习方式。

通过收集文献资料发现，目前对项目化的相关研究处于增长态势，受到广泛关注，对职教领域的项目化教学也有一定的研究基础，但仍存在诸多需要深入探索的方面。目前我国对项目化与情境教学的研究主要聚焦在普教学段，中职项目化视角下的职场情境教学模式的研究几乎是凤毛麟角，绝大多数的实践案例也是基于基础教育，专门针对中职学段的职场情境教学的实证研究还十分缺乏。因此，基于项目化"学科融合"的职场情境教学模式在中职教学阶段仍然属于一种创新的教学方法，可以提高学生的核心素质和职场感知力，有助于培养适应未来职场需求的人才。本研究的意义

在于探究该教学方法的实施效果，为中职教育教学改革发展提供参考和借鉴。

中职项目化学习是在项目化学习（PBL）基础上的进一步细化。美国巴克教育研究所在《项目学习教师指南——21世纪的中学教学法》中指出，基于项目的学习是学生通过完成与其真实生活密切相关的项目进行学习，通过实践体验、内化吸收、探索创新，从而获得相关具体完整的知识和技能。所以PBL是基于现实世界以学生为中心的一种教育方式，是一种知行合一的体验式和实践式的学习方法。中职项目化学习旨在将职业技能与学科知识以项目为中心的学习相结合，共同完成学习目标。

"学科融合"职场情境教学模式基于真实情境，根据学科主题相似或有关联的部分设计与职场有关的情景，通过开展项目化教学，引导学生逐步完成项目任务，汇报项目成果。真实情境在项目化学习中担任着解决知识、技能与背景，理论与实践，文字符号与事实事物之间的重要"中介"角色。在2020年修订的中等职业学校课程标准当中，对情境要素的呈现次数、分类进行细化，这表明情境由原有单一的概念模式逐步向多元化的思维体系转化、发展。"学科融合"职场情境教学模式就是基于学科贯通、学科互联、学科渗透的特定真实职业情境创设的教学方法，能帮助教师在纷繁复杂的项目教学中利用职场要素模块指引寻找到适合自己的教学路径；同时使学生在项目实践中进入情境，促进知识与技能的提高。在这一过程中，所有的知识与技能的获取都是伴随着真实问题展开，小到一个知识点的获得，大到学生在实习实训中技能的养成，都伴随着一定的时间、空间、人物、事件、行为等载体，引发学生真实思考、真实情感，对于学生的认知发展和综合素养的提高有很大的助力。

二、"学科融合"视域下职场情境教学方法的具体实施策略

项目化教学作为一种受到教师广泛关注的教学模式，尽管在实践中已有一定的应用，但在中职学段，特别是与职场情境相结合的研究仍然较为匮乏。为了更加系统、深入地探讨这一教学模式，本研究对已有文献进行了全面的梳理和总结，借鉴布鲁姆教育目标分类法的金字塔模型框架，并结合项目化的形成过程，尝试构建了基于项目化的"学科融合"职场情境教学模式，并提出了相应的实施策略。

首先对相关文献进行了深入分析，探讨了"学科融合"职场情境教学模式的理论基础，包括数据搜集、数据质量评估等方面。同时关注到实践案例的重要性，通过对实践案例的整合和分析，提炼出了有效的实施策略。

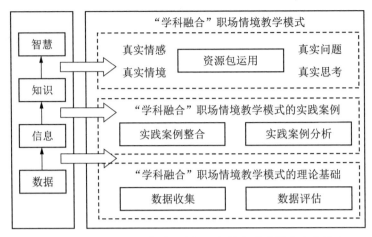

图 1　基于项目化的"学科融合"职场情境教学模式实施策略

在实施策略方面，强调教学目标、项目选择、职场情境构建、学科知识整合、团队协作与沟通以及反馈与评估等关键环节。教师需要在这些方面采取相应的策略，以确保教学模式的有效性和可行性。此外，还特别强调了教师自身教学理念和方法的更新，以及跨学科教学能力和实践经验的提升，以适应职场变化和学生发展的需求。

然而，目前这一教学模式的理论基础仍然相对薄弱，实践探索也有待进一步深入。因此，未来的研究将更加注重理论与实践的结合，通过不断地实践验证和完善，使这一教学模式更加成熟、规范，并能够在中职教育中得到广泛应用和推广。

综上，基于项目化的"学科融合"职场情境教学模式的构建与实施是一个系统而复杂的过程，需要教师在多个方面采取相应的策略，并不断更新自己的教学理念和方法。通过不断的努力和探索，这一教学模式将在中职教育中发挥更大的作用，为学生的职业发展和终身学习奠定坚实的基础。

三、基于项目化的"学科融合"职场情境教学模式的教学实践案例

（一）基础学科与文创专业结合的实践项目

设想这样一个场景：学生置身于一家模拟的广告公司中，他们被赋予了真实的职场角色，如创意总监、文案师、策划师等。他们的任务是为一家新兴科技公司进行品牌推广。在语文教师的指导下，学生首先深入研读与科技相关的文学作品，从中汲取灵感，提炼出品牌的核心理念。接着，他们运用所学的语文知识，结合市场调研数据，创作出富有创意和感染力的品牌故事、广告语以及宣传文案。

在这一过程中，学生不仅需要深入理解语文知识的内涵，还需要将其与市场实际需求、目标受众的心理等因素相结合。学生通过小组讨论、头脑风暴等方式，不断碰撞出创意的火花，最终形成一份完整的品牌推广方案。这样的职场情境实践让学生更加深刻地体会到了语文知识在文创专业中的应用价值，同时也锻炼了他们的创意策划能力和市场洞察力。

（二）基础学科间融合的实践项目

为了进一步提升学生的综合素质和跨学科应用能力，我们可以设计一个更具挑战性的职场情境项目——"智能家居产品创意营销'战役'"。在这个项目中，学生被分为不同的小组，每个小组都模拟一家智能家居产品的创业公司，面临着真实的市场竞争压力。

项目开始之初，学生需要进行深入的市场调研，了解目标受众的需求和喜好。接着，他们运用所学的语文知识，撰写出吸引人的产品介绍和宣传文案；运用艺术和设计知识，设计出独特且符合市场需求的智能家居产品原型；同时，他们还需要运用数学和统计知识，对市场调研数据进行深入分析，以制定精准的销售策略。

在模拟的职场环境中，学生需要充分发挥各自的专业优势，紧密合作，共同应对各种挑战。他们不仅需要关注产品的创意和设计，还需要考虑如何将其有效地推广给目标受众。这样的职场情境实践不仅锻炼了学生的跨学科整合能力，更让他们在团队合作和项目管理中得到了宝贵的经验。

（三）对实践案例的反思与改进

通过以上两个具体的职场情境实践项目，学生可以更加深入地理解基础学科与文创专业的结合方式以及多基础学科的融合应用。这样的教学方式不仅能够激发学生的学习兴趣和积极性，还能够为他们未来的职业发展奠定坚实的基础。

在实施基于项目化的"学科融合"职场情境教学模式的过程中，我们发现了一些问题并采取了相应的改进措施。首先，部分学生对职场环境不够熟悉，导致在模拟项目中难以融入角色。针对这一问题，我们加强了职场情境的介绍和模拟训练，帮助学生更好地适应职场环境。其次，部分学生在多学科融合项目中存在知识整合困难。针对这一问题，我们加强了跨学科指导，帮助学生更好地理解和运用不同学科的知识。最后，我们发现项目评估体系仍有待完善。因此，我们进一步优化评估标准和方法，确保评估结果的客观性和准确性。

　　通过以上实践案例的介绍和分析，我们可以看到基于项目化的"学科融合"职场情境教学模式在中职教学中具有广泛的应用前景。该模式对培养学生的综合素质和创新实践能力，提高他们对未来职场的适应能力有所帮助。然而，在实施过程中仍须注意一些问题并不断进行改进和完善。未来我们将继续关注该模式的实践效果和应用情况，为中职教学改革提供更多有益的参考和借鉴。

四、"学科融合"视域下情境教学方法的优势与展望

　　基于项目化的"学科融合"职场情境教学模式，在中职教学中具有优势和潜力。通过将学科知识与实践项目相结合，该模式能够提高学生的综合素质、创新能力和实践能力，使他们更好地适应未来职场的需求。

　　首先，这种教学模式强调跨学科的整合与合作，鼓励学生将不同学科的知识和技能应用于实际项目中。这不仅有助于培养他们的团队合作精神和跨学科思维能力，还为他们提供了更广阔的发展空间和机会。其次，基于项目化的"学科融合"职场情境教学模式注重实践和应用。通过模拟真实的职场环境，学生能够亲身体验知识的实际运用，提高解决实际问题的能力。这种实践导向的教学方式有助于激发学生的学习兴趣，培养他们自主学习和终身学习的能力。此外，该模式还有助于培养学生的创新思维和创造力。在项目实施过程中，学生需要面对各种挑战和问题，通过独立思考、创新探索，寻找解决方案。这种教学方式有助于培养学生的创新意识和创造力，为未来的职场发展做好准备。然而，为了充分发挥基于项目化的"学科融合"职场情境教学模式的优势，我们仍须关注并解决一些潜在的问题。例如，教师需要不断提升自身的跨学科教学能力和实践经验，学校应提供充足的教学资源和设施，以支持这种教学模式的有效实施。

　　展望未来，我们期望看到更多的中职学校采用基于项目化的"学科融合"职场情境教学模式，并在实践中不断优化和完善该模式。同时，我们也希望通过进一步的研究和探索，为中职教学改革提供更多有益的经验和借鉴。

　　基于项目化的"学科融合"职场情境教学模式在中职教学中具有重要的价值和意义。它能够有效地促进学生的全面发展，提高他们的综合素质和实践能力，使他们更好地适应未来职场的需求。因此，我们应该积极推广和应用这种教学模式，为中职教育的发展注入新的活力。

"原生态"理念下《项链》的新解读

刘 弘

摘 要： 本文通过多年来对《项链》的主旨和人物鉴赏的集中扫描分析，指出《项链》的主旨和人物鉴赏丰富多义。生活本身即生活的原生态既是最鲜活的和最感人的，又是包容的和多义的。莫泊桑正是对生活的原生态有着最真切的观察和体悟，对反映生活的原生态有着高于生活的思考和博大胸怀，对小说写作有着驾轻就熟的把握，才能给世人精心呈现出一条生活原生态的《项链》。由此，《项链》的众多解读才有了最根本的注脚。教学中，只有让学生从众多解读中最终感悟到生活原生态的丰富多义，这才算归到了根本。

关 键 词： 解读 《项链》 原生态 生活

作者简介： 刘弘（1965— ），男，上海市群星职业技术学校教师，高级讲师。

对世上任何一条项链的鉴赏都可能没有比对莫泊桑的《项链》的鉴赏更长久、更聚人气、更耐人寻味。几十年来，关于高中课文《项链》的主旨和人物鉴赏，一直众说纷纭，现在也没有停止，将来还要继续。时代在发展，解读有新路。运用"原生态"理念，对《项链》重新解读，具有提纲挈领和耳目一新的作用，对文本解读有新的突破。

一、已有的《项链》主旨和人物鉴赏的集中扫描

（一）《项链》主旨鉴赏的集中扫描

普通高中语文教参中说："传统的说法是，这篇小说尖锐地讽刺了小资产阶级虚荣心和追求享乐的思想，出乎意料的结尾加深了这种讽刺，又带有一丝酸楚的感叹——其中有对玛蒂尔德的同情"。但是此说早已成为众矢之的：玛蒂尔德为赔项链

十年还债的艰辛和坚毅，岂是只有虚荣心和追求享乐的女子所具有的？另外一种看法是，"作者无意对人物作明确的价值判断：他所感兴趣的，或者说发生在人物身上的这种戏剧性的变化引起心灵震撼与深思的，是人自身对于这种变化的无能为力"。然而，"多么变幻无常"的无常论和"极细小的一件事"的偶然说，更多关注的是人的命运，似乎也无法透辟地解释玛蒂尔德在想项链、借项链、用项链、丢项链、赔项链、得知假项链的情节推进中的性格变化和人格力量。还有一种看法是，《项链》是一个悲剧，书中有作者的同情和惋惜，有作者对诚实和坚强的肯定，有作者对虚荣的批评和对奢侈生活的抨击。可是，有人质疑，"假作真时真亦假，无为有处有还无"，从情节的跌宕起伏、人物的酸甜苦辣来说，《项链》也是一个喜剧，还可以看作是正剧，甚至有人认为是荒诞喜剧。①

（二）《项链》人物鉴赏的集中审视

有人认为，玛蒂尔德是勇于向命运抗争的美丽女人，理由是："引发这种虚荣心的内在心理根据和驱动力是她意识到命运的不公平，从而不肯安贫乐道、随遇而安，遂产生对命运的拒斥和抗争意识。"②但是，借项链前，玛蒂尔德的七个梦想和对丈夫的种种埋怨都不是勇敢的行为，又谈何"勇"字？赔项链的十年煎熬和被逼无奈，又谈何"抗争"二字？还有人认为，玛蒂尔德是一位"错位到复位的女性"，理由是：尽管爱慕虚荣是她性格的第一内涵，但是善良、诚实、坚韧、忍耐又是她的本质，"丢项链作为她命运的转折点，完成了她性格的渐变过程，也是她返璞归真、战胜和超越'原我'的过程"③。然而，笔者不禁要问：丢项链前，玛蒂尔德对美好生活的向往和追求又"错位"在哪里？丢项链后，他们忍受十年的艰辛，从外在形象美到内在精神美了，随遇而安了，生命之火以另一种方式点燃了，就算是"复位"了吗？还有人提醒我们注意站在女主人公背后的丈夫，说正是"路瓦栽追求的事业是隐性的虚荣，才让他们夫妻俩什么也没有得到，却走向了深渊"④。其实，说路瓦栽也有虚荣的确无可厚非，只是他对妻子的强烈虚荣心一味地忍让，这才导致家庭厄运

① 李红英，王西海.荒诞喜剧《项链》[J].绍兴文理学院学报，2010（11）：46.
② 刁新艳.勇于向命运抗争的玛蒂尔德——重读《项链》[J].名作欣赏，2002（06）：58—62.
③ 王丽.新讲台：学者教授讲析新版中学语文名篇[M].北京：中央编译出版社，2001：79.
④ 龚郑勇.站在女人背后的男人——谈《项链》中的男主人公[J].语文学习，2004（04）：28.

的产生。

还有人认为，玛蒂尔德的形象是一次人生突围的表演。但是，她的突围成耶，还是败耶？也有人从人性层面解读《项链》，认为《项链》"向我们展示了玛蒂尔德、路瓦栽和佛来思节夫人诚实守信的优良品质，张扬了人性之美"[①]。

二、"原生态"理念的含义及其在文本解读中的运用

（一）"原生态"理念的含义

其实，如果只是从某一个角度去解读《项链》的话，如果只是从某一种理论上去分析的话，上述说法都有道理，都能自圆其说。但是，一个短篇何以有这么多的解读方法？这众多的解读方法中有没有共性的东西呢？这众多的解读方法给我们什么启发？

王蒙说："文学作品是对生活的反映和反应。"文学是人学，小说毕竟是反映生活的，莫泊桑的这条《项链》卓然于世、耐人寻味、解读众多，其最根本的原因还是要从原原本本的生活和魅力无穷的小说中去找。歌德说："理论是灰色的，生活之树常青。"真正的小说反映的是真正的生活，而不是理论的图解。解读《项链》的多义性，绝对不能只从理论入手，而必须从原汁原味的生活中去感悟，从生活的原生态上去分析，从作家对生活原生态的选择与安排、剪辑与呈现上去思量。其实，莫泊桑的《项链》是一位杰出的小说家对真实的、复杂多面的、说不尽道不完的、原生态的生活精心而又用心、忠实而又忠诚的反映，是一条精心呈现生活原生态的《项链》。正是原生态的生活的丰沛和多义，才有多解和耐人寻味的《项链》。

那么，什么是原生态？原生态，这个新生的文化名词，可以定义为：没有被特殊雕琢的、原始的、散发着真切生活气息的文艺表现形态。"原生态"这个词是从自然科学领域借鉴而来的，它借用了生态学科的"生态"概念。生态是生物和环境之间相互影响的一种生存发展状态，原生态是一切在自然状况下生存下来的东西。

没有经过加工的、最民间的、最生活的原始状态就是原生态。原生态是社会中的人的生存的原本状态。"原生态的，才是最爱的。"这是时下最响的一句话。若再进一步，原生态的，又何尝不是最多义的和最耐人寻味的呢？生活的原生态，就是

---

① 徐胜斌.《项链》的人性美［J］.名作欣赏，2002（06）：62-63.

最真切的、毫无矫饰的、人的喜怒哀乐的内在情感和人的言行举止的外在表现的本来状态。原生态生活的人，都是性情中人；人的原生态生活，都是作家眼中的"赤金"。人的原生态生活，永远都是个万花筒，永远都是多义的，永远都是理论解读不尽的。

教育家张玉新从事"原生态"语文教学多年，成绩斐然。他在"原生态"教学新场域中探得其"野狐禅"的魅力，从原点、起点、生活化和书底四个方面呈现其原生态语文教学观，在"原生态"文本解读上有四个层次，指出"生活的原生态大于艺术的原生态，艺术的原生态是生活原生态的高度艺术化凝练。这是我们解读文学作品的一个书底"[①]。反映生活原生态的作品，永远都是意蕴悠长的。

（二）"原生态"理念在文本解读中的运用

朱光潜说："慢慢走，欣赏啊！"每一个真正的作家，永远都痴迷于生活的原生态；每一个真正的作家，永远都在琢磨生活的原生态。"生活永远提供细节""生活永远大于艺术"。他们为此兴奋着、忙碌着、收获着，甚至苦恼着。所以，巴尔扎克欲写尽当时法国社会的《人间喜剧》；王蒙一直潜心《倾听生活的声息》；余华说，作家把生活再次咀嚼，就等于"再活一次"；铁凝曾坦言"我知道怎么写不对，我不知道怎么写才对"。也许，由于生活的太多变、太复杂、太原生态，每一个真正的作家内心深处都有过余华的喜悦、铁凝的惶惑。

1. 鲁迅评价《红楼梦》有"原生态"理念的折射

鲁迅评价《红楼梦》说："单是命意，就因读者的眼光而有种种：经学家看见《易》，道学家看见淫，才子看见缠绵，革命家看见排满，流言家看见宫闱秘事……"[②]进而又指出《红楼梦》"与先之人情小说甚不同。盖叙述皆存真，闻见悉所亲历，正因写实，转成新鲜"[③]。鲁迅这里说的"存真""亲历"，其实就是逼近生活的原生态；而"写实""新鲜"，就是艺术的原生态是生活原生态的高度艺术化凝练。因此，才有以上对《红楼梦》的诸多解读。生活是个万花筒，从不同的角度看，我们都能看到生活这个万花筒的种种不同的形色。

①　张玉新.张玉新与"原生态"语文教学［M］.北京：北京师范大学出版社，2022：167.

②　鲁迅.集外集拾遗补编［M］.北京：人民文学出版社，2006：26.

③　鲁迅.中国小说史略［M］.北京：中国三峡出版社，2011：53.

2. 莫泊桑对生活的观察训练逼近生活的原生态

莫泊桑也是。面对 19 世纪后半叶法兰西社会的急剧变化和人们的真实生活,如何真切地反映这多姿多彩的、激动人心的原生态生活,是莫泊桑一生最大的心事。好在他有恩师福楼拜。福楼拜严格训练着这位爱徒。他要求莫泊桑用简练的笔触写人,"你要描写一个提着水桶的妇人,就要让人从她身上看到所有提着水桶的妇人的身影"。这种训练其实就是逼近生活的原生态,就是再现生活的原生态。纳博科夫说:"福楼拜的小说将讽刺与悲悯相当精妙地融会在一起。"在写作的诸多方面深得恩师真传的莫泊桑也毫不逊色。他选择青春女性这一生活视角,用自己的心、自己的笔,竭尽全力感悟和呈现青春女性生活的原生态,于是有了《羊脂球》《项链》《俊友》等。

三、分析作者"原生态"认知及写作技能,有助于解读文本、开阔思维

如何在作品中反映生活的原生态呢?我想,"源于生活,忠于生活,高于生活"之类的老话虽老犹健,依然是真理。其实,只要源于生活、忠于生活,生活中的人们的原生态自然就出来了,就能体现作品更多的美学张力。生活原生态的多面多义,让杰出的作家在作品中也具有极强的包容性,其笔下的人物自然是生活中的原型人物而非理念下的扁平人物;而作品能否再现生活的原生态,在很大程度上取决于创造主体本身是否具有一种悲天悯人的胸襟和精神。

(一)莫泊桑深悟生活原生态之三昧

莫泊桑非常熟悉中下层人物的生存环境、生活状态、思想感情和精神状态等各个方面,对他们的痛苦和愿望有深切的体悟。《项链》中"饱含憎恨与愤怒的痛苦讥笑,要比幽默大师的欢笑声更为响亮。莫泊桑像福楼拜一样揭露庸俗习气,并且对备受这种庸俗习气之害者的悲惨孤独处境深深表示同情"①。短篇杰作《项链》的女主人公之所以和鸿篇巨制《红楼梦》中的"金陵十二钗"那样有着深刻、丰富、辩证的包容性和多义性,折射出作者深沉厚重、悲天悯人的博大襟怀。

莫泊桑深悟生活原生态之三昧,所以《项链》中的玛蒂尔德的忧喜苦乐、言行举止,无不是真性情的真切表现,无不体现了她的生活原生态。"她梦想……她梦想……",她为什么不能有七个"梦想"呢?再多又何妨?"她陶醉于……她陶醉

① M. 雅洪托娃,等.法国文学简史[M].沈阳:辽宁教育出版社,1986:452.

于……"，她为什么不能有四个"陶醉"呢？再醉又如何？没有可意的服饰时眼中的泪水，"我只借这一条！"，借项链的急切语调；"我，我把佛来思节夫人的项链弄丢了！"，丢项链的惊惶表情，赔项链的痛苦身影；还债十年的"粗声大气说话"，公园里与佛来思节夫人的平静的谈话，都是那么地率真、真真切切的人，真真切切的原生态。

（二）作家写作技巧也是解读《项链》多义性的一把钥匙

另外，对作家的写作技巧也必须加以考虑，这也是解读《项链》多义性的一把钥匙。首先，虽然《项链》是文学餐桌上的一盘耐人寻味的美食，但是这道美食在出菜前在厨房间的洗切烧工序中则是分序的。美食家口中的美食和厨师手中的原料是不同的，两者之间有成品与非成品的差异。莫泊桑这位高级厨师，只要抓住玛蒂尔德生活的原生态即真实的生活，就可以烹饪出多味的菜肴即生活的真实。至于玛蒂尔德在想项链、借项链、用项链、丢项链、赔项链、假项链的各个情节中的人物表现，很可能作者并不一定像读者想象的那样构思严谨无漏、前后性格统一、人物发展有必然的逻辑性。有时候作家跟着感觉走，有时候作家也从生活中找拼图。鲁迅、老舍等大家都说过，其笔下人物的取材，往往是从生活中的这个人、那个人这一处、那一处中综合而成的。只要忠实于生活的原生态即生活的真实就行了。王蒙在答记者问时也曾说过，他的创作完全基于原生态生活的启发，写作时并没有十分周详的写作构思，有时只有匆忙写在纸头上的几点想法和构思。一切来自生活，大体则有，具体则无：这是作家们相同的写作准绳。其次，必须重视留白艺术。《项链》作为短篇杰作，其留白更为突出。舞会中的用项链、十年艰辛还债、知道项链是假的后等几处都有很大的留白，以便读者有更大的想象空间和解读余地。

综上所述，生活的原生态是包容的和多义的，是最鲜活的和最感人的。正是莫泊桑对生活的原生态有着最真切的观察和体悟、对反映生活的原生态有着高于生活的思考和博大胸怀、对小说写作有着驾轻就熟的把握，他才能给世人精心呈现出一条生活原生态的《项链》；正是这样，《项链》的众多解读才有了最根本的注脚。

由于《项链》自然体现出生活原生态的多义性，教师在教学中就要由简而丰、由浅入深、由此及彼地引导学生思考和讨论三个渐进层面的问题：一是思考并搜集对《项链》的众多解读；二是从众多解读中思考和讨论《项链》反映了生活的原生态；三是再进一步思考和讨论生活的原生态本来就是复杂的和多义的。只有最终让学生感悟到了生活原生态的丰富、鲜活、多义，这才算归到了根本。

核心素养背景下的中职语文专题教学策略

——以"跨媒介阅读与交流"为例

朱　珍

摘　　要： 在新课标改革的背景下，中职语文专题教学越来越受到重视。但因教学时间有限、教学观念陈旧、教学深度欠缺、教学评价单一等问题，教师在进行中职语文专题教学时面临着新的挑战。基于核心素养背景下的中职语文专题教学，教师应该立足课本，以学生为主体，采用创建学习任务、创设学习情境、完善教学方法、优化评价机制等策略，将知识与能力相结合，实现中职语文学科的育人价值。

关 键 词： 任务导向教学　多元评价　情境教学

作者简介： 朱珍（1990—　），女，上海市群星职业技术学校教师，助理讲师。

《中等职业学校语文课程标准（2020 年版）》围绕语文学科核心素养设置了 15 个专题，以专题组织教学内容。专题教学是以"题"为教学单位，聚类一组阅读材料，借助"题"在材料之间建立榫卯结构的内在逻辑关系。[①]这种变化对中职语文教师提出了更高的要求。中职语文教师应立足课本，深入探究各个专题的内容，依据学情创设语文学习情境，不断完善教学策略，提高学生的语文学习兴趣，提升中职学生语文学科素养，为他们顺利走上工作岗位打好语文基础。

---

① 中华人民共和国教育部.中等职业学校语文课程标准解读（2020 年版）[M].北京：高等教育出版社，2020：32-33.

一、中职语文专题教学的现状

（一）对中职语文学科核心素养认知较浅

随着新课程标准的出台，语文学科核心素养的重要性愈发重要。学科核心素养是学生通过学科学习与运用而逐步形成的正确价值观念、必备品格和关键能力。[①]中职语文教师在专题教学中也应该围绕着语言理解与运用、思维发展与提升、审美发现与鉴赏、文化传承与参与四个方面，提升学生语文全面发展的能力。目前，大部分中职语文教师对语文学科核心素养有一定的了解，但是知之不深，更别说将核心素养融入专题教学；且由于中职学科的设置，大多数学校更重视学生专业能力的培养，对中职语文学习的要求不高、重视不够，忽略了中职语文的德育功能，容易导致中职学生出现文化素养不高的现象，这不利于中职学生未来的发展。

（二）对中职语文专题教学研究不深

相较于传统的单篇教学，专题教学对教师提出了新的挑战。在实际教学过程中，部分教师还是固守旧的教育理念，缺少对教材的深入研究、对关联课文的统筹安排。个别教师更是以教学内容安排紧凑、学业考核要求高等为借口，对专题教学疏于研习。部分教师虽然意识到专题教学能将知识点融会贯通，但因为专题教学需要教师深入研究多篇文章后将知识点相关内容加以整合，这增加了备课的难度，降低了教师专题教学的欲望。学校和社会虽然能提供一定的专题教学课程的培训，但是教师依旧得针对学情不同的班级，不断完善教学设计，这在无形中也加大了教师的工作量。在这种情况下，难以挖掘中职学生的语文学习潜能，更别谈提升学生的语文学科核心素养了。

二、中职语文专题教学现状产生的原因

目前中职语文专题教学越来越受到重视，学校层面会对语文专题教学进行指导性培训，但是由于中职语文专题教学有一定的难度，教师在专题教学过程中存在教学时间有限、观念陈旧、深度欠缺、评价单一等问题。

---

① 中华人民共和国教育部.中等职业学校语文课程标准（2020年版）[M].北京：高等教育出版社，2020：2.

（一）教学时间有限

中职语文新教材新增了语文综合与实践、口语交际、古诗词诵读及《平凡的世界》《乡土中国》整本书阅读单元。在实际的教学过程中，中职语文教师普遍感觉新教材内容多，教学压力大。由于时间有限，大多数中职语文教师还停留在传统的以应付考试为主的单篇教学模式中。即使个别教师有专题教学的意识，但是因课堂时间的限制，大部分教师也倾向于答题技巧的提升而淡化学生的思维发展和情感表达。

（二）教学观念陈旧

中职语文教师能在专题教学过程中与学生的专业相关联，但是大部分教师的教学模式还是在以往的教案上进行局部改进，未能很好地将语文学科知识、专业能力和学科核心素养关联，不会进行整合学习。在实际专题教学过程中，部分中职语文教师会因循守旧，借用传统的以文体组元的方式教学，效果不佳。大部分教师教学方法陈旧，在教学中倾向于采用以教师讲解为主的教学方式，不善于将课堂交给学生。

（三）教学深度欠缺

虽然中职语文教师在专题教学过程中能使用较好的教学手段提升中职学生的学习兴趣，但是个别中职语文教师生硬地将与知识点相关的文章拼凑起来进行专题教学，没有时间充分思考与研究文本的内容，在教学过程中走马观花，缺乏教学深度，学生学习效果不佳。

个别中职语文教师缺乏学生意识，语文专题教学没有依据学生的学情，无法启发学生挖掘专题教学的深度与价值。

（四）教学评价单一

中职语文教师虽然意识到教学评价的重要性，但是在具体的教学过程中容易出现评价方式单一、教学评价功利化等问题。在专题教学学习过程中，若缺乏有效的指导和评价，学生很容易在完成教师布置的任务过程中流于形式，不对自己所收集的资料进行整理和分析；即使个别学生在归纳分析后呈现了自己的观点，教师若没有及时进行过程性、细节化的评价指导，也很难让学生把握提升语文学科核心素养的方向。

三、中职语文专题教学的策略

中职语文教师可依托职校专业优势，提高认识、使用媒介的能力，丰富教学方法。教师需要立足文本，明确教学目标，为学生创设学习支架，完善教学内容。在专题教学过程中，中职语文教师通过设置情境、采用异质分组的方式，引导学生去阅读、筛选、整合各类信息，让学生主动去表达自己的观点。同时，中职语文教师也应该围绕中职语文核心素养，丰富评价方法，为学生创设多元化的评价机制，提升学生语文学习兴趣。

（一）立足文本，创建学习任务

中职语文教师应该顺应时代发展的方向，立足文本，学习研究语文专题教学。在专题教学中，教师应该以任务为导向，聚焦专题教学目标，整合资源，设置核心任务和关联任务，强化主线任务。

新课标中的中职语文专题大部分着眼于"阅读"，落实于"交流"，这意味着学生在学习中要时刻把握语文学习的方向，紧紧抓住阅读的根——品味语言的魅力。在说明文的专题学习中，学生通过品读语言文字，分析归纳后恰当地运用不同的媒介进行说明文的阅读，获取有效的语言信息。在搜集整理资料的过程中，不断提升语言文字的敏感度。在小组交流的过程中，增强对语言文字的运用能力，在不同的媒介平台上进行跨媒介的交流和创作。以"跨媒介阅读与交流"专题教学为例，教师在教学过程中依托中职语文学科核心素养，突出任务驱动，对学生采用异质分组的方式进行指导，实现学生自己阅读、筛选、整合媒介资源，最终达到学生能借助媒介工具来分享与交流的目的。如在学习景点（游览场所）说明书的时候，教师以任务为导向，根据学生的学习能力平均分组，围绕学生比较熟悉的场所——我的学校，布置学习任务。任务参考如下：

任务一：整理资料，了解说明书的写作要求。

任务二：搜集资料，全面地了解我的学校。

任务三：整合资料，借助新媒体，任选一种媒介语言，按照说明书的要求，介绍我的学校。

学生在通过百度百科、小红书、抖音、学校公众号、今日头条、B站等媒介平台查找资料的过程中，结合自己在校生活的实际体验，能够找到媒介传播的片面性或者错误信息，能潜移默化地养成对媒介信息的存疑能力，找到学校的准确介绍。在对媒介传达信息的总结和归纳中，学生通过横向和纵向的分析、对比养成了多角度思考的能力，提升了自己的思辨能力；通过用新媒介展示自己的学校，提升了学生的表达与交流能力。

（二）依托主题，创设学习情境

情境创设的目的是强化学生的情感体验，提高学生的阅读兴趣。教师在专题教学过程中应创设情境，要尊重学生的学习个性，因材施教，引导学生关注生活、对现实生活有所思考，通过写作完成对现实生活事件的正向认知。

教师在进行教学设计时，应该选择符合学生认知、贴合生活实际的内容，创设富有感染力的教学情境，丰富学生的思想情感，启发学生的思维，激发学生的交流欲。在对离别诗做"跨媒介阅读与交流"的专题研究中，教师可以通过音频导入《再别康桥》，让学生初步感知情感；通过观看纪录片《徐志摩传》了解诗人以及诗歌创作的背景；通过分享图片，让学生更进一步理解诗歌中的意境。教师根据学生生活实际，让学生去理解并想象"金柳""清荇""潭水""星辉"等意象，并结合自己的生活体验，任选一个意象来表达自己的情感。

在写作教学中，教师也可以结合学生的生活，创设真实情境，布置相关任务作业。如让学生为社区老人创作一封说明书，教会他们如何使用微信。微信作为学生比较熟悉的媒介，学生会选择他们擅长的媒介来表达。在选材之前，学生会思考篇章的选择，思考自己的整体布局，成文后再进行修改，在实践中不断完善自己的表达方式，向他人展示自己的成果。当然，鉴于中职学生的个体差异性，可以在班级进行异质分组，在组内实现互帮互助，缩小组内成员的差距，以小组合作的形式交流成果。

（三）丰富教法，激发阅读能力

中职语文教师可以依托中职学校优势，向动漫游戏、影视多媒体等专业的教师学习不同的媒介使用方法，提高教学效率。中职教师要转变传统的以书本为主的教育观念，在专题教学中主动筛选、整合与教学内容相关的各种资源，把语文知识和专业精神结合，丰富教学内容。

教师在备课时将整合后的课程相关资源（音频、图片、PPT等）放入超星学习通平台，满足学生多样化的学习方式，完善线上教学资源库。如教师在备《将进酒》一课时，不仅可以在学习通内放入文字资源，而且还可以加入音频、文本的解读和拓展资源《唐诗与酒》等视频，丰富学生学习体验。在使用跨媒介学习诗词时，教师可以创建属于自己班级的音频资源库，将历年优秀的朗读资源都放入班级账号，完善学生的诗歌学习途径。班级微信公众号能更好地整合课程资源，它能嵌入音频、视频、图片等多种媒介资源，学生可根据专题教学的知识点进行搜索，在课堂外也能及时地阅读。

专题教学也可以和专业精神相结合。在"跨媒介阅读与交流"的专题过程中，教师可以在西点班级确立"职业助我成长"系列活动。课前，教师可布置"认识我的职业"的任务，让学生在不同的媒介中搜集素材，研究招聘启事。课上，学生以小组的形式向班级同学讲解应聘人员需要具备的能力。学生通过对招聘启事文本的研究，了解用人单位对西点从业人员的需求，理解其工作价值的同时把握招聘启事的格式要求。最后，教师让学生尝试为两年以后的自己撰写求职信。通过专题活动的设计和整合，学生自查与专业相关的知识，教师引导学生借助新媒体将语文学习与职业融合，在教学中渗透工匠精神。[1]这便真正地做到了"知识讲述、能力培养与职业生活联系起来，突出价值取向，有机融入职业道德、劳动精神和工匠精神教育，培养学生的职业精神"[2]。

（四）紧扣素养，优化评价机制

学生在专题教学交流过程中能对他人作品进行鉴赏和评价，这种评价过程能潜移默化地提升学生的审美趣味，提高其表达能力。在此过程中，教师要引导学生进行合理、客观的评价。教师作为课堂的引导者，也应采用过程性评价、注重评价主体的多元化、强化综合评价的内容、设置具体的评价量化表等，给予及时反馈。

教师在"跨媒介阅读与交流"专题教学评价中应该紧扣语文学科核心素养，立足教学目标，设置多元的评价体系，达到寓教于乐的目的。如学习《再别康桥》后，让学生选一种媒介表达自己与朋友周末分别的场景，要求有心理描写，不少于300字或者时长不低于3分钟。学生完成作业后，可以将自己的作品上传至班级群、微信公众号、微博等平台，让观看者能够从评价者的角度对学生的学习成果发表客观的看法，将教学评价融入教学过程，在教师评价、学生自己评价、他人评价等多元化评价主体的基础上，提高中职生学习的积极性。

评价量化表也是一种直观评价的方式。评价量化表有客观、公正、可视化的特

① 朱珍.课程思政视域下的中职语文教学［J］.浦东教育研究，2023（01）：102-104.
② 金琼贺.中职应用文写作融入课程思政教育探析［J］.广西教育，2021（04）：28-29+49.

点，它可以将评价标准具体化，有效提升专题教学的评价效果。以上文中的说明书写作为例，教师以中职语文学科核心素养为核心，可设计"微信使用说明书跨媒介阅读与交流量化评分表"（见表1），展开自评、互评和师评。

表1　微信使用说明书跨媒介阅读与交流量化评分表

评分项目	评价内容	分　值		
		自评	互评	师评
语言运用（30分）	普通话标准，吐字清楚、准确，使用跨媒介进行交流时语言生动（30分）			
	有方言口音，但在跨媒介交流中措辞精准、幽默风趣（20分）			
	口音太重，有点不清，平淡且无感情色彩（5分）			
呈现内容（50分）	内容重点突出，思辨性、逻辑性强，注重循序渐进、承前启后（50分）			
	内容重点突出，逻辑性不强，跳脱性高（30分）			
	内容平淡无奇，重点不突出（20分）			
多媒体使用（10分）	选择一种媒介，合理运用了视频、音频、图片等多媒体资源，简单易懂（10分）			
	选择一种媒介，运用了一两种多媒体，但是内容不够新奇（6分）			
	运用一种多媒体，但内容不翔实，逻辑不清晰（3分）			
创意（10分）	说明书呈现方式富有创意，让人一目了然（10分）			
	说明书无创意、单一、平淡无奇（4分）			
总　分				

当然，所有的评价过程都应该是动态化的。动态化评价能激活学生的成长体验，开发其潜能，使其在自我校正中不断前进，获得成就感。[1]鉴于学生在不同时期、不同场合有不同的表现，教师应及时更新评价内容和思路，为学生量身制作相应的评价方案。教师在专题教学中除了采用任务驱动法、情境教学法，还可以结合学生的实际情况，创设驱动型的课外实践活动，提高学生语文学习兴趣，更好地提升学生的语文学科核心素养。

---

[1]　吴丽君，杭筱琪，童垚森.寻求"媒介"与"语文"的统一——关于跨媒介阅读教学的访谈［J］.教育研究与评论，2022（11）：64-67.

中职数学教学目标分层的实践研究

李小丹

摘　　要： 与普通高中生相比，中职学生在个性爱好、学习能力、基础水平上都存在较大差异。在数学教学中，分层教学的实施能更好地满足学生的个性化需求，使教学的开展更具有针对性。本文从教学目标出发，从三个方面论述数学教学中目标分层的导向，即瞄准学生的"最近发展区"，落实好基础性目标；落实分层不定层的思想，重视学习的提高性目标；贯彻可持续发展的理念，激活学习的发展性目标。

关 键 词： 教学目标分层　基础性目标　提高性目标　发展性目标

作者简介： 李小丹（1977—　　），女，上海市群星职业技术学校招就办副主任，讲师。

中职数学是一门必修基础课程，是使中职学生获得进一步学习和职业发展所必需的数学知识、数学技能、数学方法、数学思想和活动经验，形成在继续学习和未来工作中运用数学知识和经验发现问题的意识，运用数学的思想方法和工具解决问题的能力。

随着数学在生产和服务中的作用越来越大，对中职学生学习数学的要求也不断提升。但近些年由于中职校生源质量的参差不齐，用同一种教学目标实施数学教学是比较困难的，需要教师根据学生的实际情况进行更有效的教学，教学目标分层就是一种很好的选择。

教学目标分层是从学生实际出发，因材施教，针对个性发展的需求，在数学学科统一教学目标要求下，分步骤创设多规格的教学要求，让不同基础及个性差异的学生取得较佳的学习效果。

一、中职数学教学目标分层的设定原则

（一）符合中职数学的课程目标

中职数学教学目标有两个层面：一层是总目标，即课程目标；另一层是具体目标，即课时目标。中职数学教学目标分层的设定，应该首先考虑课程目标的要求。

（二）符合三维教学目标的规定

中职数学教学分层目标的设定，应该符合知识与技能、过程与方法、情感态度与价值观三维目标的要求。在具体的每节课中，中职数学教学目标分层应有不同的侧重点。教师一定要面向全体学生，通过教学活动使每个学生都有所发展。

（三）符合学科核心素养的要求

职业教育不仅应培养学生的技术技能，更应培养学生完善的人格，提升学生的人文素质。中职数学学科核心素养主要包括数学运算、直观想象、逻辑推理、数学抽象、数据分析和数学建模。中职数学教学目标分层的设定，应关注提高学生运用数学知识和方法分析问题、解决问题的能力，培养学生理性思维、敢于质疑、精益求精的工匠精神。

二、中职数学教学目标分层的教学实践

为更好地调动学生学习中职数学的积极性和主动性，按照中职数学教学目标分层的设定原则，采取梯次递进、目标分级、因材施教、全面提高的教学实践。

（一）瞄准"最近发展区"，落实基础性目标

中职数学教学目标分层的设定，首要关注的是落实学生的基础性目标，瞄准学生的"最近发展区"。

"最近发展区"是由维果茨基提出的，其基本观点是：学生的发展水平有两种。一是已达到的发展水平，表现为学生能独立解决问题的智力水平；二是可能达到的发展水平，但要借助成人的帮助，通过模仿，才能达到解决问题的水平。学生借助他人的帮助和指导所能达到的解决问题的水平与其在独立活动中所能达到的解决问题的水平之间的差异称为"最近发展区"。

因此，教师在教学中要根据学生的不同层次设计不同的学习目标，使其对各层次学生都具有挑战性，同时又要让他们"跳起来能摘到果子"，使学生在不同的学习

目标指导下进行学习，并通过努力可以达到一定的学习目标。这样可以使不同层次学生的学习都接近其"最近发展区"，从而为学生将学习可能性转化为发展的现实性奠定基础。A层（跃进层），基础扎实、接受能力强、学习方法正确、成绩优秀的学生；B层（发展层），是基础和智力一般、学习比较自觉、有一定的上进心、成绩中等左右的学生；C层（提高层），是基础和智力较差、接受能力不强、学习积极性不高、学习上有困难的学生。[①]

在设定分层目标时，对于A层学生要求至少达到现行教学大纲的最基本的教学要求，在教学中以新带旧，着重于模仿课本例题；对于B层学生目标要定在教学大纲中所有的教学要求，以教授基础知识和训练基本技能为重点，要求能理解课本例题，掌握一般的应用；而对于C层学生来讲则应该深化大纲的教学要求，以练为主，注重知识和方法的总结，并能体现数学的基本思维和方法。在教学中，无论是哪个层次的学生，教师都要善于发现他们的"最近发展区"，促进全体学生得到发展。

例如，在教授复数的三角形式时，要求A层学生牢记公式，并能直接运用公式解决简单的复数问题，能判断是否为复数的三角形式，并能将代数式转化成三角形式；要求B层学生理解公式的推导，能熟练运用公式解决较综合的复数问题，能在代数式与三角形式之间进行互化；要求C层学生学会推导公式，并能灵活运用公式解决较复杂的复数问题，能在代数式与三角形式之间进行互化，并能在不利用公式的情况下也能将特殊的代数式转化为三角形式。实践证明，教学越贴近学生的知识和能力的"最近发展区"，效果越显著。

（二）落实分层不定层，重视提高性目标

教学目标分层必须面向中等学生，发展基础较弱学生，提高优等学生，使不同层次的学生都得到发展，其目标就是要使得A层逐渐消亡、B层不断壮大、C层得到扩展，要抛弃那种以静止的观点看待学生，既要看到差异，同时也要看到每个学生的发展潜能，以发展的观点看待学生，才能有效地调动学生的学习积极性和主动性。[②]

---

① 华国栋.差异教学论［M］.北京：教育科学出版社，2001.

② 丁玉祥，鄂傲君.分层递进教学策略在教学中的应用研究［J］.中国教育学刊，2001（02）：50-53.

因此，作为教师，要重视学生提高目标性、贯彻分层不定层原则，做到分层而不拘泥于层，明确分层是手段，递进才是目的。反映在教学中就是要掌握动态的原则，及时根据信息反馈进行动态的调整和评价，允许层间流动，以波浪运动的观点实施分层教学。

在实践中，教学目标分层能有效地调动学生的学习积极性和主动性，对每一个学生的提高与发展都有一定的促进作用。在教学中，要让学生根据自己的实际情况自主认定恰当的分层目标。学生自选的目标既要符合自身的实际，又要有利于层层递进。要让不同层面的学生在原有的基础上都能得到不同的提高，并鼓励不同层次的学生向更高层次发展。当学生在完成低一层次数学教学目标时，将会有一种极大的成就感，并在重新认定自我学习目标时，在高一层次中进行定位。在此过程中，他们看到了自己的潜能，找到了自信，激发了学习动机。因而，以动态的观点来看待目标分层，能起到定位、导向和激励作用，并为学生的逐层递进设立台阶，促进学生的发展。[①]

例如，在讲授"对数函数定义、图像和性质"时，设定了以下目标：

（1）理解：理解和掌握对数函数的概念；

（2）模仿：会利用图像理解性质；

（3）归纳：会利用图像推导性质，并画出图像；

（4）初步应用：能利用性质和图像进行简单的应用；

（5）灵活应用：能利用性质和图像解决实际应用。

这里要求 A 层学生完成（1）（2）（4）三个目标，B 层学生完成（1）（2）（3）（4）四个目标，C 层学生完成（1）（2）（3）（4）（5）五个目标。这样课堂教学目标细化到层，避免在设定目标时存在随意性、模糊性和单一性的弊端，强化了针对性、具体性。在此过程中，教师要随机应变、因势利导，对超层行为给予及时的鼓励，使学生在动态的信息反馈中获得成就感，进一步激发其学习的积极性。

（三）激活发展性目标，促进可持续发展

在教学目标分层时，要着眼于贯彻可持续发展的原则，激活发展性目标，发展可持续发展的动力资源。要让各层次的学生主动适应未来所需具备的自我持续发展

---

① 胡兴宏.分层递进教学策略在课堂中运用［M］.上海：中国纺织大学出版社，1998.

的态度、能力和知识的结构，养成终身学习的观念、克服困难的毅力、不断进取的精神、主动发展的学习能力，使其在成就动机、竞争意识、兴趣和求知欲、主动参与以及社会适应性等方面都得到良好的培养，其意志、品质、情感和行为能力都得以发展，并能根据自身的基础特点，扬长避短地制订学习计划；能根据学科特点及自身实际选择学习方法，进行独立的、有创造性的思维活动；能结合自己的能力，完成知识的延伸，实现知识、能力的迁移，为终身学习奠定基础。从"教师带着知识走向学生"变成"教师带着学生走向知识"，这样学生即使离开学校也仍能持续发展。

激活发展性目标要重点加强对学生创造能力的培养，重视思维品质的养成，努力实现形象思维和抽象思维、集中思维和发散思维之间的形态转换，使学生的创新意识、创造思维能力和动手实践能力等都得到提高。

教师要根据学生的不同层次和不同发展目标，设定不同的教学目标加以引导，帮助学生选择恰当的学法，拓宽学路。这就要求教师要不断激发和引导学生根据自己的学习需要，深化思维训练，培养思维的准确性和严密性，给学生提供更多的思考和创造的时间和空间。

针对 A 层学生，教学目标重点放在激发学习兴趣、树立自信、养成良好的学习习惯和端正学习态度上，要提高其学习的主动性，变"拉着走""推着走"为"主动走"；针对 B 层学生，教学目标重点是培养他们的直觉思维和形象思维，强调以形助教、数形结合的方法，逐步提高其数学思维；针对 C 层学生，教学目标重点是培养学生的归纳能力、数学思维的逻辑推理和数学抽象能力。

例如，在教学"反函数定义"的时候，对 C 层学生的要求是直接通过自学，自我发现原函数与反函数之间的联系与区别；对 B 层学生的要求是可根据教师列出的自学提纲进行自学或采取分组讨论，在教师或 C 层学生的帮助下找到解决问题的方法；对 A 层学生的要求是可在教师的指导下，学会思考，掌握求解反函数一般方法和更多解题技巧，独立完成学习任务。

又比如，在对动漫专业的立体几何教学中，发现学生对立体图形的学习比较困难，究其原因，是他们的空间感较差。对于动漫专业的学生来说，三维空间感是他们学习动漫专业知识的基础。教师可以在三视图的教学部分进行分层的教学模式，教会学生方法，让学生充分感受空间立体的存在：指导 A 层学生会画简单空间图形的三视图；指导 B 层学生自学画三视图，进而会识别三视图所表示的立体图形；鼓励 C 层学生自己动手做长方体，在动手的过程中，逐渐在脑海中建立立体思维。

三、中职数学教学目标分层实践的反思

（一）教学分层目标的设定要充分考虑学生的实际水平

教师在设定分层目标时一定要适度，要充分考虑学生的实际及差异。一个过难的目标会使学生无所适从、步履艰难；一个过易的目标又会使学生感到乏味无聊，认为教师水平低下。因此，教师在编制教学目标时，要坚持难度适中的原则。要做到这一点，教师不仅要研究大纲和教材，更要研究学情，要客观分析学生的知识基础、认知能力等，预判教学难点和掌握学生的个体差异，从而设计适度的目标。

（二）教学分层目标的设定应依据教材，具体可操作

《中等职业学校数学课程标准（2020 年版）》把学习目标分为数学知识、数学技能、数学思想、数学方法等。我们应该熟悉课标对每单元知识内容的基本要求属于哪个层次，从而正确设定各章各节课的教学目标，探讨不同水平的学生学习数学的思维规律，使设定的目标符合现实，符合数学教学规律。我们在设定分层目标细目时，不应该脱离教材内容的规定，否则设定出来的教学目标就不能应用于教学实践之中。我们应该根据教学大纲和教材提出的要求，根据学生的实际情况，对各年级的数学教材按单元提出"教学目标分类细目"。

总之，教学目标分层的设定要依照教学目标起步低层、面向中层、顾及高层，要充分发挥各层次学生的学习积极性、主动性、独立性和创新性。作为教师，在设定教学目标时要钻研教学大纲、研究教材、了解学生，三者缺一不可。教学目标要设置在学生的"最近发展区"，落实好基础性目标；落实分层不定层的思想，鼓励学生由低层向较高层次"递进"；贯彻可持续发展的理念，激活学习的发展性目标，引导学生主动发展，寻求创新原动力，最终让每个学生都成为自主学习的主人。

中职数学课堂"职业情境"教学模式的实践研究

徐语论

摘　　要：中等职业教育的目的在于培养具有一定文化水平及专业知识、技能的综合型人才，但传统的中职数学课堂教学模式存在一些不足，不利于培养学生的岗位职业能力，从而影响学生综合素质的提升。"职业情境"教学模式的本质为"情境教学"，其主要是指教师以职业为基础创设与教学内容相关的具有可操作性、稳定的情境。中职数学教师将"职业情境"模式引入日常教学实践，可以优化学生的学习环境，强化学生的学习动力，让学生在学习数学知识的同时提升专业素养，以切实落实职业教育的目标。基于此，本文针对中职数学课堂"职业情境"教学模式的实践策略、实践成效及实践反思进行了全面的分析，以供相关教育工作者参考研究。

关 键 词：中职数学教学　职业情境　专业素养

作者简介：徐语论（1984—　　），女，上海市群星职业技术学校数学教研组组长，讲师。

为了提高职业教育的办学质量，全面推动社会主义现代化国家的建设，我国于2021年发布《关于推动现代职业教育高质量发展的意见》，明确提出了"深化教育教学改革"的要求，并提倡职校教师创新教学模式与方法。作为现代职业教育中的重要组成部分，在这一背景下，中职数学教师应该积极优化课堂教学方法，为提高教学质量提供保障。"职业情境"教学模式，主要是指教师结合学生所学专业创设教学情境，可以加强学科教学与社会生活、专业课程及职业应用之间的联系，对于增强学生的数学应用意识、培养学生的专业技术技能有重要意义。[①]所以，中职数学教师

---

① 刘娜.基于专业需求导向的中职数学情境教学改革与实践［J］.职业，2021（11）：88—90.

将"职业情境"模式引入课堂教学，可以让学生在学习数学知识的同时获得更好的发展及进步，从而实现职业教育质量的提升。

一、中职数学课堂"职业情境"教学模式的实践探索

（一）教学语言的职业化——使用工作语言

教学语言在课堂教学中扮演着十分重要的角色，这是师生之间进行交流沟通的主要纽带，也是教师引导学生学习课本知识的重要工具。为此，在中职数学课堂教学中进行职业情境的创设之时，教师可以从教学语言入手，使其转化为职业实践中使用的工作语言，以增强学生的职业情感体验，充分体现职业教育课堂的特色。

首先，中职数学教师要灵活使用领班、员工等企业中通用的称呼，以促使学生逐步认同自己的职业身份，为学生今后更好地适应职业岗位奠定思想基础。其次，教师要使用企业中的指令性语言来布置学习任务、提出教学问题。比如在机械加工技术班教学《一元二次不等式》的内容时，教师可以设计以下职业情境："某工厂接收到一份生产任务，用10 m长的钢筋作为原材料，裁剪81根3 m长及32根4 m长的钢筋，怎样裁剪才能提高原材料的利用率？"同时，教师使用"通过测量、画图等方法来确定钢筋的裁剪方案"之类的指引性语言来引导学生探究学习任务。最后，在课堂教学中评价学生时，教师也要改变常规的评价语言，使用"你的设计方案非常合理""你的工作表现有很大的进步，值得其他同事学习"等这些在工作过程中常用的激励性语言。通过以上方式，可以营造浓厚的职业气氛，创设出较为真实的职业情境，从而让学生在潜移默化中认同自己的职业身份。

（二）教学内容的职业化——布置工作任务

教学内容是课堂教学的核心，这是传递教学信息的重要载体。[①]可见，教学活动是围绕一定的教学内容而展开的。这意味着，只要把教学内容转化为职业实践中的工作任务，那么便可以让教学活动进行相应的转变，从而令学生处于真实的职业情境之中。所以，在中职数学课堂教学过程中，教师可以通过"把教学内容职业化、任务化"的方式来创设职业情境，以增强学生的职业实践体验。

---

① 何昕.中职生数学应用能力现状及提升策略研究——基于PISA理论［J］.职业，2017（10）：101.

例如，在市场营销班教学第二章第三课《一元二次不等式》的时候，教师可以把教学内容转化为以下工作任务："你受邀为某超市老板设计销售方案。要求：提高商品售价，确定最佳的定价范围，保证该商品单日总利润保持在450元以上。基本信息：商品成本价为6元，售价定为10元，日销量可达100件；售价每增加1元，销量会减少10件。"接着，教师将学生分成若干个三人小组，并让各组学生合理分配自己的工作职责，分别为实验员、记录员、分析员。随后，教师组织学生结合所学知识及题目信息进行数学建模，让学生借助数学模型来寻求最佳的商品定价方案。在这一过程中，教师应引导学生各司其职，让学生做好自己的工作任务。最后，教师组织各个学习小组汇报任务完成情况。通过以上方式，可以保证每个学习小组、每位学生有事可做，让学生通过完成工作任务巩固一元二次不等式的解法，提高数学建模能力并增强职业意识，从而达到培养学生职业素养的目的。

（三）教学环境的职业化——转移实训基地

与普通教育相比，职业教育更加关注学生的实践体验，拥有校外实训基地、校内实训室等诸多实践场地资源。对此，在日常教学过程中，中职数学教师应当充分利用这些场地资源，适时组织学生走出教室，进入实训基地，使教学环境职业化，让学生在真实的工作场景中增长数学知识、提升从业能力，以此切实促进学生职业素养的发展。

比如在机械加工技术专业班教学《不等式的性质》这一课时的内容时，教师可以组织学生前往校内的实训车间，并布置以下操作任务："把面前的零件加工成内孔直径为5 mm的螺帽，误差不能超过0.15 mm。"在加工零件的过程中，学生发现很难把螺帽的误差范围控制在0.15 mm之内。这时，教师组织学生带着这一问题去查阅书本内容并引导学生结合相关知识制订解决方案。通过查阅有关"不等式的性质"的知识内容，学生可以根据现有数据列出算式：$|X-5|<0.15$（设螺帽内孔直径为X mm），把螺帽的内孔直径范围控制在$[4.85, 5.15]$，从而大大提高了零件加工的成功率，顺利完成了实践操作任务。在此期间，学生不仅加深了对书本知识的理解及记忆程度，还在一定程度上锻炼了信息捕捉、实践操作等能力，为提升职业素养打下了良好基础。

（四）作业练习的职业化——设计作业工单

随堂练习是课堂教学中的重要组成部分，这是促进学生深入掌握所学知识的重要手段。在中职数学课堂教学中，教师改变原有的作业形式，将随堂练习题设计为作业工单，可以营造出一种较为生动、有效的职业氛围，使学生处于真实的职业情境之中，以充分调动学生的练习积极性和主动性，让学生通过解决工单任务巩固所学知识，增强职业意识。[①]

比如在建筑专业班教学完第二章第三节《一元二次不等式》的基本知识内容之后，教师可以把"一元二次不等式知识的巩固与应用"设计为"协助某集团公司确定施工方案"，并加到工单任务中（如表1），并组织学生围绕书本知识进行探究。在这一过程中，教师应该密切关注学生的任务完成情况，并及时给予一定的指导和帮助。如，某位学生迟迟没有头绪，不知如何入手去确定施工方案，教师可以这样提醒学生："再仔细看看作业工单，把任务事件、任务要求中提到的信息整理出来"，并引导学生以此为依据画出相应的草图。有了施工草图的帮助，学生自然而然就能列出相应的不等式，求出人行道的宽度范围，从而确定正确的施工方案。

表1　建筑专业班作业工单

员工姓名	员工编号	任务开始时间	任务完成时间	完成质量
任务事件	经过讨论，某集团高层一致决定在公司旁边一块长为 40 m、宽为 30 m 的空地上建造员工休闲馆（长方形）			
任务要求	1. 在员工休闲馆的四周修建四条宽度相同的人行道 2. 休闲馆的面积不得少于空地总面积的一半			
建设方案及其依据				

二、中职数学课堂"职业情境"教学模式的实践成效

（一）感受数学价值，强化学生的学习动力

中职学生之所以会产生厌学情绪，一大原因在于教学内容脱离实际，学习的价值无法体现出来。职业情境创设，也就是将教学过程还原为社会生产实践，使学生

---

① 丁文兵.中职数学课堂职业情境创设探究［J］.现代职业教育.2017（08）：34—35.

的学习置身于模拟的工作场景之中。[①]中职数学教师将"职业情境"教学模式运用到日常教学中之后，可以拉近数学学习与现实生活之间的联系，让学生利用所学知识解决制订施工方案、计算商品利润等各种实际问题。这样，可以增加数学教学的趣味性，让学生切实感受到数学知识在现实生活中的重要意义，以促使学生强化学习动力，保证学生全身心地参与学习活动，进而实现课堂教学质量的提升。

（二）提供思考空间，挖掘学生的学习潜力

与传统的数学教学模式相比，"职业情境"教学模式更加关注学生的主体地位，更加注重培养学生的专业能力。在中职数学课堂教学中引入"职业情境"教学模式，也就是让学生运用所学数学知识方法进行钻研探索，解决与职业实践相关的问题。这样，可以改变学生"被动接受知识"的学习状态，让学生获得更多自主思考、探究的空间。如此一来，学生能够更好地理解、掌握所学的数学知识，还能锻炼问题解决、实践探究等能力。所以，"职业情境"教学模式在中职数学课堂中的有效运用，可以为学生提供充足的思考空间，充分挖掘学生的学习潜力，让学生在学习过程中锻炼多项能力，从而推动职业教育的高质量发展。

（三）构建新型课堂，满足学生的发展需求

职业教育的主要任务是培养学生的从业技能，提高学生的职业素养，让学生今后可以更好、更快地适应工作及适应社会。中职数学教师通过"使用工作语言""设计作业工单"等方式将教学过程融入模拟的工作场景，可以增加数学理论知识与职业实践之间的联系，让学生有机会提前接触社会工作，锻炼专业技能。所以，"职业情境"教学模式有助于中职数学教师建立新型的职教课堂，让学生能够在学习数学知识的同时磨炼从业技能及技巧，从而最大限度地满足学生的专业化发展需求。

（四）优化师生关系，提升学生的学习效果

在传统的中职数学教学模式中，教师把握着教学的主动权，学生属于课堂教学中的"听众"，这样不利于培养学生积极的学习态度，从而影响学生的课堂学习效果。[②]在中职数学教师课堂教学中，联系学生所学专业创设与教学内容相关的职业

---

① 江灵志，蒋振进.中职数学课堂职业情境创设初探［J］.职业，2013（18）：16—17.
② 陈中武，林慧.依托职业情境　改善数学教学［J］.职业教育研究，2006（01）：109—110.

情境，引领学生围绕实际问题进行探究，可以改变"以书本知识传授为主"的局面，使学生的角色变为课堂教学中的"主演"，让师生之间处于平等、合作的地位。这样，教师与学生的关系会得到优化，课堂教学的氛围也会变得更加和谐，从而达到提高学生学习积极性、增强学生学习效果的目的。

三、中职数学课堂"职业情境"教学模式的实践反思

根据以上叙述，中职数学教师在课堂教学中创设真实的职业情境，可以起到强化学生学习动力、挖掘学生学习潜力等诸多成效，以切实提高现代职业教育的水平，为社会经济的发展奠定基础。但要想充分发挥"职业情境"教学模式的价值，中职数学教师应该注意以下要点：

（一）紧扣教材知识，提高情境创设的有效性

中职数学教师在课堂教学中结合学生所学专业创设职业情境，主要是为了提高学生的学习积极性，帮助学生掌握所学的数学知识、方法。这意味着，在运用"职业情境"教学模式的时候，中职数学教师决不能为了情境而创设情境，而是应该将学生的知识学习与创设的教学情境融通共振、有机结合，保证学生可以通过解决与职业实践相关的问题掌握所学数学知识，感受数学学习的价值。所以，在开展教学活动之前，中职数学教师必须认真分析教材内容，准确把握学生所学专业与所教知识内容之间的关联点，以便更好地引入相应的职业情境，从而保证情境创设的有效性，为学生学习数学知识、提升从业技能及技巧提供良好条件。

（二）加强自身学习，避免情境创设的盲目性

"职业情境"教学模式的关键在于将教学过程融入现实的社会生产实践，使数学知识与职业实践相结合。[①]倘若教师缺乏一定的专业知识储备，那么很容易出现所创情境与社会生产实践不相符的情况，从而严重浪费课堂教学时间，影响学生的学习效果。因此，中职数学教师应该加强自身的学习，利用课余时间了解更多与学生所学专业有关的知识内容，积极加强与专业课教师的交流沟通，以不断丰富自己的专业知识储备。这样，中职数学教师才能更好地通过转换教学语言等方法来创设职业

---

① 陈中武，林慧.创设职业情境　活化数学教学——园林专业数学教学改革探究［J］.中国职业技术教育，2005（25）：34—36.

情境，以避免职业情境创设的盲目性、随意性，保证教学内容与职业实践有效融合，从而切实促进学生提高实践探究等能力，发展职业素养。

综上所述，"职业情境"教学模式在中职数学课堂教学中的有效运用，可以很好地提高学生的学习兴趣，让学生切实掌握职业岗位所需的数学知识方法，使学生形成出色的职业素养，进而为全面建设社会主义现代化国家提供保障。所以，在当前的时代背景下，中职数学教师应当及时改变传统的教育教学观念，积极地将"职业情境"模式运用到日常教学过程中，让学生可以更好地学习数学知识、提高专业技能素质，进而确保为社会经济的发展输送可靠的高素质技术人才。

基于学生差异的中职英语分层作业设计的实践探索

李细燕

摘　　要：中职英语作业设计与布置既是学生掌握基本语言知识、培养语言交际能力和创新能力的有效途径，也是教师了解不同层次学生知识掌握情况并及时反馈纠正的重要手段。本文从中职学生英语基础差异和学习风格差异需要作业分层入手，阐述实施分层布置作业的基本原则，探索在中职英语教学中如何进行分层作业设计，关注学生的差异性，提升英语教学的有效性。

关 键 词：学生差异　中职英语　分层　作业设计

作者简介：李细燕（1977—　　），女，上海市群星职业技术学校英语教研组组长，高级讲师。

一、问题的提出

（一）中职英语课程标准要求尊重学生差异

《中等职业学校英语课程标准（2020 年版）》明确要求在课程实施中尊重差异，促进学生的发展："学生是英语学习的主体，英语教学应以学生的发展为中心既关注全体学生的真实需求，又尊重学生的个体差异。在教学中，教师应依据学生的学习风格、学习经历、学习动机、学习兴趣、语言水平和学习能力，有效整合课程内容，选择适当的教学方法和教学模式，为学生提供多样化的学习选择，让不同类型、不同层次的学生都能享受到英语学习的乐趣，体验学习的快乐，使每个学生都能学有所得，促进学生的发展。"[①] 尊重学生差异是教学的基本原则，也是促进学生发展的

---

① 中华人民共和国教育部.中等职业学校英语课程标准（2020 年版）[M].北京：高等教育出版社，2020.

重要因素。因此，在英语教学过程中应根据学生的差异，选择适当的教学方法和教学模式，给学生提供多样化的学习选择，让不同类型的学生都能学有所获，体验英语学习的快乐。学生作业是英语教学的重要组成部分，它是学生对于课堂知识掌握程度有效的反馈途径。因此，在中职英语教学中，如何基于学生差异进行作业设计，值得探索和思考。

（二）中职学生英语差异明显需要作业分层

中职学生由于专业不同、英语基础不同、英语学习要求不同、英语语言学习能力不同，学生的差异性比较明显。笔者对上海市群星职业技术学校2021级10个中职班级学生的英语入学摸底成绩进行分析得知：年级最高92分，最低12分，班级平均分最高62.5分，最低28.5分，差异性十分明显。这就要求我们"在教学上，既要注重学生的共性，又要注重学生的个别差异，从实际出发，针对不同学生的不同情况实施教学"。因此，笔者在任教班级中尝试分层布置作业，注重设计不同形式、不同内容、不同难易度的作业，满足不同学生的需求和学习能力，并及时跟踪、了解分层作业完成情况。经过一年的教学实践，取得了一定的成效。

二、实施分层布置作业的基本原则

（一）学生分层"隐性化"原则

"隐性分层就是教师以维持现有行政班级为前提，根据学生的学习能力和基础类型进行分层，不公布各层次学生的名单，只是教师自己掌握，确定不同层次的要求，进行不同层次的教学和辅导，使各层次的学生都能得到充分的发展。"[①]笔者对任教的2017级计算机应用专业学生进行了为期一个月的观察，根据学生的上课表现、作业情况和英语摸底考试成绩，并对学生英语基础知识的掌握情况、学习能力和实际运用语言的能力等进行分析，将学生"隐性"地分为A（学优生）、B（中等生）和C（学困生）三个不同的层次。各层次的人数分别占班级总人数的20%、60%、20%，

---

① 陈璐璐.实施英语隐性分层教学　促进中职学生最优发展［J］.大众科技，2010（07）：197-198.

各层次的学生特点如下：

水平 A 学生特点	英语成绩较为突出，学习自觉性强，有较强的自学能力和熟练运用语言、独立完成作业的能力，应注重发掘学生的语用能力。
水平 B 学生特点	英语学习成绩中等，学习自觉性较强，能按要求完成作业，比较正确地运用语言，应注重培养和发展学生的语用能力。
水平 C 学生特点	英语成绩较弱，缺乏学习兴趣和有效的学习方法，缺乏学习自觉性，能独立或在他人监督下完成机械性作业，应注重夯实学生的基础知识，并注重培养学生从机械记忆到理解运用的能力。

　　三个层次的划分，不是固定不变，而是实施"动态化"滚动管理。每一个月都会根据学生学习基础、学习态度、课堂表现、学习成绩的变化重新调整，这样，学生既有压力也有动力，从而实现在成功中找到学习英语的自信心，增加学习英语的兴趣。

　　（二）作业内容"多样化"原则

　　根据本班学生的特点和每单元学习目标的不同，笔者对不同层次的学生作业提出不同的要求，把作业分为 A（学优生）、B（中等生）和 C（学困生）三个不同的层次。

　　A 类作业：作业题型属于与课本知识相关的智力训练题、提高题，注重培养学生综合运用语言的能力，让学生将理论与实际相结合，达到学以致用的目的。

　　B 类作业：作业内容安排与本节课知识相关的基础知识和基本技能训练，使学生完成学习目标，并通过一定量的思维训练，提高学习水平。

　　C 类作业：作业内容安排与本节课相关的最基本的技能训练。这类题侧重基本知识的巩固和积累，如抄写单词和词组、背诵和理解课文重点句型、选择完成练习题中的基础题和中等难度题目等。

　　通过布置不同形式和内容的作业，让不同层次的学生不仅学会与本课相关的基础知识和掌握基本技能，还能通过不同的作业提高学生英语运用的能力，逐渐提高英语水平，体验学习的乐趣。

　　例如，在中职英语基础模块 2 "Unit 4 Volunteer Work"导入环节布置预习作业时，设计了以下有梯度的三层作业：

水平 A 作业内容	设计调查问卷，调查周围朋友是否参加过志愿者工作，参与过哪些志愿者工作，并对参与过的志愿者工作性质和职责进行描述。
水平 B 作业内容	罗列已知志愿者工作种类，并用 5 个以上的关键词来描述他们的工作性质和职责。
水平 C 作业内容	用图片、肢体语言或简单的语句说出志愿者工作的名称和种类，尝试进行头脑风暴的训练。

这样的分层作业内容设计，不仅能兼顾到不同学生的学习能力，激发他们主动参与学习的兴趣，而且能让不同层次学生锻炼英语运用的能力，达到较好的学习效果。

（三）作业难度"适度化"原则

"分层作业的设计从两个方面进行：一方面根据学生知识水平的差异实施作业量的分层，对英语作业的设计进行适当的增减；另一方面根据不同层次的学生设计作业难度上的分层。"[①]设计作业难度时可以以学优生的作业为基准，适当减少对中等生来说难度大的题，用难度中等的题来补足作业量；大量减少对学困生而言难度大的题，用容易的、基础的题来补足作业量。无论是哪个层次的学生，基础练习都是必不可少的，并尽量做到各层次学生作业总量相同。

水平 A 作业难度	侧重学生动手动脑能力较强的综合语言运用能力的作业，如加大阅读理解、完形填空、任务型阅读等语篇训练和作文训练，甚至可以让他们直接参与课堂教学或讲解作业。
水平 B 作业难度	布置一些必做和选做的作业，学生可以根据自己的学习水平有选择性地写介于学优生和学困生之间的作业。
水平 C 作业难度	侧重基础知识的巩固和积累，如抄写记忆单词、词组和翻译课文，完成练习册中的部分题目，让学生在学习中学有所长、学有所乐，逐步积累，稳中求升。

三、实施分层布置作业的实践与探索

（一）分层确立教学目标

课堂教学目标的设定应具有针对性和层次性，要针对不同的课型（听说课、阅读课、写作课、文化理解等）对 A、B、C 学生设定不同的学习目标。

---

① 何文婕. 中职英语作业优化设计与评价探究［J］. 海外英语，2020（08）：190-191.

例如，在中职英语基础模块 2 "Unit 5 Ancient Civilization" 阅读课文 "The Silk Road" 教学时，为三个不同层次的学生设定的不同目标为：

水平 A 阅读目标	（1）学生能在 1 分钟之内通过跳读，捕捉全文中心思想和各段段落大意，错误率不超过 10%； （2）学生能在 2 分钟之内通过扫读，了解 "丝绸之路" 的历史、发展和相关背景知识，错误率不超过 10%。
水平 B 阅读目标	（1）学生能在 2 分钟之内通过跳读，捕捉全文中心思想和各段段落大意，错误率不超过 15%； （2）学生能在 3 分钟之内通过扫读，了解 "丝绸之路" 的历史、发展和相关背景知识，错误率不超过 15%。
水平 C 阅读目标	（1）学生能在 3 分钟之内通过跳读，捕捉全文中心思想和各段段落大意，错误率不超过 20%； （2）学生能在 4 分钟之内通过扫读，了解 "丝绸之路" 的历史、发展和相关背景知识，错误率不超过 20%。

（二）分层设计作业内容

每次给学生布置作业，要依据每单元不同的学习目标、不同的课型，有的放矢地按 A、B、C 三个层次来设计布置作业。布置的作业要层次分明、结构合理、题量适中，满足不同层次学生的需求，并能有效检测课堂学习的效果，符合本堂课的教学目标和要求。

例如，在中职英语基础模块 1 "Unit 5 Celebrations" 听说部分教学时，对 A、B、C 三个层次的学生的口语目标和作业要求分别为：

学生层次	口语目标	口语作业
水平 A	能运用提出和接受邀请的常用词汇和句型完成口头邀请参加庆祝活动的情景对话。	Pair work: 两人一组，根据以下情境，选择其一进行对话练习。 **School opening ceremony for the new school year** · Time: 9:00 am on Monday · Place: School meeting hall · Idea for music: *We Are Ready* — an energetic and popular song **New Year's Eve party** · Time: 7:00 pm on Saturday · Place: School cafeteria · Idea for food: Jiaozi — a traditional Chinese food for the New Year

续表

学生层次	口语目标	口语作业
水平 B	能熟练运用提出和接受邀请的常用词汇及句型仿真练习。	Pair work: 仿照听力打电话编对话，学生 A 发出邀请，学生 B 接受或拒绝邀请。 A: Hello, _____. This is _____. B: Oh! Hi, _____. How are you? A: I'm good. How about you? B: I'm great. What can I do for you? A: I want to invite you to _____.（聚会类型） B: _____.（接受或拒绝邀请）
水平 C	能听懂、理解、背诵和运用提出和接受邀请的常用词汇及句型。	Pair work: 熟读和背诵邀请、同意和拒绝参加聚会的重点句型，相互背诵和检查。 1. 邀请参加聚会 I want to invite you to come to ... Would you like to come to ... How about coming to ... 2. 同意参加聚会 Of course. I'll be there. I'd love to. That's very nice of you. Sure. That sounds great. No problem. I'm looking forward to it. 3. 拒绝参加聚会 I'd love to, but I have other plans. I'd like to, but I have to ... I'm sorry. I'm busy with ...

这样分层设计作业，兼顾到了 A、B、C 三个层次，使他们均有展示自我的机会。虽然三个层次的学生作业内容不同，但对于完成作业的每个学生来说，都会获得相应的收获和成就感，以逐渐提高做作业的积极性和学习英语的兴趣。

（三）分层进行作业评价

"教师在评价学生时，应注重根据不同层次的学生进行分层评价。"[①] 英语学科有着独特的学科特点，对学生作业的评价不能以简单的对错或单一的"打分制"作为

---

① 申翠翠. 分层教学法在中职英语教学中的应用 [J]. 新课程教学（电子版），2020（22）：53-54.

唯一的评价标准，否则会打击基础较差学生的学习兴趣。随着课程改革的不断深入，作业评价体系也要不断完善。我们应该积极关注学生参与课堂内外活动的态度，针对不同的作业采取不同的评价方式，并且应该保护学生完成作业的热情，理解学生完成作业的心理状况，激发学生持久的作业兴趣。因此，我们采取"等级打分制＋建设性、激励性评语"对学生作业进行评价；同时，采取教师评价、生生互评、小组互评、自我评价和形成性评价等多元化评价方式，让更多的学生重拾自信，提高学习成绩。

四、实施分层布置作业的成效

　　经过为期一年的分层布置作业，学生学习英语更加主动、积极，也越来越喜欢教师布置的英语作业，每个学生都获得了不同程度的成功，英语分层布置作业策略的运用给学生英语学习带来了较大变化。

　　（一）激发了学生的主动性

　　分层作业的实施唤醒了学生的主体意识，充分调动起学生完成作业的积极性，转变了一部分对作业不感兴趣的学生，促使他们在完成作业的自主性、主动性方面有了明显的进步。我们在实验前和实验后分别以无记名的形式对学生的作业兴趣等方面做了简单的问卷调查和统计，结果表明：在实施分层作业后，喜欢英语作业的学生数增加了35.5%；个性化作业对发展学生的创造潜能也大有裨益。

　　（二）提高了课堂教学质量

　　"同组异构"分层小组的实施，让学生之间基础知识、学习能力、信息资源的差异性得到了互补。学生在小组活动和班级活动中，相互交流、相互帮助、资源共享，不断地扩大词汇量和语言信息量，促进相互间的合作学习，共同取得进步。分层布置作业不仅能充分发挥学生的主动性和创造性，还能激发学生的学习动机和求知欲望，增强学生的学习兴趣，久而久之，形成良性循环，学生乐学乐记，教师寓教于乐，从而有效地促进课堂教学质量的提高。

　　总之，分层布置作业让英语基础不同的学生始终处于积极主动的学习状态中，特别是基础较差的学生，克服了过去那种自卑心理，重新树立起了学好英语的自信心；班级大部分学生养成了良好的英语学习习惯，发展潜能、张扬个性，每位学生都体验到成功的快乐，更加自信。

五、实施分层作业的反思

（一）对教师教学能力提出了挑战

实行作业"多样化"需要教师对教学资源进行重新整合，教师自己必须对教材相当熟悉，并对教学目标和重难点把握精准，才能针对不同的课型和不同层次的学生进行作业设计。目前，对于各种课型的具体作业的布置虽有涉足，但还处在尝试阶段，有待更进一步补充、完善和提高。

（二）对评价方式提出了挑战

多样化作业的内容和形式决定了其结果的多样性，要求教师要用不同的尺子去衡量每一个学生的作业结果，并及时给予反馈。这不仅需要大量的批改作业的时间，还需要有效的电子化手段进行后续的跟踪调查，以检验成效。但在实践过程中，由于各方面因素的影响，没有很好地做到这一点，所以还需要更科学地完善评价系统。

基于"三校生"高考试卷分析的英语精准教学探究

梁彩云

摘　　要： 本文使用 SPSS21.0 分析上海市群星职业技术学校 21 级中本生在"三校生"高考英语试卷中的得分率、区分度，发现高分组和低分组区分度较大的板块，结合学情和艺术专业中本生的特点，设计"四步循环"作业法，辅以精细听说、情景模拟、互动探究与智能组卷等方式进行精细教学，以提高教学效果。

关 键 词： "三校生"高考　"四步循环"作业　精准教学

作者简介： 梁彩云（1978—　　），女，上海市群星职业技术学校教师，高级讲师。

一、实施背景

中本贯通，又称为"中职—本科贯通"，旨在通过中等职业教育与本科教育的有机结合，为学生提供更为顺畅的升学通道和更加实用的职业技能培训。该模式主要适用于那些希望在高中阶段就明确自己职业方向，并希望在接受职业教育的同时，也有机会获得本科学历的学生。

在中本贯通模式下，学生首先进入中等职业学校接受三年的中等职业教育，学习基础的职业技能和理论知识。在完成中等职业教育后，通过转段考，成绩合格的学生可以直接升入对口的本科院校继续学习，最终获得本科学历。

中本专业学生在中职三年级时要参加"三校生"高考。为了寻找到薄弱学生相差较大的部分，笔者在其就读中职一年级时就对其进行精细教学，帮助其树立信心、激发学习兴趣、提高素养。笔者对上海市群星职业技术学校 21 级数字媒体艺术中本专业的班级进行了 2020 学年"三校生"考试真题测试。在此之前，学生没有接触过类似考试，也没有接受过类似训练。

二、"三校生"高考试卷分析与结论

（一）试卷难度、区分度分析

试卷由笔试和听力两部分组成。各部分测试内容和分值等如下：

测试题型	听力	语法＋语言功能	词汇与完形	阅读理解	翻译	写作
分值	20	13	17	25	10	15

试题满分100分，测试时间100分钟。听力、语法、语言功能、词汇完形和阅读为客观题目，由机器阅卷。阅读回答、翻译两个主观题是严格根据扣分原则由一位老师统一批阅。作文是根据扣分标准由两位老师打分后计入两次分数的平均值，所以相对客观。

试卷难度是衡量试卷质量的一项重要指标。难度是指试题的通过率，即答对某题的被试人数占被试总人数的比例。难度值大于0.8表明试题太易，小于0.2表明试题太难。大规模考试试题难度应该在0.3与0.7之间。

1. 难度值分析

表1　各大题难度分析

题型	听力	语法	语言功能	词汇完形	阅读	阅读回答	翻译	写作
均值	1.353	5.91	4.55	10.09	9.31	7.54	6.68	9.06
难度值	0.66	0.74	0.91	0.59	0.62	0.75	0.70	0.65

由表1看出，语言功能难度值高于0.8，为0.91，相对较容易。听力、词汇完形、阅读的难度值分别为0.66、0.59和0.62，说明听力、词汇、阅读是学生在中职三年期间需要花力气掌握的。

2. 区分度分析

区分度是高分组（占总人数高分段的27%）的难度值减去低分组（总人数低分段的27%）的难度值。区分度介于（-1，+1）。一般要求试题的区分度在0.3以上。区分度D≥0.4时，说明该题有较好的区分作用；D≤0.2时，说明该题目的区分性很差。

表 2 测试各大题区分度分析

大题	听力	语法	语言功能	词汇完形	阅读	翻译	写作
区分度	0.26	0.15	0.11	0.35	0.32	0.27	0.23

由表 2 看出，语法、语言功能大题的区分度小于 0.2，区分性相对较弱，说明这两个大题高分组和低分组没有很大差距，学生对语法和语言功能的掌握基本都能达到要求。听力、词汇完形和阅读几个大题的区分度较好，说明优生和差生之间相差明显。

（二）显著性差异分析

为了发现高分和低分学生在哪些题型方面有显著性差异，对班级学生按一定比例分为高分组（27%）、中分组（46%）和低分组（27%）进行单因素方差分析。利用 SPSS 21.0 进行单因素方差分析（见表 3），发现只有听力、阅读的显著性差异值小于 0.05（显著性差异值小于 0.05 说明有区分度，反之则没有），其余题型显著性差异值大于 0.05，说明高分和低分的学生在听力和阅读得分上有显著性差异，其余题型没有差异或差异很小。

表 3 各大题显著性差异分析

		平方和	df	均 方	F	显著性
听 力	组间	35.819	2	17.909	3.234	.045
	组内	426.381	77	5.537		
	总数	462.200	79			
语 法	组间	4.221	2	2.111	1.656	.198
	组内	98.166	77	1.275		
	总数	102.388	79			
语言功能	组间	2.660	2	1.330	3.091	.051
	组内	33.140	77	.430		
	总数	35.800	79			
词汇完形	组间	4.439	2	2.220	.265	.768
	组内	643.948	77	8.363		
	总数	648.388	79			
阅 读	组间	47.156	2	23.578	6.718	.002
	组内	270.232	77	3.510		
	总数	317.388	79			

续表

		平方和	df	均　方	F	显著性
阅读回答	组间	5.303	2	2.652		
	组内	350.584	77	4.553	.582	.561
	总数	355.888	79			
翻　译	组间	1.592	2	.796		
	组内	195.458	77	2.538	.314	.732
	总数	197.050	79			
写　作	组间	2.651	2	1.326		
	组内	394.036	77	5.117	.259	.772
	总数	396.688	79			

（三）"三校生"高考和中考成绩的相关性分析

对学生的"三校生"高考卷的成绩和中考成绩进行相关性分析，控制班级变量，得出相关系数为 0.664（见表 4），说明"三校生"试卷总分和中考成绩之间有着正相关，即学生的中考成绩和"三校生"高考成绩之间有一定联系。

表 4 "三校生"试卷与中考成绩相关性分析

	控制变量	"三校生"试卷总分	中考成绩
班级	"三校生"试卷总分 相关性	1.000	.664
	显著性（双侧）	.	.000
	df	0	77
	中考成绩 相关性	.664	1.000
	显著性（双侧）	.000	.
	df	77	0

为了保证班级学生的通过率，保证所有的学生都能通过转段考升入大学，必须分析低分组学生在听力和阅读方面遇到的具体问题，有针对性地进行教学改进。

通过访谈发现：低分组学生觉得高中英语教材比较难，词汇较多，理解有困难；词汇容易遗忘，背诵后间隔一周就出现生疏；不能根据语境和任务要求比较准确地表达；因为词汇量不够，听力和阅读有较大障碍，从而不喜欢甚至害怕英语；没有好的词汇学习方法，讨厌记单词，对英语学习有畏难情绪，最后会有可能跟不上而产生弃学的想法。基于此，我们备课组从词汇入手，提出精细化教学改进方案。

三、基于试卷分析的精准教学实施过程

听力和阅读理解都与词汇有很大联系，因此提高听力和阅读首先必须夯实词汇，通过多种方式不断复现、运用，从而掌握核心词汇。

（一）基于词汇学习策略，制定"四步循环"作业法，巩固词汇

词汇学习策略是指为了减少词汇学习的盲目性，提高词汇学习的效果而采用的各种有利于词汇学习的策略。英语词汇学习至关重要，它是提升语言能力的基石，因此，加强英语词汇学习是英语学习的必由之路。

"四步循环"作业法基于以下四步：第一步，课前预习，听读打卡；第二步，基于文本，单句练习；第三步，提升难度，迁移运用；第四步，完成项目，综合运用。

具体展开如下：

第一步：课前预习，听读打卡

（1）课前预习指导：明确预习内容，包括课文单词和句型，确保学生有针对性地进行准备。

（2）听读打卡活动：设计日常听读任务，鼓励学生模仿地道的英语发音和语调，提高口语感知能力。

（3）构词法学习应用：教授常见的前缀、后缀和词性变换规律，帮助学生理解和记忆英语单词的构成，系统扩大词汇量。

第二步：基于文本，单句练习

根据课文重点单词和核心词汇的衍生，根据不同文本语境和教学要求，设计情景化任务，在任务中引导学生练习单句，训练学生的翻译能力。

例如，教授校园生活话题时，从课文和核心词汇中挑选与校园生活服务相关的单词和短语，如图书馆、食堂、医务室、体育设施等。对所选词汇进行词性和含义的梳理，确保学生理解准确。

设计不同的校园生活服务场景，如图书馆借阅流程、食堂用餐指南、医务室就诊须知、体育设施使用说明等。为每个场景编写一段中文描述，作为翻译的原始材料。将学生分成若干小组，每组负责一个场景的翻译任务。布置学生课前完成，课堂展示分享，邀请其他同学评价。

第三步：提升难度，迁移运用

将单元词汇植入与课文文本题材相似的文本，让学生通过任务和语境，运用文中核心词汇，做到知识迁移。这种做法符合学生发展的"最近发展区"，有效提高了词汇的复现，使消极词汇变成积极词汇。研究表明，运用词汇比单纯背诵默写和记忆的效果要好。

例如：选择一篇与"环保行动"相关的英文文章，其中包含本单元的重点词汇，如 sustainable、recycling、pollution、conservation，设计阅读问题，如："What are the main causes of pollution mentioned in the article？" 或 "According to the article，what are some sustainable practices we can adopt in our daily lives？"。

选取文章中的某些关键词汇或短语，设计成空格，让学生根据上下文语境选择正确的词汇填空。最后，给出一个与环保相关的简短情境，让学生使用所学词汇造句或编写一段文字。

第四步：完成项目，综合运用

为了切实提升学生在单元语篇书面表达方面的能力，教师精心创设了一系列情景化的项目。在这些项目中，教师不仅注重词汇的综合运用，更着力于提高学生的语用能力，让他们在语境中感知词汇的深层含义，从而能够更自如地运用语言。

例如，选择一些与单元主题相关的句子或段落，然后让学生尝试用自己的语言进行改写或扩写；也可以依据任务单框架和单元话题仿写类似文章或项目设计书。

此外，教师还会根据任务单的框架和单元话题，要求学生仿写类似文章或项目设计书。这种方式不仅通过词汇的综合运用提升学生的书面表达能力，还能够培养他们的逻辑思维和创新能力。

（二）基于单元听力，提升听说能力

首先，对于陌生词汇，我们需要在听力材料中识别并强调。在播放听力材料之前，教师可以先让学生预习生词，扫清词汇障碍。对于超出学生已有词汇的陌生词汇，教师应当重点讲解。同时，教师也可以教授一些词汇猜测技巧，如根据上下文语境、语音语调等推断出生词的意思。

其次，对于复杂句式，我们需要在听力训练中加强识别和解析。听力材料中常常会出现一些长句、复合句等复杂句式，学生需要掌握这些句式的结构和特点，以便能够准确地理解听力内容。教师可以先对复杂句式进行分类和总结，然后让学生通过听力材料进行实际操作和体验。同时，教师也可以教授一些听力技巧，如如何抓住关键词、如何理解说话者的意图、如何快速记笔记等。

最后，复现听过的内容也是提高学生听力准确率的关键。在听完一段材料后，教师可以让学生看听力文本答案跟读、复述、总结，以加深学生对听力内容的理解和记忆。同时，教师也可以设计一些听力活动，如听写、两人配音等，让学生在轻松愉快的氛围中巩固所学内容。

（三）基于学科核心素养，利用情景模拟与互动探究，提升学生语境理解能力

首先创设与教学内容紧密相关的真实情景或模拟情景，让学生在具体语境中感受和理解语言。例如，在学习关于环保的语篇时，可模拟一个环保会议的现场，让学生扮演不同角色，围绕环保主题展开讨论。

接下来，引导学生进行互动探究。在模拟情景中，教师设计一系列问题，引导学生通过合作、讨论和探究的方式，深入理解文本内容。学生可以分组进行，每组针对一个问题展开探究，最后分享成果。

情景模拟与互动探究法通过创设真实情景，引导学生互动探究，并结合现代信息技术，能有效提升学生的参与度和学习兴趣，使其在英语语境中自然地感知和运用语言。情景模拟能够帮助学生构建实际运用的桥梁，互动探究则促进学生间的协作与思考，共同解决语言难题，有效提升了学生的课堂听讲和课堂参与的效果，使学生学以致用。

（四）利用试卷宝智能分析组卷，巩固词汇，提升词汇运用的准确性

智能分析通过深度学习和自然语言处理技术，精准分析学生在学习过程中出现的词汇问题，从而为学生定制个性化的学习方案。试卷宝智能组卷依据智能分析的结果，自动生成针对性强的词汇练习试卷。

具体操作环节如下：首先，学生在学习通完成词汇测试，教师将错题汇总导入试卷宝，试卷宝会根据学生的答题情况，智能识别出薄弱词汇；然后，系统通过智能组卷功能，自动生成包含这些薄弱词汇的练习试卷；学生完成试卷后，系统再次进行智能分析，给出反馈和建议，帮助学生巩固词汇，提升理解准确性。

例如学生对 abstract 一词的理解不够准确。系统通过试卷宝智能组卷功能，生成了一系列包含 abstract 词汇的语境练习，如填空、选择等。学生在完成这些练习后，对 abstract 一词的理解得到了显著提升。

这种基于智能分析和试卷宝智能组卷的学习，充分利用了现代科技手段，实现

了精准化的词汇学习，有效提升了学生对英语词汇理解的准确性。

四、特色与成果

精准教学强调针对学生的个体差异和实际需求，制订个性化的词汇学习计划。通过深入分析学生的词汇掌握情况，教师能够精准知晓学生的薄弱环节，从而有针对性地进行教学。

情景模拟与互动探究则为词汇学习提供了生动的语境和实践机会。在模拟真实情境或虚拟情境中，学生能够在运用中加深对词汇的理解和记忆，同时通过互动探究，培养学生的合作能力和批判性思维。

智能组卷根据学生的弱项，自动生成个性化的词汇练习卷。这不仅能够巩固学生的词汇基础，还能够通过数据分析，为教师提供反馈，进一步优化英语教学。

通过实施这种教学模式，学生的词汇掌握情况得到了明显提升，英语应用能力也得到了增强。同时，教师的教学效率也得到了提高。

总之，通过"四步循环"作业法巩固词汇，辅以听说、情景模拟、互动探究与智能组卷，精细教学，能激发学生的学习兴趣，提高英语教学效果。

基于核心素养的中职英语阅读教学探究

朱　丽

摘　　要： 中职英语课程标准明确提出，要培养中职学生的英语核心素养。在教育教学改革深入推进的新时期，中职英语教师在英语阅读教学过程中要遵循"以人为本"的教学理念，以英语学科核心素养为导向，不断提升英语阅读教学的质量。对此，笔者立足学校中本贯通学生的特点，在把握当前学生英语阅读学习现状的基础上，关注学生英语核心素养的培养，注重夯实英语基础，培养阅读学习兴趣；创新阅读教学模式，强化学生阅读体验；打造专业语言环境，降低阅读学习难度。此外，还通过对学生英语阅读兴趣、英语阅读能力进行调查，在前后对比过程中体现基于核心素养的中职英语阅读教学的科学性。

关　键　词： 核心素养　中职　英语阅读

作者简介： 朱丽（1984—　），女，上海市群星职业技术学校教师，讲师。

一、问题的提出

（一）英语教学中的核心素养

学科核心素养是学科育人价值的集中体现，是学生通过学科学习而逐步形成的正确价值观念、必备品格和关键能力。英语学科核心素养包括什么呢?《普通高中英语课程标准（2017 年版 2020 年修订）》将英语学科核心素养概括为语言能力、文化知识、思维品质和学习能力。《中等职业学校英语课程标准（2020 年版）》则把英语学科核心素养概括为职场语言沟通、思维差异感知、跨文化理解和自主学习。

（二）基于核心素养的中职英语阅读教学的价值

阅读教学是中职英语教学的重要组成部分，也是发展英语学科核心素养的重要途径。基于核心素养展开英语阅读教学，不仅能够深入挖掘学生的英语学习经验，还能促使学生全身心地参与到英语阅读学习过程中，体验英语阅读的趣味性，在阅读的过程中获得全面发展。更为重要的是，在以英语学科核心素养为导向的中职英语阅读教学过程中，学生的英语阅读的积极性和主动性不断发挥，其英语阅读的兴趣得以增强，能够主动参与到英语阅读课堂的建构过程中。

（三）中职学生英语阅读学习现状

培养中职学生的英语学科核心素养，是当前中职英语教学活动的重要目标之一，而中职英语阅读则成为英语学科核心素养培养的重要载体。作为中职英语教学的重要组成部分，英语阅读包含丰富的元素。在英语阅读过程中，中职学生能够感受英语的丰富多彩，从不同层面获得核心素养的熏陶。[①] 然而，上海市群星职业技术学校中本贯通班级在中职阶段采用高中英语教材，教材难度较大，这更对学生的英语阅读学习提出了挑战。因此，在英语阅读学习过程中，学生主要存在以下问题：

1. 学生英语基础薄弱，阅读缺乏动力

相较于普通高中学生而言，中职学生的英语成绩较差，对于英语学习存在一定的畏难心理。[②] 笔者在观察所带班级学生的过程中发现，学生英语基础薄弱，掌握的英语知识有限，掌握的英语知识呈现出碎片化、简单化的特点。如今，当面对难度较高的英语教材时，英语基础薄弱的学生往往因为英语知识掌握程度的有限而缺乏阅读的动力，英语阅读兴趣不足。通过对所带的两个班级——中本贯通（A班）和平行班（B班）的学生进行入校成绩统计和阅读能力前测（如表1），并对其英语阅读兴趣进行问卷调查，发现结果如下（如图1）：

表1 A班、B班学生进校成绩和阅读能力前测情况

班级	进校成绩			阅读能力前测
	均分	合格率	优良率	
A班	87	100%	93%	73.6
B班	51	37%	6.67%	58.8

---

① 王丹丹.基于核心素养培养的中职英语阅读教学策略研究［J］.海外英语，2023（18）：220–222.

② 胡玉华.指向核心素养发展的中职英语阅读教—学—评一体化教学实践——以高教社英语2基础模块 Unit 6 Reading and Writing 为例［J］.中学生英语，2023（36）：167–168.

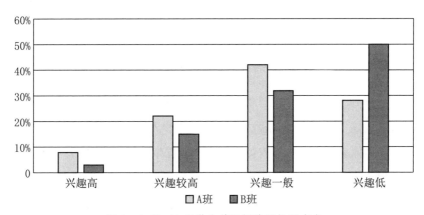

图1　A班、B班学生英语阅读兴趣调查表

由此看出，在英语阅读学习过程中，学生兴趣不足，基础薄弱的学生表现尤为明显，自然也缺乏阅读的积极性和主动性。

2. 阅读教学模式单一，学生投入不足

从中职英语阅读的角度而言，阅读教学模式发挥着重要的角色。在不同的阅读教学模式下，英语阅读呈现出的效果也截然不同。当前，中职学生呈现出个性化、多样化的特点，英语教师采取传统化、单一化的阅读教学模式已经不能满足学生的英语学习需求，也难以促使学生在英语阅读过程中获得良好的体验感和成就感。[1] 在这种情况下，学生对于英语阅读的投入不足，缺乏主动学习的活力，不愿意在英语阅读学习上投入更多的时间和精力等。

3. 语言文化环境缺失，学习难度较大

英语作为一门外语，对母语为汉语的中职学生来说在学习过程中存在一定的难度，首先表现在语言文化环境的缺失。著名的教育专家苏霍姆林斯基的环境教育论认为，环境对于个体的成长和发展具有重要的促进和指导作用。从语言学习的角度而言，英语阅读学习也需要营造相应的语言文化环境，从而促使中职学生在环境的熏陶下掌握英语知识，实现英语学科核心素养的培养。然而，笔者所带班级的学生缺乏相应的语言文化环境，仅仅在课堂上开展英语阅读，这就导致学生的英语阅读

① 陈泽平. 英语学科核心素养视域下的中职英语阅读教学策略探究 [J]. 英语教师，2023，23（11）：179−182.

学习难度增大。

二、基于核心素养的中职英语阅读教学策略

指向核心素养的中职英语阅读教学，以英语学科核心素养为导向，以英语阅读教学为基础，关注学生在英语阅读过程中的行为和表现，关心学生英语学科核心素养的发展。在具体教学过程中，将英语学科核心素养与英语阅读教学密切结合起来，将核心素养融入英语阅读教学课堂；在中本贯通（A 班）进行实验教学时，密切联系学生实际，探索基于核心素养的中职英语阅读教学路径，期望学生实现快速成长和全面发展。

（一）注重夯实英语基础，培养阅读学习兴趣

中职学生的英语学习基础本就比较薄弱，在中职阶段的英语学习不仅需要学习新的英语知识，也需要不断夯实英语学习基础，从而深化对英语知识的把握。[①] 在中职英语阅读教学过程中，在英语学科核心素养导向下，将夯实学生英语基础放在首位，通过多样化的形式培养学生英语阅读的兴趣，促使学生树立英语阅读可学、英语阅读可读、英语阅读能读的理念。对此，笔者深入挖掘学生的兴趣点，进而因材施教，有针对性地展开教学，从而在培养学生英语阅读兴趣的同时，提升学生英语知识的储备，提高学生自主学习能力。以上海教育出版社出版的《英语》必修 1 为例，具体如下：

表 2　Unit 1 Our world 阅读基础夯实计划表

教学内容	教学原则	教学方法	教学意图
Unit 1 Our world 阅读板块	坚持夯实学生英语阅读基础，将扩充学生的词汇量放在第一步。	将阅读文本中呈现的单词 acquire、challenge、deliver 等与学生喜欢的影视作品结合起来，通过《西游记》《甄嬛传》等影视作品中与单词相关的片段，或者与单词相关的延伸场景，促使学生在熟悉的影视作品情节欣赏的过程中，学习单词，深化记忆，从听的角度出发巩固读的学习。	深入挖掘学生的兴趣点，将学生喜欢的影视作品作为教学素材，组织学生欣赏英语配音的影视作品，在熟悉台词的过程中掌握英语单词，从而夯实学生的英语单词基础，为学生阅读活动的顺利开展奠定扎实的基础，促进自主学习能力的提高。

---

① 武欣梅.核心素养下中职英语阅读教学的策略［J］.校园英语，2023（19）：162-164.

（二）创新阅读教学方法，强化学生阅读体验

在基于核心素养的中职英语阅读教学过程中，采用科学化的英语阅读教学模式往往能够促使阅读教学效果事半功倍，带给学生良好的英语阅读体验，激发学生英语阅读的主动性。在中职英语阅读教学过程中，英语教师要积极转变传统的教学观念，在吸收传统英语阅读教学模式的基础上，结合学生的发展实际，创新英语阅读教学模式，诸如信息化教学模式、任务驱动教学模式、"读思达"教学模式等，增强学生的英语阅读体验感，促使学生在阅读的过程中实现核心素养的培养，实现自身的英语成长和发展[①]，具体如下：

表3　Unit 4 My Space 阅读教学方法流程表

教学内容	教学模式	教学目的	具体操作
Unit 4 My Space 阅读板块	任务驱动教学模式：一种高效的深度学习模式，是"以学为本"教育理念的升华，强调学生在学习活动中的主体地位，以教学任务为核心，以小组合作为载体，既有利于提升课堂教学的效率，又有利于学生之间形成互帮互助的融洽关系，营造出浓厚的学习氛围。	促使学生了解实验故事涉及的主要方面，了解20世纪40年代的英国家庭生活，体会实验参与者的感受。	采用任务驱动教学模式，围绕阅读文本内容设计了教学任务群，将学生划分为若干小组，促使学生在完成学习任务的过程中深化对阅读文本的把握。例如，设计了如下任务：在阅读文本的基础上，自行设计"challenges in the 1940s house"思维导图。对此，学生认真阅读文本，勾画核心要点，充分发挥想象力和创造力，设计出各种各样的思维导图，从而了解 food、warmth、safety、domestic chores 等日常基本所需，进而掌握了阅读文本的大致内容。

在教学过程中，设计了英语阅读学习任务单，具体如下：

---

① 石惠.基于学科核心素养的中职英语阅读教学探讨——正向场依存理论视角为例［J］.中学生英语，2023（14）：29-30.

表4　Unit 4 My Space 学习任务单

任务类型	任务内容	任务形式
基础达标	梳理阅读文本中的单词，设计单词卡	单词卡
能力达标	在阅读文本的基础上，自行设计"challenges in 1940s house"思维导图	思维导图
思维达标	比较"life in the 1940s & modern life"	头脑风暴
优化达标	围绕"My Space"撰写一篇文章，介绍自己的房间或家庭空间的分布	写　作

以任务为指引，围绕阅读文本设计丰富的学习任务，突出小组合作，从而促使学生在同辈指导和帮扶的过程中完成学习任务，掌握学习内容，提升思维品质。

（三）打造专业语言环境，降低阅读学习难度

充分发挥环境的育人功能，促使中职学生在环境熏陶下提升英语阅读能力和水平，降低英语阅读学习难度，这是中职英语教师需要思考的重点问题。打造专业的语言环境，意味着要为学生提供丰富的可供交流的环境，促使学生在英语阅读的基础上能够学有所用，在英语表达的过程中内化英语阅读所得，真正将教材中的英语阅读知识延伸到日常生活运用过程中。在这个过程中，从学生的英语学习实际出发，打造专业的语言环境，促使学生在物质语言环境和精神语言环境的共同作用下，感受英语阅读学习的趣味性，有效克服英语阅读的畏难心理。

例如，在 Unit 3 Choices 阅读教学过程中，可以整合单元整体阅读资源和班级的数字媒体艺术专业特点，将英语阅读、英语表达和学生专业结合起来，进而为学生提供专业的语言环境。对此，以"Make a difference in your fridge"为主题，为学生创设了英语活动角，组织学生围绕"Make a difference in your fridge"制作公益广告视频。在英语活动角中，学生需要用英语展开书面文字表达和交流学习，以小组为单位，根据食物里程、包装材料、生产制作过程三个指标判断冰箱中的各种食物对环境的影响，划分为好的、坏的、最糟糕的三种类型。在此基础上，学生还需要运用英语讲解分类的原因，设计相关的情节拍摄成短片，最终形成一则直观、生动、具有宣传呼吁作用的公益广告视频。

上述教学活动，为学生创设了可供学生英语活动的英语活动角，并且在英语活动角中规定了学生的表达和交流方式，为其提供脚手架作为支持。在此活动中，学

生围绕主题展开交流和互动，能够倾听和开展英语表达，在语言环境的熏陶下逐渐熟悉英语表达，进而降低英语阅读学习的难度，逐步提高学生的职业语言沟通和职业文化水平。

三、结论与思考

在夯实学生英语学习基础，创新英语阅读教学模式，打造语言文化环境的基础上，笔者在所任教的中本班级（A 班）进行了一学期的教学实验后，再次对班级学生的英语阅读兴趣进行了调查，并与学期初进行对比（如图 2）。同时，对任教班级（A 班）与平行班（B 班）的英语阅读能力进行后测，本次 A 班均分为 82.7，B 班为 63.9，并对两个班级阅读能力的提高进行了对比（如图 3）。

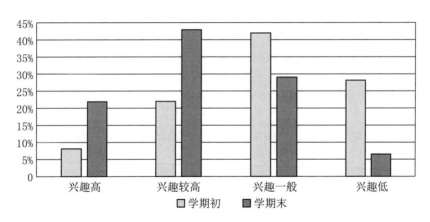

图 2　学期初和学期末 A 班学生英语阅读兴趣调查

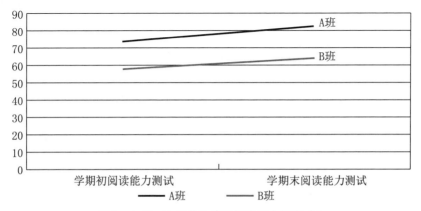

图 3　A 班、B 班学生英语阅读能力提高对比

　　显然，A 班学生的英语阅读兴趣有了显著提高，其英语阅读能力提高也更为明显。这也表明，核心素养为中职英语阅读教学注入了活力，同时也为学生英语综合能力的提升奠定了基础。

　　然而，以核心素养为导向的英语阅读教学对中职英语教师也提出了较高的要求：

　　第一，教师要注意密切结合学情，深挖教材，创新阅读教学模式。以提高兴趣为出发点，创设符合学生实际的教学活动，提高其课堂参与度，最终达成促进学生自主学习的目的。

　　第二，教师需要走近学生，充分了解学生所学的专业。在英语阅读教学过程中，紧密结合专业，设计相关情景，开展适当的课堂活动，并根据学生实际提供相应的脚手架，帮助学生克服畏难心理，带动其提高职场沟通能力。

　　第三，教师应对古今中外相关文化背景等有比较深入的了解，对学生保持正向积极引导，方能提升学生思维品质，加深差异感知，促进跨文化理解。

　　总之，在核心素养的背景下，中职英语教师要从传统的知识灌输向注重学生综合能力培养的方向转变，加大英语阅读教学改革步伐，引导学生主动参与教育教学过程。在中职英语阅读教学过程中，英语教师要坚持以英语学科核心素养为导向，注重英语阅读活动的组织，促使中职学生在阅读活动参与的过程中获得成长和发展，实现英语学科核心素养的培养。

将中华优秀传统文化融入中职英语的教学实践

——以"Ancient Civilization"单元为例

吴亚娟

摘　　要： 中华优秀传统文化是中华民族的文化瑰宝，教育承载了传承与弘扬中华优秀传统文化的使命，英语教学也不例外。在中职英语教学中融入中华优秀传统文化，既落实了立德树人根本任务，又实现了厚植家国情怀和增强文化自信的目的，同时还拓宽了学生的国际视野，提高了其跨文化的理解能力。英语教师应自觉探索教材中的传统文化内涵，并将其显性化，帮助学生加深对中华优秀传统文化的理解和认知，以更好地促进文化传播，并为学生的终身学习和人格发展打下坚实的基础。

关　键　词： 传统文化　中职英语　教学实践

作者简介： 吴亚娟（1984—　），女，上海市群星职业技术学校教师，助理讲师。

《中等职业学校英语课程标准（2020年版）》明确提出"英语课程兼有工具性和人文性"，并将"思维差异感知"和"跨文化理解"作为学科核心素养。[①]这一标准的明确，改变了长期以来英语课程重工具性轻人文性的弊端。事实上，英语教育既是语言教育，也是文化教育。语言教育，要求教师在课堂内外培养学生听、说、读、写的能力，而文化教育是通过语言这个载体慢慢深化和渗透文化的，具有潜移默化、润物无声的特点。同时，文化教育中的文化又分为本土文化、目的语文化和国际文

---

① 中华人民共和国教育部.中等职业学校英语课程标准（2020年版）[M].北京：高等教育出版社，2020.

化。[①]其中，本土文化，即学习者自身的文化，在我国即中华传统文化。因此，在中职英语教学实践中弘扬中华优秀传统文化，感知不同文化背景下思维方式的多样性，理解中西方思维方式的差异，帮助学生加深对中华优秀传统文化的理解和认知，坚定文化自信，促进文化传播，应当成为新课程背景下英语教学研究的重要内容。

一、将中华优秀传统文化融入中职英语教学的重要意义

（一）落实立德树人根本任务，提高中职生的思想道德素养

习近平总书记在中共中央政治局第五次集体学习时强调指出："我们要建设的教育强国，是中国特色社会主义教育强国，必须以坚持党对教育事业的全面领导为根本保证，以立德树人为根本任务。"当今世界，百年未有之大变局加速演进，各种思潮依托新媒体等渠道向青年学生奔涌而来，而中职生正处于身心发展的重要时期，处于世界观、人生观、价值观形成的关键阶段，他们亟须道德引领和人格塑造。中华优秀传统文化是一座取之不尽的宝藏，它倡导仁爱、忠诚、礼义、信用等道德观念，以及忠孝、友爱、敬老等伦理规范。深入挖掘英语教材中的中华优秀传统文化要素，学生可从中汲取道德力量，规范自己的思想和行为，从而健全自身的人格素养。因此，在中职英语教学中融入中华优秀传统文化是落实立德树人根本任务，提高学生思想道德素养的有效举措。

（二）厚植家国情怀，增强文化自信

家国情怀和文化自信是中华儿女的精神支柱。家国情怀使每个人心系祖国，关注民生，自觉为祖国的发展献出自己的力量；文化自信则能够提高中华儿女在国际舞台上的竞争力，塑造更加自信的民族形象。中职生作为新时代青年，是祖国的未来，是社会主义的接班人，在对他们的教育中，家国情怀和文化自信是必不可缺的要素。过去，英语教学更多地强调学习西方语言、知识和文化，导致传统文化的缺位现象日益严重。新课程标准将中华优秀传统文化引入教材，例如姓氏文化、节日文化、饮食文化、古代四大发明、丝绸之路、工匠精神等。教师在教学过程中，应深挖文本背后的文化属性，帮助学生掌握传统文化的英语表达，把英语学习与家国

---

① Cortazzi, Jin. Cultural Mirrors: Materials and Methods in the EFL Classroom[C]. Cambridge University Press, 1999:196-219.

情怀联系起来，与肩负的弘扬中华优秀传统文化的历史责任联系起来，从根本上推动学生获得成长，提升其英语学习能力。

（三）拓宽国际视野，提高跨文化理解能力

英语学科是帮助中职生了解西方文化的重要渠道，同时也是实现传统文化输出的重要途径。[①] 在课堂教学中，教师在讲授西方文化的同时，应找准切入点，自然、巧妙地融入中华优秀传统文化。通过文化比较与互鉴，有助于学生理解西方文化，更有助于学生加深对中华优秀传统文化的理解和认同，从而不断地提高跨文化理解、鉴别和交际能力，辩证地看待中西方文化的差异，以更包容的心态理解文化的多样性，拓宽国际视野，培养跨文化意识，增强跨文化交际能力。

二、将中华优秀传统文化融入中职英语的教学设计——以"Ancient Civilization"单元为例

高教版中职英语基础模块的单元结构体例如下：Learning Objectives（学习目标）——Warming Up（热身活动）——Listening and Speaking（听说）——Reading and Writing（读写）——Culture Understanding（文化理解）——Language Practice（语言实践）——Group Work（小组活动）——Self-assessment（自我评价）。笔者以"Ancient Civilization"单元为例，用大单元教学设计的思维方式将各板块重新整合，具体谈谈如何在各板块的教学中融入中华优秀传统文化。

（一）在听说教学中融入中华优秀传统文化

人们通过"听"所获取的知识占全部知识的80%以上，故而"听"的能力在英语四项基本能力中位居首位。所以，培养"听"的习惯和创设"说"的情境，在英语教学中至关重要。

本单元听说（Listening and Speaking）板块，以历史、文化与艺术为主题。从古代文明入手，到谈论艺术家及其作品，进而延伸到讨论东西方文物展览。

在导入环节，笔者提问：When it comes to ancient civilization, what pops into your mind? 以"头脑风暴"的方式，激活学生头脑中关于古代文明的知识储备。作为中国人，我们首先想到的就是中国古代四大发明，笔者为此做了充分的教学预设，以

---

① 蒋生军 . 中国传统文化在英语教学中的有效渗透探索 [J] . 名师在线，2020（21）：8-9.

图片和视频为载体，让学生掌握了 compass、gunpowder、papermaking、printing 的英语表达；同时呈现教材中的意大利罗马斗兽场、埃及象形文字和古希腊雕像，学生通过观察图片、讨论图片，学习并正确说出 architecture、character、sculpture 等词汇。笔者的设计意图，从知识层面上说是掌握古代文明的英语表达，从情感层面上说是希望学生了解各国文明成就的知识，懂得东西方文明和而不同，各有成就和贡献；让学生感受古代文明的伟大，增强文化自信，厚植家国情怀，同时又能以包容、多元的心态看待世界各国文明，增强跨文化理解能力。

有了基础词汇，之后的长对话"听说"就有了保障。教材中设计了两则"听"的材料：一则是关于 Greek Art，另一则是关于 Picasso，两则内容均是关于西方艺术。笔者认为，在自身文化语境下，学生更"有话可说"，故而创设了"丝绸之路文明精品展"的对话情境，要求学生介绍《清明上河图》(Qingming River View)、剪纸艺术 (Paper-cut Work)、唐三彩 (Tri-Colored Glazed of the Tang Dynasty) 和古罗马玻璃器皿 (Ancient Rome Glassware)。前三者是中华优秀传统文化的代表，后者是西方文明的代表，之所以这么设计，是想要学生掌握关于中华优秀传统文化的英语表达，并有能力运用英语解决生活中、职业中可能遇到的实际问题，既弘扬了中华优秀传统文化，又实现了同一情境下东西方文化的对比。

（二）在读写教学中融入中华优秀传统文化

阅读是大量信息输入、学生主动认知与思考的过程，能巩固语言知识、拓宽视野、提高文化素养、锻炼思辨能力。高教版中职英语教材中不乏中华优秀传统文化的阅读素材和写作任务，但要在读写教学中潜移默化地渗透文化意识，还需要教师进一步深挖文本和任务背后的文化属性。

本单元读写（Reading and Writing）板块所用的语料是一篇关于"丝绸之路"话题的文章。语料文体特征鲜明，语言具体生动，内容融合课程思政元素。在教学过程中，笔者以思维导图（如图 1）为切入点，帮助学生理解文本内容，诸如"丝绸之路"的路线、起源、交易商品和相关人物，并且补充三个案例：The cultural exchanges along the Silk Road brought about art treasures like those in the Mogao Caves., Some fruits and vegetables were newly brought to China through the Silk Road., Xuanzang brought back many Buddhist Scriptures and translated them into Chinese., 以莫高窟——学生熟悉的人文景点，瓜果蔬菜——学生熟悉的日常食品，唐玄奘——学生熟悉的

文学影视作品中的人物来更好地感知"丝绸之路"的重要意义，以及古代中国辉煌的历史和对世界文明的杰出贡献。

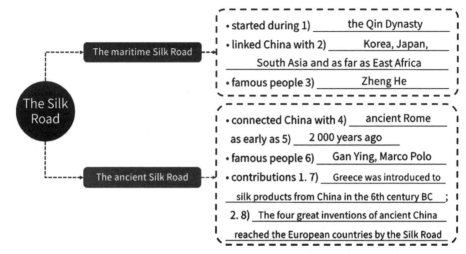

图 1　"丝绸之路"思维导图

写作任务是文本阅读后的能力迁移，要求学生回顾关于"丝绸之路"的知识点，选择最感兴趣的内容完成一份电子邮件，向外国朋友 Ella 介绍"丝绸之路"。任务本身蕴含丰富的文化内涵，教师要做的就是将其文化属性显性化。笔者的做法是在评价环节，让学生互相批改和点评作文，了解其他同学对"丝绸之路"的想法和认识，以弥补自身认识的不足，在交流和评价中培养学生的逻辑思维、分辨能力和归纳总结能力，同时也进一步坚定文化自信，厚植家国情怀。

（三）在文化理解与小组活动中融入中华优秀传统文化

Cultural Understanding 是新版教材的一大亮点，旨在介绍与单元话题相关的文化知识，帮助学生了解世界多元文化，提高其跨文化理解和跨文化交流能力，促进有效沟通与交流；Group Work 要求学生以小组为单位，通过组内协商、信息加工等方式开展项目实践活动，完成真实场景中的任务，解决实际问题。

本单元 Culture Understanding 板块是一篇关于 Marco Polo（马可·波罗）的说明文。在教学过程中，教师提问：How did Marco Polo and his book bring the West and the East closer together? 以启发学生思考马可·波罗及《马可·波罗游记》的意义，感知古代东西方交流史上的传奇佳话，体会马可·波罗对于增进东西方交流和理解所做的贡献。随后教师更进一步提问：In this information era, what can we young students do to promote Chinese civilization? 既自然地将话题联系学生的生活实际，启发学生思考自身能够为弘扬中华优秀传统文化做些什么，又为后续的 Group Work 中"介绍莫高窟"的活动做了铺垫。

在 Group Work 的教学过程中，教师先以图片和视频资源激活学生对莫高窟的旧知，再引入"介绍莫高窟"的课堂任务，并以四个问题来帮助学生总结归纳莫高窟的相关信息（Where are the Mogao Caves? When were the Mogao Caves built? What is inside the Mogao Caves? Why are the Mogao Caves so important?），最后要求小组成员合作完成一组关于莫高窟的幻灯片，并做主题演讲。这一活动是以真实情境为任务，在解决实际问题的过程中，学生既了解了莫高窟这一人类文明的瑰宝，感受了其艺术魅力，又更好地明白了学习英语的意义，实现了以传统文化内涵来增强学生学习英语驱动力的目的。

在本单元的案例中，笔者充分挖掘各板块所蕴含的中华优秀传统文化内涵，围绕英语学习的要求设计层层递进的学习活动。首先，学生在听说板块激活并拓展关于中西方文化、历史、艺术相关的语言文化知识；再依托语篇阅读，梳理关于古代"丝绸之路"的知识点，掌握相关英语表达，感知古代中国辉煌的历史和对世界文明的杰出贡献，并辅以介绍马可·波罗及其游记的阅读材料，在中西方文化对比中增强学生的跨文化理解能力；接着进一步实现能力迁移，以写作任务和团队协作任务为抓手，将主题自然地融入学生的生活实际，让学生更好地感受中华优秀传统文化的魅力，增强文化自信，厚植家国情怀，落实立德树人根本任务，也为学生的终身学习和人格发展打下坚实的基础。

综上所述，在中职英语的课堂实践中融入中华优秀传统文化的形式是多样的，内涵是丰富的，关键是教师要潜心研究教材、研究学生，根据每个单元的主题设计各具特色的教学环节，在各个环节中有机地、自然地融入中华优秀传统文化，以润物细无声的方式，在完成英语语言教学的同时，实现立德树人根本任务，增强学生的文化自信，提高其跨文化理解能力。这是新课程背景下，中职英语教学的应有之义，也是需要长期坚持的教学思路和教学方法。

支架式教学在中高职贯通英语写作课中的应用实践

吴　佳

摘　　要： 本文基于支架式教学，结合具体的教学实践，阐述如何在中高职贯通英语写作课中有效地搭建教材支架、结构支架、内容支架、语言支架和评价支架等多元支架，探讨符合中高职贯通学生特点的写作教学模式。实践证明，支架式教学为中高职贯通英语写作课教学提供了一条可行的路径。

关 键 词： 支架式教学　中高职贯通英语　写作课

作者简介： 吴佳（1992—　），女，上海市群星职业技术学校教师，助理讲师。

中高职贯通是中等职业教育与高等职业教育贯通培养的一种模式，学生中考结束选择中高职贯通专业学习，经过"3+2"培养模式毕业可直接获得大专学历。"3+2"培养模式指的是学生在中职校学习三年，通过一系列的甄别和转段考核之后，可顺利进入贯通的高职院校进行为期两年的继续学习。对于中高职贯通的学生来说，英语课程属于公共基础必修课之一，旨在提升学生的学科核心素养。

一、中高职贯通英语写作教学中的问题与困惑

作为中高职贯通班的英语任课老师，接触最多的是中高职贯通电子竞技运动与管理专业的班级（以下简称"中高电竞班"）。该专业英语课程使用的是上外版高中英语教材。在日常教学过程中，笔者发现写作课中存在如下问题与困惑：

（一）教材难度偏高

上外版高中英语教材一般适用于普通高中的高中生，对中职学生来说相对偏难。如22级中高电竞班中考英语单科平均分约为113分，最高分和最低分差距有64.5

分，学生之间水平差异较大，整体水平与普通高中学生存在一定差距。使用普高英语教材对于大部分中职学生来说接受难度过大，容易导致学生丧失学习英语的信心，同时也给授课老师带来了巨大的挑战。

（二）教学方式单一

优质的课堂应是双向互动、共同生成的过程。然而在平时的写作课教学中，教师往往将大量的时间用于分析写作要求、介绍写作要点，学生在课堂中的参与度较低，缺少自主表达、交流的机会。教师在课堂上整体以讲授为主，教学方式过于单一，需要继续探索适合学情的有效教学方法。

（三）学生积累缺乏

在长期大量的学生写作实践中我们发现，绝大部分学生倾向于"吃老本"，惯用初中时期的词汇、句型，停留在初中的记忆和水平。学生普遍表现出畏难情绪，回避运用学过的高中词汇、句型及一些复杂句子，平时积累不足，未体现本学段的语言水平。

二、支架式教学的概念和模式

（一）概念解析

"支架式教学"的概念最初是由美国教育学家和心理学家布鲁纳提出的，其理论基石是苏联心理学家维果茨基提出的"最近发展区"理论。"最近发展区"是指儿童独立解决问题的实际发展水平与在成人指导下或在与有能力的同伴合作中解决问题的潜在发展水平之间的差距。[①]借助建筑行业中"支架"的隐喻，布鲁纳等人把"支架式教学"界定为一种幼儿或新手在更有能力的他人帮助下解决问题、完成任务或达到他们在没有支持的情况下不能达到的目标的过程。[②]随着支架式教学法发展到国内，很多学者将教学支架进行了不同层面的分类，本文依据教学内容和具体学情的需要也会对教学支架进行相应的分类。

---

① Vygotsky, L. S. Mind in Society: The Development of Higher Psychological Process[M]. Cambridge, MA: Harvard University Press, 1978:86.

② Bruner, J. S. The Role of Dialogue in Language Acquisition[A]. In A. Sinclair, R. Jarvelle & W. J. M. Levelt(Eds). The Child's Conception of Language[C]. New York: Springer-Verlag, 1978:254.

（二）基本模式

根据"最近发展区"理论，学习是从现有发展水平向潜在发展水平过渡的过程，其中间隔的区域是"最近发展区"。教学活动必须作用于最近发展区，才能产生成效。运用支架式教学法，就是通过具体的任务或者活动等来充当多元教学支架，衔接现有发展水平与潜在发展水平，助力学生循序渐进取得提升。因此本文将支架式教学法的基本模式总结如图1。

图1　支架式教学法的基本模式

三、支架式教学在中高职贯通英语写作课中的应用

基于前文划分的五种教学支架，以下结合上外版高中英语教材必修三 Unit 2 Art and Artists 人物介绍写作教学实践，说明具体的应用过程。

（一）开展课标与学情分析

1. 解读课标

《普通高中英语课程标准（2017年版2020年修订）》在"表达性技能"（必修阶段）界定中提出："使用文字和非文字手段描述个人经历和事物特征；在口头和书面表达中借助连接性词语、指示代词、词汇衔接等语言手段建立逻辑关系。"其中"高中英语学业质量水平一"（必修阶段）要求学生"能运用语篇的衔接手段构建书面语篇、表达意义""书面表达中所用词汇和语法结构能够表达主要意思"[1]。

《中等职业学校英语课程标准（2020年版）》在"语言技能"里明确指出对学生的书写要求："能简要介绍活动、事件和经历等"。其中"学业质量水平二"（"水平二是学生学习拓展模块后应达到的要求，是高等职业院校分类考试的命题依据"）要求学生"能识别符合英语思维的较为复杂的语言表达方式；能识别较为复杂语篇的篇章结构与逻辑关联"[2]。

---

[1]　中华人民共和国教育部.普通高中英语课程标准（2017年版2020年修订）［M］.北京：人民教育出版社，2020：37，48.

[2]　中华人民共和国教育部.中等职业学校英语课程标准（2020年版）［M］.北京：高等教育出版社，2020：12，19.

综上可知，中高职贯通班级教学要求应介于普高与中职标准之间，要求学生能叙述人物经历，选择合适的词汇和语法结构，运用一定的复杂句式、逻辑关联和篇章结构。

2. 分析学情

开展本课教学前，学生完成了 Unit 2 Art and Artists 阅读和语法模块的学习，已经具备一定的主题词汇和篇章结构的积累，而且熟悉人物写作的个别要素。但对于主题词汇和篇章结构的具体运用，构建书面语篇，大部分学生还存在畏难心理。同时围绕人物写作，学生往往浮于表面，缺乏深入的理解和细致的分析。更重要的是，本课教材要求学生介绍的人物范围是艺术家，电竞专业属于理科专业，男生占班级人数的三分之二，大部分学生对于艺术家的了解知之甚少甚至不感兴趣，所以展开写作也存在很大的难度。通过平时观察还发现，大部分学生写完一篇作文之后没有自查自纠的习惯。

基于以上课标要求和学情分析，再结合本课教学内容，可以明确学生的现有发展水平和潜在发展水平，并通过设计一系列教学支架帮助学生弥补最近发展区，实现向潜在发展水平的过渡，过程图示可总结如图 2。

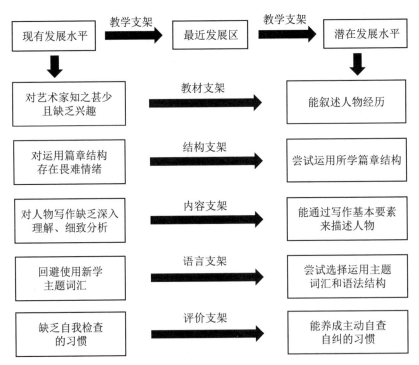

图 2 教学支架设计和搭建的过程

（二）应用与实施

1. 搭建教材支架，明确写作要求

本课写作教材的要求是请学生为学校的艺术展写一篇艺术家的介绍文章。考虑到电竞专业属于理科专业，班上仅有 7 名女生（共 28 人），大部分学生对于艺术家比较陌生或者不感兴趣，因此可结合学生的专业将写作教材进行适当的改编：请学生为某电竞赛事写一篇电竞选手的介绍文章。此外，上海高考英语作文字数一般要求不低于 120 字，上海中职学业水平考英语作文字数要求不低于 70 字，据此可以设定中高班英语作文字数可在 90 字左右。综上，首个教材支架已经显现：请学生为某电竞赛事写一篇电竞选手的介绍文章，90 字左右。

确定写作要求之后，在没有实施下列支架式教学之前，首先请学生自行写一篇初稿交上来，然后邀请组内三位老师对 28 个学生的初稿进行评分（满分 15 分），最后取三个数值的平均值即为该学生的最终得分，结果如表 1。

表 1　支架式教学前学生写作得分情况

分段	9 分以下	9—11 分	12 分及以上
人数	10	15	3
平均分	9.4		

2. 搭建结构支架，确认写作框架

通过引导将学生分成 6 组，每组 5 人（其中有两组 4 人）。课上首先请学生组内合作，每组准备关于某个电竞选手的 5 条线索，要求不能提及人名或相关游戏 ID。然后每个小组轮流展示准备好的线索，由其他小组来猜测是哪位电竞选手。其中选取了任意两组的线索呈现如表 2。

接下来邀请学生运用阅读课中所学的篇章结构知识将所有小组提供的线索进行分类，同样选取前文两组的句子来展示学生的反馈如表 3。学生基本能正确识别表达概述和细节的句子，但对于第一组的句子 c，个别学生提出了不同的看法，认为这应该划归为细节。于是引导学生追根溯源、一步步思考："Why do you think it is detailed information?"。有个学生回答道："Because it is part of his achievements."。教师当即赞扬了该生的勇敢回答和思维方式。随后解释了概述和细节的区别，其实它们只是相对的概念。在第一组提供的 5 个句子中，我们可以说句子 c 是细节，因为它解释了

表 2   两组学生提供的关于某电竞选手的线索

Group 1	a. He is a professional e-sports player and a role model for many other players.
	b. He's famous for his amazing skills and achievements in the game.
	c. He is the king of the Mid Lane.
	d. In 2016, he got the FMVP at the LOL World Championship.
	e. He won the LOL World Championship three times.
Group 2	a. He is a legend in the gaming industry.
	b. He won the game for his team at the 2018 LPL Finals.
	c. In 2018, he won the title of the Best ADC in the LPL.
	d. In the 2018 Asian Games, he led the Chinese team to victory in the LOL demonstration event.
	e. His hard work and excellent skills made him a top e-sports player.

句子 b 中的 achievements（成就），属于成就之一。但如果没有句子 b，我们便无法确认 c 是概述还是细节。过程中学生加强了对总分结构的理解，这便是为学生搭建的第二个支架：结构支架。

表 3   学生对于前文两组句子的分类情况

	General statements	Specific details
Group 1	a; b; c	d; e
Group 2	a; e	b; c; d

3. 搭建内容支架，梳理写作要素

学生熟悉篇章结构之后，继续引导学生讨论："a. What aspects have you covered when introducing an e-sports player？；b. What others aspects should we introduce about an e-sports player？"。针对第一个问题，学生总结出他们在设计的线索里面谈及了性别、职业、成就、成功原因、出生日期、出生地等要素。第二个问题学生经过"头脑风暴"后，给出了优秀品质、主要事迹等回答。教师肯定了学生的答案，同时在学生回答的基础上加以分类总结，得出我们可围绕以下几个方面来对一个电竞选手进行介绍：基本概况（出生日期、出生地、教育背景、职业等）；成就及背后原因；优秀品质。由此可将写作结构和要素整理成如图 3 所示的思维导图。

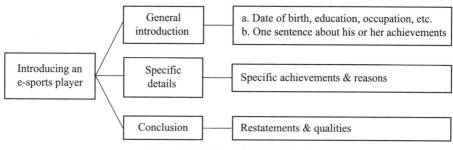

图 3　写作结构及内容思维导图

4. 搭建语言支架，奠定写作基石

帮助学生搭建好结构和内容支架之后，接下来就是语言的选择和运用了。因为有了前面阅读和语法模块的积累，学生也总结并默写过主题词汇和语法结构，于是可以通过示范、引导学生组内讨论、集思广益，对他们写的句子进行升级，要求尽量使用新学的表达。第一组经过激烈的讨论后，对句子 a、b、d 进行了改写。把 a 句改为：He is **not only** a professional e-sports player **but also** a role model for many other players.，通过将原句中的 "and" 替换成了 "not only ... but also ..." 结构，激活了学生对于 "not only ... but also ..." 的记忆，表并列意义不再停留于使用 and。把 b 句改写为：He's **known for** his amazing skills and achievements in the game.，将 be famous for

表 4　前两组升级后的句子展示

Group 1	a. He is **not only** a professional e-sports player **but also** a role model for many other players.
	b. He's **known for** his amazing skills and achievements in the game.
	c. He **is recognized as** the king of the Mid Lane.
	d. In 2016, he **was honored with** the FMVP at the LOL World Championship.
	e. He was the only one **who** won the LOL World Championship three times.
Group 2	a. He **is recognized as** a legend in the gaming industry.
	b. He **played a critical role in** winning the 2018 LPL Finals for his team.
	c. In 2018, he **was awarded** the title of the Best ADC in the LPL.
	d. His performance in the 2018 Asian Games, **where** he led the Chinese team to victory in the LOL demonstration event, improved his status as one of the greatest players.
	e. He became a top e-sports player by **coupling** hard work **with** excellent skills.

升级为了阅读课中总结过的 be known for；把 d 句改写为：In 2016, he **was honored with** the FMVP at the LOL World Championship.，将 got 改为了新学的 be honored with 结构。通过这样的升级改造活动，学生跨出了舒适圈，积极思考运用高中所学的词汇短语甚至复杂句式。两组升级后的句子呈现如表 4，其中第二组更新了句子 a、c、e，余下的句子在教师的引导下由班级学生共同完成。

5. 搭建评价支架，促进写作提升

激活了学生的语言记忆后，接下来就是最关键的组句成篇阶段了。在邀请学生写之前，可为学生搭建评价支架（见表 5），主要从结构、内容和语言三个维度对学生的作文进行检测。这也呼应了前文设计实施的结构支架、内容支架及语言支架，体现了教学评一致性。评价设计总分 30 分：其中结构有一点，占 5 分；内容含三点，占 15 分；语言含两点，占 10 分。可见内容和语言在写作评价中的重要性。首先，教师带领学生熟悉了整个评价标准，以便学生牢记各评价要点之后更准确地下笔；随后，请学生在 20 分钟内限时完成初稿，并在组内分享互评，交流值得欣赏的部分和需要改进的地方。交流结束之后把互评打分的结果汇总给组长，由组长将组内得分最高的作文在班级范围内分享交流。

表 5　写作评价量表

Dimension	Assessment standards	Score (Excellent 5; Good 4; Average 3; Pass 2)
Structure	have the three sections (general introduction, specific details, conclusion)	
Content	include the general information (date of birth, education, occupation, etc.) and statement about his or her achievements	
	describe the specific achievements and reasons for success	
	contain restatements and qualities of the person	
Language	use the words and expressions we have just learned	
	use varied sentence patterns	
Total score	30	

　　课后请学生将课上完成的初稿交上来，再由同样的三位老师对每一个学生的作文进行再次评分，同样取三个分数的平均值确定最终得分，结果如表6。与表1的结果对比可知，学生整体平均得分有了明显的提高，同时不及格的人数减少了5名，优秀的人数增加了6名。因此可以得出，实施支架式教学对学生写作水平的提高有一定的促进作用。

表6　支架式教学后学生写作得分情况

分　段	9分以下	9—11分	12分及以上
人　数	5	14	9
平均分	11.2		

四、总结与反思

　　本课中教师结合了课标、学情和教学内容，找准了写作教学支架的基点，有效搭建了教材支架、结构支架、内容支架、语言支架和评价支架五种多元支架，让学生在支架的衬托下一步步明确了写作结构、内容及语言等重要组织，随后学生开展行之有效的模仿和写作，并在评价量表的帮助下互相学习、检查问题。实践证明，支架式教学为中高职贯通英语写作课教学提供了一条可行的路径。反思整个环节，发现还存在如下不足：在搭建语言支架过程中，一部分学生在不停地翻笔记本和书，对照思考如何将句子进行升级，导致过程可能费时费力。通过分析认为，学生对于之前掌握的主题词汇和结构有了一定程度的遗忘或者不自信，因此后期教学改进可考虑提供一个重点词汇和结构列表供学生参考选择使用，或者在这个环节之前通过快问快答的方式帮助学生复习一些重点词汇表达，唤醒学生的记忆。

　　运用支架式教学法开展中高职贯通英语写作课教学，能够践行新课改下的英语学习活动观，助力学生核心素养的提升。教师在写作课教学中，可在写作前设计适应本班学生特点的写作教材支架，考虑结合学生的专业和兴趣点，真正做到使学生能够一够就摘到果实。写作中，可以搭建结构支架，明确写作的篇章结构；搭建内容支架，引导学生梳理写作要素；搭建语言支架，帮助学生选择使用重点主题词汇和表达。写作后，教师可提供评价支架，引导学生合作交流、自主检测、互相学习，切实促进能力的提升。

核心素养视角下中职体育有效课堂构建策略探究

——以"耐力跑途中跑匀速合理分配体力"为例

张　遂

摘　　要： 中等职业学校体育与健康学科核心素养是学科健身育人价值的集中体现，是学生通过学科学习与实践而逐步形成的正确价值观念、必备品格与关键能力。中职体育课堂作为培养学生体育素养、锻炼学生身体素质的重要场所，与核心素养的培养密切相关，需要对当前的体育课堂进行全面的优化和改进。本文旨在探究核心素养视角下中职体育有效课堂的构建方法，为中职体育教育提供理论和实践指导，促进中职学生的全面发展。

关 键 词： 核心素养　中职体育　有效课堂

作者简介： 张遂（1985—　　），男，上海市群星职业技术学校实训中心主任，讲师。

一、内涵解析

（一）体育核心素养内涵

体育核心素养不仅仅是学生应具备的基本运动技能和体能，更是一种综合能力的体现。中等职业学校体育与健康课程学科核心素养包括运动能力、健康行为和体育精神，旨在培养学生在身体、心理和社会适应等方面的全面发展，对学生进行体育运动有着指导意义，能够增加学生的参与积极性。运动能力是指学生能够熟练掌握各种运动技能，具备较高的竞技水平和运动素质；健康行为涉及学生的健康观念和生活方式，强调健康生活方式的养成；体育精神则注重学生在体育运动中展现的道德品质和精神风貌，强调公平竞争、团队协作和积极向上的体育精神。

（二）体育有效课堂内涵

在核心素养视角下，体育有效课堂是指在体育教学过程中，教学目标清晰，符合学生身心发展的年龄特征和认知水平，能够引导学生积极参与体育活动，提高身体素质和运动技能；教学内容丰富多样，包括基本运动技能、体育知识、健康生活方式等，以满足学生的不同需求和兴趣；教学环境舒适安全，为学生提供良好的运动场地和器材，确保学生能够安全、愉快地参与体育活动。从体育学科来看，体育核心素养指的是学生掌握的各种体育运动技能及体育运动精神，以及在该精神指导下的世界观、人生观、价值观等。[①]教师运用科学的教学方法和手段，充分激发学生的学习兴趣和积极性，从而使学生能够主动参与体育活动，提高体育技能和身体素质，达到预期的体育教学目标；教学评价合理公正，能够全面反映学生的学习情况和进步，同时也能够为学生提供反馈和运动指导，促进他们进一步提高。

二、中职体育课堂存在的问题

第一，当前，中职体育课堂教学方法落后，缺乏个性化教学。很多中职校的体育课堂仍然采用传统的"一刀切"的教学方法，没有考虑到学生的个性化需求和特点，导致学生的体育技能水平参差不齐。第二，师资力量不足。一些中职校的体育教师数量不足或者专业水平不高，导致体育课堂的教学质量无法得到保障。第三，体育设施不完善。一些中职校的体育设施不够完善，如场地不足、器材陈旧等，影响了体育课堂的教学效果和学生的运动体验。

同时，中职体育课堂耐力跑教学存在一些问题，制约了学生核心素养的培养和发展，影响了课堂的有效性。首先，教学内容过于枯燥，偏向于以考核项目内容标准为主，缺乏创新性和趣味性，无法满足学生的实际需求，难以激发学生的学习兴趣。其次，教学方法过于传统，缺乏互动性和实践性，难以培养学生的自主探究能力。单一、枯燥的耐力跑教学方式使学生对课堂感到乏味。耐力跑又被称为"孤独者的运动"，其运动特性相对枯燥，学生意志力薄弱，长时间运用单一的方式来教学耐力跑，学生的积极性会大幅度降低。[②]最后，评价体系不完善，缺乏过程性和多元性，难以全面反映学生的体育素养；缺少对学生个性化的评价，多采用考核成绩一刀切的评价方式，忽视了学习过程中进步的幅度，缺乏在态度、价值观、情感等方面的评价。

①　张年雷.试论高中体育教学中发展学生核心素养的策略［J］.田径，2018（05）：13-14.
②　廖伟德.中小学耐力跑教学实施策略［J］.新课程，2023（01）：106-108.

三、核心素养视角下中职体育有效课堂的构建策略

基于核心素养的内涵与中职体育课堂存在的问题，这些问题的存在导致学生对于体育学习的兴趣和动力不足，核心素养的培养和发展受到了限制。为了更好地实践基于核心素养的中职体育课堂，以耐力跑途中跑匀速合理分配体力为例，分别从教师、学校、社会三个层面实施策略：

（一）教师层面

1. 创新教学内容，注重实用性和生活化

教师根据学生的兴趣和实际需求，引入多样化的运动项目和健身方法，让学生可以根据自己的喜好选择合适的运动项目。例如，在动漫游戏专业课堂中发布耐力跑途中跑匀速合理分配体力的教学任务。耐力跑作为跑的基本活动之一，对增强学生体质、增进学生健康发挥着重要作用，可以改善心血管系统的功能，提高呼吸系统和神经系统功能的水平，是中职体育与健康课程的重要教学内容之一。通过耐力跑途中跑匀速合理分配体力任务，强调体育运动的实用性和生活化，将体育技能与日常生活相结合，让学生感受到体育学习的实际意义和价值。

2. 运用多种教学方式，注重学生的自主探究和合作学习

教师需要改变传统的教学方式，采用情境教学、合作学习等多样化教学方式，引导学生积极参与课堂活动，培养他们的自主探究和合作学习能力。教师在教学过程中注重引导和启发学生，让他们在实践中发现问题、解决问题。通过利用现代信息技术手段，如 VR、AR 等，为学生提供更加丰富、生动的体育学习体验，创设生动的教学情境，让学生沉浸在体育学习的氛围中；通过合作学习的方式，让学生互相交流、协作、帮助，提高团队协作能力。通过及时的反馈和指导，帮助学生更好地提高体能水平。以耐力跑途中跑匀速合理分配体力为例，课前教师准备好相关的配速员带跑的微视频，配合教师的讲解，引导动漫游戏专业学生了解配速员的职责及要求。通过提问、小组探讨、小组尝试练习等方式，小组内成员轮流担任跑者和配速员的身份。加强改进学生在跑动过程中如何做到匀速，将忽快忽慢的差异降到最小。通过定时跑和定距跑两个不同的标准来更好地对学生出现的"病症"有针对性地开具"运动处方"，小组内学生按照"运动处方"进行自我诊断、交流讨论。

（1）团队协作学练，培养创新意识

团队协作配合是体育与健康课程核心素养之一。具体而言，在体育教学中，

运用教法与手段，学生之间形成默契配合，互相帮助，养成良好的人际关系和合作精神。动漫游戏公司中，每个的项目环节需要协同工作，合理分配各自岗位的分工，这就好比途中跑的节奏和分配体力环节；更需要从业者具备独立思考、分析问题的判断能力。教师利用微视频和"运动处方"的方式进行分组教学，激发小组内学生发现问题、分析处理改进跑动速度匀速的问题。以当今马拉松赛事为例，高水平专业运动员想取得理想的成绩，离不开赛事组委会精心安排和设计的一个角色——配速员。他们的职责就是帮助引导高水平运动员按照稳定的节奏跑步，在预定的时间完成整个马拉松过程中各个阶段的既定目标，最终在精确的时间内冲过终点。随着该项赛事的逐步发展，配速员也更多地适用于大众跑者及基层的比赛中。

（2）不同天气条件，磨炼体育精神

提高自我心理调节能力，培养吃苦耐劳精神，平淡面对各种困难挫折，是体育与健康课程的核心素养之一。一名优秀的职业人既要具备良好的身体能力，又要具有良好的意志品质，还要需要从业者具有良好的心理承受力，能长时间保持清晰的工作思路，在紧张的工作压力下更要具有稳定的心态。在教学中，教师利用不同的天气情况，让学生进一步熟练掌握技术动作的同时，承受高负荷带来的心理不适，体会竞赛过程中的心理应激反应，培养学生的心理承受力和在不同环境下的心理应激能力。耐力跑比较适宜的天气条件为阴天、风力小、体感偏凉，温度在10—15摄氏度为宜。在教学环境设计上，教师有针对性地将耐力跑安排在偏暖和偏冷的不同时节进行练习，例如秋末初冬时，温度相对比较低，风力也较大；或者在国庆和中秋时节，气温偏高，而且日照相对更加厉害，身体出汗的程度大大提高，加大了身体负荷强度。这就加大了学生完成耐力跑的难度，尤其在信心方面，按照以往经验，学生遇见这样的天气条件，第一反应就是害怕逃避。此时教师适时地进行讲解指导和语言激励，多数学生都能够按要求完成相应练习。

（3）注重职业体能，发展身体机能

中职体育与健康课程提出，要发展学生的健康体能和职业体能，强健体魄，增进健康。中职学校在体育与健康课程教学中，需要针对学生所学专业及未来就业岗位群的特定职业需求进行有针对性的运动能力强化练习。动漫游戏专业是长时间面对电脑的文案工作，良好的肩颈力量和稳固的核心力量可以更持久、高效地工作。在体能练习环节中，教师设计的多项练习均具有明确的职业针对性。在耐力跑匀速途中跑学练中，不仅对腿部力量和心肺功能是个考验，身体的其他各个关节的力量也是影响耐力跑的关键因素。例如，有些学生在练习完之后出现肩部酸痛、臀部肌肉酸痛等情况。对此，教师强调动漫游戏专业学生须重视肩部力量及手指灵活性的锻炼，并在体能练习环节设计上肢力量练习3项、核心力量练习3项（见表1），供学生练习。

表1　职业体能教学内容一览表

练习项目	练习内容
肩部力量	哑铃垂直推举、哑铃胸前直臂外拉、直臂绕肩画圈
核心力量	臀部后坐深蹲、平板支撑、卷腹

（4）预防职业疾病，促进终身健康

中职体育与健康课程要求"增强职业病的防范意识，具有一定的运动治疗职业病的能力"是"发展职业体能，增强职业病预防意识"的重要表现性目标之一。不同类型的职业，其易发职业病症及运动干预措施也不尽相同。

动漫游戏专业从业人员由于长期坐于电脑前，极易导致脊柱畸形的职业性疾病。教师在进行一般性放松练习后，特意针对该专业学生设计了专项性纠正放松练习，指导学生学会有效的运动措施以预防职业性疾病。课堂教学的结束部分，教师组织学生进行放松练习。放松练习分为一般性放松练习和专项性放松练习。专项性放松练习（见表2）可使用泡沫轴和瑜伽垫进行。

表2　专项性放松练习内容一览表

练习项目	练习内容
腿部放松	泡沫轴滚动
手臂、肩部	专项拉伸
腰椎、胸椎	"上犬式""下犬式"

3. 完善教学评价，注重过程性和多元性评价

教师采用平时成绩、实战表现、运动技能测试等多种评价方式，全面了解学生的学习状况和需求。在评价过程中注重学生的态度、价值观、情感等方面的评价，以全面反映学生的体育素养和综合能力；注重评价的激励作用，以鼓励和肯定为主，激发学生的自信心和学习动力；关注学生的进步和成长，给予及时的反馈和指导，

帮助学生更好地发挥自己的潜能；运用 AI 技术通过对大量数据的分析和学习，为教学评价提供更加精准和个性化的建议和支持。

（二）学校层面

1. 加强师资队伍建设，提升教师的专业素养和教学水平。教师是中职体育课堂的重要引导者，因此教师的专业素养和教学能力对于培养学生的体育核心素养至关重要。学校通过定期培训、交流学习等方式，让教师不断更新教育理念、提高教学技能，为培养学生的体育核心素养提供有力保障。

2. 营造良好的校园体育文化氛围。校园体育文化氛围对于培养学生的体育核心素养具有潜移默化的影响。学校可以定期举办耐力跑比赛和冬季长跑活动，营造浓厚的氛围。通过参与比赛和活动，让学生感受到耐力跑的魅力和意义，培养他们的团队合作精神和竞技精神。同时，学校还可以成立学生耐力跑俱乐部，让学生有更多机会参与到耐力跑运动中，通过这些活动培养学生的团队合作精神、竞技精神和积极向上的生活态度，提高他们的运动能力和体育品德。

3. 加强体育课程和教材体系的建设，聚焦提升学生的核心素养，进一步发展学生运动专长，引导学生养成健康生活方式，形成积极向上的健全人格。

（三）社会层面

充分调动人民群众参与体育的积极性、主动性、创造性，为体育发展提供更有力的政策支持。坚持健康第一的新发展理念，改变传统的教育观念、技术应用和传播方式，为体育教育拓展更广阔的发展空间。加快转变体育发展方式，实现体育更高质量、更有效率、更加公平、更可持续、更为安全的发展。按照发展新质生产力要求，创新驱动发展战略引领的科技革命，为体育发展提供更强大的科技支撑。

基于核心素养的中职体育课堂在实践中具有很好的应用价值和效果。通过创新教学内容、运用多种教学方式、完善教学评价、加强师资队伍建设以及营造良好的校园体育文化氛围等方面的努力，我们能够构建出更加有效的中职体育课堂，为培养学生的体育核心素养提供有力支持，促进学生的全面发展。随着社会对人才需求的不断变化，中职教育将更加注重培养学生的实践能力和创新精神，注重学生的实际需求和兴趣，通过开展多样化的体育活动和比赛，激发学生的积极性和创造力，提高他们的运动能力和体育精神，为他们的未来发展打下坚实的基础。未来，我们期待看到更多创新的技术和方法被应用到中职体育课堂中，进一步优化教学过程，提高教学质量。

课程思政融入中职体育与健康课程教学的实践

张少龙

摘　　要：本文分析了课程思政融入中职体育与健康课程的迫切性，同时阐述了课程思政融入中职体育与健康课程的必要性与意义，在此基础上提出了在中职体育与健康课程中融入思政教育的实践路径和思考，为完善中职体育与健康课程教学效果，提升中职体育教育和思政教育提供了一些建议。

关 键 词：课程思政　体育与健康　教学实践

作者简介：张少龙（1988—　　），男，上海市群星职业技术学校教师，讲师。

随着职业教育的不断深入，"培养高素质、有担当劳动者"成为职业院校共同的使命。课程思政和体育与健康课程的融合势在必行，它能使学生在学习体育学科知识的过程中实现德、体、健康三者融合，进而让学生可以更好地朝着"高素质、有担当"的职业素养方向发展。所以，在当前的教育形势之下，体育教师应做好体育课程思政建设，重视育体与育心、体育与健康教育相融合，充分体现体育与健康课程健身育人的本质特征，积极地将思想政治教育渗透融合到体育与健康课程教学的各个环节，从而更充分地发挥体育与健康课程的育人功能，促进学生"享受乐趣、增强体质、健全人格、锤炼意志"目标的达成。

一、课程思政融入中职体育与健康课程教学的意义

（一）以体育人，激发学习兴趣

在中职体育与健康课程教学中，"学生单纯运动"是目前存在的主要问题，这也是影响教学效果的主要因素。中职体育教师将课程思政理念融入体育与健康课程教学中，在教学过程中有意引入与教材思政元素有关的案例、体育名人事迹等，让学

生在学习体育知识的同时，经受意志、情感甚至爱国主义等方面的思想道德教育，感受运动员展现出的体育精神、责任意识和民族认同感。这样，可以使教学内容变得更加丰富、更加有趣，避免单纯的足球、篮球、跑步等运动带来的枯燥感，从而让学生更好地感受体育学习的乐趣、意义，既培养了学生主动参与运动的意识，又激发了学生对体育学习的兴趣和积极性。

（二）弘扬体育精神，树立正确观念

中职学生正处于身心发展最迅速、最关键的时期，但由于缺乏一定的生活经验，辨别是非的能力相对薄弱，部分学生还很容易受到社会上一些不良思想观念的影响。中职体育教师在课程教学中融入课程思政理念，实质上是将思想道德政治教育渗透到整个教学过程中。这样一来，教师不仅传授了体育与健康的知识，提高了学生的运动能力，而且让学生更直接体会到体育学科核心素养中的"体育精神"，如公平竞争、努力拼搏、诚实友善、团队协作等，让学生学会辨别是非、避免受到错误思想影响的同时，也促进和帮助学生树立正确的世界观、人生观和价值观，形成健康的行为与生活方式，进而更好地实现身心健康发展的目标，为培养德智体美劳全面发展的社会主义建设者和接班人打下了坚实的基础。

（三）融合教育，落实根本任务

《中等职业学校体育与健康课程标准（2020年版）》指出"中等职业学校体育与健康课程教学要遵循体育教育的规律，适应现代职业学校发展需求，落实立德树人这一根本任务，以促进学生核心素养的形成和发展为主要目标"。可见，课程思政理念与立德树人根本任务的目标是一致的，都是为了提升学生的学科核心素养。所以，中职体育教师基于课程思政理念开展课程渗透教学，可以更好地培养学生的民族精神和社会责任感，有利于构建全新的协同育人格局，让学生更好地提升综合素质，进而更有利于立德树人根本任务的落实。

二、课程思政融入中职体育与健康课程教学的实践路径

在中职体育与健康课程教学中对学生渗透课程思政理念，可以实现学生体育素养、思想道德素养的协同发展，进而更好地落实立德树人根本任务。可以在以下具体教学实践中有效融入课程思政理念：

（一）善用教学资源，深挖思政元素

教材是开展教学工作的主要依据，也是获取知识的主要途径。只有深入挖掘体育知识背后所包含的思政元素，才能更好地把教学内容与思想政治教育巧妙融合，让学生在获取体育知识的过程中受到思想上的熏陶。在课前备课环节，中职体育教师应该认真分析教材内容，积极寻找与所教知识有关的德育内容，为有效融入课程思政理念奠定基础。

以教材中的垫上运动相关内容为例，从表面上看，这些知识点很难与课程思政联系起来。但经过仔细分析可以发现，垫上项目其实和体操项目很相近，蕴含着体育知识中的形体美，教师可以围绕"体育中的美"这一角度进行有针对性的思想政治教育，以培养学生热爱生活、懂得欣赏美的思想观念；或者，教师也可以寻找与教材知识有关的体育史，讲一些之前参加奥运会等赛事的运动员们的故事，比如入选国际体操名人堂的李宁，他创造了中国单届奥运会奖牌最多纪录，也是世界体操史上的神话，给祖国增添了荣誉。借助这些历史故事来开展爱国主义教育，可以引导学生感受中国体育的辉煌，进而增强学生的民族自豪感和民族自信心。总之，中职体育教师应当注重寻找教材内容与课程思政的契合点，并寻找相关案例，为实现课程思政理念有效融入课程教学做好充分的准备。

（二）巧用信息技术，创新教学方法

教学环节是教育教学工作的中心环节，这也是对学生进行思政教育的关键环节。如果想要顺利开展课堂教学并巧妙融合课程思政，那教师必须选择更科学、更有效的教学方法。因此，中职体育教师应该积极创新课堂教学方法，注重激发学生学习的积极性，促使他们自觉、主动探究体育知识，这样才能更好地在日常教学中培养学生良好的品格，实现与思政教育的巧妙融合。

以快速跑中接力跑的教学为例，教师可以利用多媒体设备播放近十几年来我国短跑、接力跑发展的相关视频，通过信息技术的运用，让学生更直观地感受到我国短跑运动的发展及进步，其中包括刘翔、苏炳添、谢震业等运动员代表国家都获得了相当出色的成绩。这时，教师顺势进行爱国主义教育："我们现在的田径成绩之所以变得越来越好，在国际赛事上常常能取得佳绩，那是和我们国家的日渐强盛密不可分的。"如此一来，可以实现课程思政与课堂教学的自然融合，使学生在潜移默化中提高对祖国的热爱之情。

（三）搭建交流平台，提升综合素养

"总结交流"是教学中必不可少的环节，其目的在于帮助学生查缺补漏、巩固所学知识。在课程思政理念指导下的总结交流环节中，中职体育教师应该充分尊重学生的主体地位，为学生提供开放、自由的交流空间，使学生的学习思维能够得到有效的碰撞，让学生在进一步强化所学知识的同时，可以养成良好的学习品质，进而确保实现学生体育素养及道德素养的同步提升。

以排球教学内容为例，在结束基本知识的讲解之后，教师可以引导学生回顾整个学习过程，如在实际小组比赛中遇到哪些技术困惑、难题等。在这一过程中，教师要给予学生充足的交流讨论的机会，以便学生汲取他人的学习经验，完善自己的不足之处。这样可以很好地推动学生之间的相互学习，促使学生形成谦虚好学的良好品质。最后，教师可以结合中国女排多次获得国际赛事冠军的故事，向学生拓展介绍中国排球的奋斗史、发展史，引导学生体会体育成就的来之不易，进而培养学生遇到困难不轻言放弃的思想观念，让学生透过球赛感受体育的凝聚力、号召力、感染力，学会更好地处理人际关系，形成相互学习、相互帮助的学习氛围。

三、课程思政融入中职体育与健康课程教学的几点思考

（一）加强自身学习，提升教师思政素养

作为教育教学活动的主要组织者，教师的德育意识、课程思政能力强弱，直接影响着体育学科的运动能力、健康行为、体育品德三大核心素养的落实。所以，中职体育教师应该注意加强自身的学习，积极上网搜索与课程思政理念有关的文献资料、名师讲座等，不断提高自己的理论知识水平，这是有效开展思想政治教育的重要基础。同时，体育教师可以多与思政教师进行交流，互相分享思政教育方法，请教课程思政实施过程中遇到的难以解决的问题。这样，才能不断丰富自己的思政教学经验，进而更好地在课程教学中对学生进行爱国主义等方面的思想政治教育，保证有效促进学生体育素养及道德素养的协同发展。

（二）结合专业特色，培养学生职业素养

中等职业院校的目的是培养高素质的技术型人才，而专业课则是学生学习专业技能、行业知识的关键途径。可见，专业课学习效果的好坏，影响着学生今后的实

习、就业及发展。所以在选择思政元素的时候，中职体育教师应该注意结合专业特色，以引导学生感受所选专业的价值与意义，促使学生提高学习专业知识的积极性。如智能设计、动漫游戏、烹饪等专业，需要学生具备敏捷、快速、机智的品质与能力，技能需要经得起反复磨炼。为此，在体育课程教学中，可以引导学生学习体育技能动作要有吃苦耐劳、坚持不懈的精神，就和学习专业技能一样，需要不断地磨炼，进而教育学生正确对待劳动，树立劳动光荣的思想，培养学生敬业爱岗、热爱本职工作的职业素养。

（三）尊重发展规律，把握思政融入契机

在中职体育与健康课程教学中融入课程思政理念，主要是为了让学生在学习体育知识的同时接受有效的思想政治教育，包括道德伦理教育、法治教育、爱国主义教育等内容，而这些德育知识往往相对单调、枯燥。如果教师采用"生搬硬套"之类的方式进行思政教育，必然很难提起学生学习的兴趣，甚至还会引发学生的抵触情绪，起到适得其反的效果。所以，在开展思想政治教育工作的时候，中职体育教师应该坚持适当、适度的原则，把握融合的教育契机，避免耽误教学进度。这样才能做到将课程思政理念自然地融入中职体育与健康课程教学中，进而让学生在提升体育水平的同时逐步形成良好的道德品质。

综上所述，中职体育教师将课程思政理念融入教学过程之中，可以让学生在提升技能水平的同时得到思想政治方面的有效教育，从而更好地促进学生的健康、全面发展，扎实推进素质教育工作。因此，在新时代背景下，中职体育教师应该打破传统教学思维的束缚，确立课程思政的全新教学视野，积极寻找思想政治教育和体育与健康课程的有效融入点，保证课程思政与学科教学的自然交融，为国家培养更多技能水平和道德修养同步提升的优秀技术人才。

人工智能赋能中职信息技术教学的策略探究

顾　颖

摘　　要： 随着 ChatGPT 等人工智能工具的出现，人工智能技术已进入快速发展的阶段，它将改变人类生活的各个领域。在未来，人工智能大有可能会替代人类的各种简单性、重复性的工作，这对培养技能型人才的中职学校来说是一个巨大的挑战。只有提升教师的专业素养，改变人才培养目标，创新教学形式，拓宽学生的数字化视角，提升应用意识，增强数字化能力，才能紧跟人工智能发展步伐。本文对如何将人工智能赋能中职信息技术教学的策略进行探索研究。

关 键 词： 人工智能　中职信息技术　教学策略

2017 年，国务院发布《新一代人工智能发展规划》，提出了人工智能发展到 2020 年、2025 年和 2030 年分"三步走"的战略目标，以及一系列推动人工智能技术不断创新与发展的具体政策措施。国家高度重视人工智能技术的发展，人工智能已成为国家最为重要的竞争力之一，关系着国家的未来发展。

2023 年，随着 ChatGPT、文心一言、Midjourney 等人工智能工具的层出不穷和推广应用，人工智能对教育的影响已成为全球共识。作为培养技能型人才的职业教育正面临着巨大的机遇和挑战，需要积极探索人工智能赋能职业教育的路径与策略。本文试从课程教学的角度，探索研究人工智能赋能中职信息技术教学的策略，着力为人工智能赋能中职学校教育教学的变革提供一定的参考。

一、人工智能赋能中职信息技术教学的背景和挑战

随着数字化技术的应用越来越广泛，人工智能已成为未来社会的发展趋势，加快人工智能与教育的深度融合，是呼应数字化教育转型、建设教育强国的重要

基础。

所以，中职学校人才培养目标迫切需要从"知识型"向"创新型"逐步转变。如果学生还只是单纯地学习知识，将不能适应人工智能时代。因为与机器相比，人脑的记忆和速度将不再具有优势。只有在思维上制胜，不断增强个人的现代性和预见性，才能够顺应数字化发展的潮流，成为人工智能的掌控者，而不会被机器所取代。①

在中职学校，信息技术正是培养学生数字化技术应用能力、数字化工具使用能力、信息化技术创新能力的一门公共基础课程。因此，信息技术课程的教学策略应与时俱进，逐步向现代化、智能化的方向转变。如果将人工智能赋能中职学校信息技术教学，达到有效融合，那就可以极大地提高教学效率和教学质量，让学生能充分接触人工智能，逐步形成这个认识：未来社会那些简单性、重复性的工作可以完全被人工智能所替代，社会更需要的是能控制机器和应用工具的人才。②

二、人工智能赋能中职信息技术教学的现状和问题

随着国家先后出台《教育部关于进一步推进职业教育信息化发展的指导意见》《国家职业教育改革实施方案》《教育信息化2.0行动计划》等政策文件，中职学校认真贯彻政策精神，努力建设大数据中心和一体化智能化教学、管理与服务平台等，将持续建设专业教学资源库、建设信息化标杆学校、建设示范性虚拟仿真实训基地作为职业教育数字化转型的重要任务。

笔者在中职学校的教研组活动、教育教学交流会、教师座谈会中发现，虽然各所学校的硬件设施、教学条件的数字化能级都在不断提升，但正视中职学校信息技术教学的现状，人工智能与实际教学的融合情况存在着诸多现实问题。

（一）教师缺乏人工智能的教育思维，对智能技术的应用处于低端

从认知水平上看，信息技术教师的专业背景大都是计算机专业，缺乏持续的信

---

① 石连海，杨羽.适应与跨越：人工智能冲击下的教育现代化［J］.中国教育学刊，2022（03）：47-52.
② 李丽.人工智能背景下中职信息技术课程改革与教材建设探索［J］.办公自动化，2022，27（14）：38-40+28.

息技术专业知识、新型技术的专门化培训，因而对人工智能这一前沿技术的全面认知不够。从意识水平上看，信息技术教师缺乏人工智能的视角，教学模式仍很传统，创新研究不够，只是依赖教材，没有立足于信息技术的发展实际并在课堂中融入新元素、新内容。从应用水平上看，信息技术教师在课堂中对信息技术的应用比较浅显，以辅助教学为主，没有充分运用学校现有的数字化设施与技术，未切实发挥信息技术课程的引导性价值，学生也难以对人工智能最新的发展情况产生深刻认识，并切实感知数字化科技的神奇魅力。

这些问题导致教师在实际教学中忽略了人工智能教育的核心问题之一是教授学生如何通过设计智能机器来代替人解决实际的问题。

（二）学生缺乏人工智能的学习动力，对前沿技术的学习不够积极

随着智能化信息时代的高速发展，很多学生在生活中已经接触到了一些人工智能的应用，如人脸识别在支付方式上的应用、语音识别在手机智能助手上的应用、机器人在家居生活中的应用。中职学生对人工智能普遍存在这样的看法：简单的技术会用就可以了，更前沿的技术原理太复杂，缺少应用的需要，可以不必了解。因此，在课堂上，当教师讲述人工智能技术时，学生表现出的学习积极性并不高。而在日常教学中，信息技术课程的教学一般采用"随讲随练"的方法，即教师演示相关知识的操作并进行讲解，学生再进行逐一的练习，这种类似"模仿"式的学习，使学生缺乏自主思考，很难系统地了解各个知识之间的关联并学会融会贯通，经常出现"上课全会下课全忘"的情况，使得学生对信息技术的学习兴趣不高。

这些问题导致学生缺乏独立思考与自主学习的能力，难以跟上数字化时代知识更新换代的步伐。[①]

（三）课堂缺乏教学模式的方法创新，对核心素养的培养不够充分

传统的课堂教学模式过于注重知识的传授和技能的训练，过于依赖教师的指导和控制，限制了学生的自主探索和协作交流，不利于培养学生对人工智能的探究和创新能力。传统的课堂教学固定在教室内部进行，忽视了与社会实际问题和应用场

---

① 李丽.人工智能背景下中职信息技术课程改革与教材建设探索［J］.办公自动化，2022，27（14）：38-40+28.

景的联系，没有充分运用学校现有的数字化设施，不利于培养学生对人工智能的应用和价值意识。

这些问题导致难以充分培养学生包含信息意识、计算思维、数字化学习与创新、信息社会责任在内的信息技术学科的核心素养。[①]

三、人工智能赋能中职学校信息技术教学的策略

（一）树立新型知识储备与应用的意识，形成教师人工智能的教育思维

数字化时代的特征就是技术发展飞速、知识更新不断，而在整个教学过程中，教师发挥着组织、引导的关键作用，这就需要信息技术教师树立终身学习的理念，保持自身知识体系的持续储备，顺应新型技术的更新迭代，修炼较高的专业素养，才能有底气、有能力通过教学拓展学生的认知视域，从而推进人工智能赋能中职信息技术教学的进程。

信息技术教师在教学中应该努力迎合人工智能时代的发展趋势，适当地引入相应的教学元素，并且通过某种特定的任务驱动、情境设定，在教学各环节渗透人工智能的理念和应用，在为学生树立明确的学习目标的同时，加强他们对人工智能的认知。同时，最大化地运用学校的数字化设施，辅助渗透人工智能的教学设计和实施，提升教师教学的行动表现力，更有效地引导学生的认知和感悟。

（二）开展人工智能专门化培训，提高信息技术教师的数字化素养

学校可定期拟订培训内容，采用专家讲座、线上学习、个人自学等多种培训形式，确保信息技术教师得到人工智能专业方面的培训。学校也可积极与校企合作单位、开设人工智能专业的高等院校等进行合作，采用校内校外融通的形式，让教师多了解人工智能编程作品范例、教学设计和教学观摩等，学习人工智能与信息技术课程的整合技能，让教师能获取适合自己开展人工智能教学的参考经验。同时，可以将合作设计编程作品、研讨教学设计、组织同伴评议结合到专业发展活动中，分享自己的思考，获得同伴的反馈，提供与同行合作的机会，推动信息技术教师不断养成人工智能的教育思维，促进信息技术教师整体素养的提高。

---

① 郭大玮."身临其境"，培养中学生的计算思维［J］.教育现代化，2018，5（49）：380-382.

（三）利用探索智能生活的任务教学，提升师生对人工智能的关注度

在教学中，教师可以引导学生调研生活中的人工智能产品，让他们掌握常见的人工智能设备及其相关的技术，开展课堂交流，分享"智能生活"。这种互动的方式能够让学生将生活的点点滴滴与人工智能技术融合，创作有趣的生活故事，分享创作过程，并从中获得成长，体会人工智能带给人类生活的便捷度，更好地理解人工智能技术，激发他们的创新思维，提高他们对人工智能的关注度。例如，在《信息技术（基础模块）》"8.1　初识人工智能"的教学实践中，可设计如下：

表1　"初识人工智能"教学设计

教学环节	教师活动	学生活动
课前	● 预习任务：寻找家里有哪些人工智能设备，观察并描述该设备的工作过程	仔细观察生活，找出家里有智能功能的各种设备并使用，观察其工作过程，做好记录
课中	● 课堂任务一：用最快速的方法查找到有关预习成果中涉及的智能设备的工作原理（可使用手机或电脑） ● 方法比较：比较学生的查找方法，引出运用智能方法更高效、便捷的优势 ● 引出：人工智能目前最常用的几种主要技术 ● 课堂任务二：在预习成果、课堂任务一的基础上，请学生将生活中的智能设备与相应的人工智能技术进行关联 ● 课堂评价：学生对人工智能应用的敏锐度与应用意识	交流分享预习成果 通过电脑或手机登录互联网的搜索网站进行查找；也可以通过手机的语音助手直接提问得到结果 了解掌握：人工智能技术类别 思考完成：智能设备与智能技术的关联
课后	● 课堂延展任务：探索在社会场所中人工智能的广泛应用	从生活环境延展到社会环境，进一步了解人工智能带来的社会变革，从而增强对人工智能的关注度

（四）借助虚拟仿真的实践教学，增强课堂的人工智能体验活动

随着中职学校示范性虚拟仿真实训基地的建设完成，虚拟现实技术已逐步走进中职学校的课堂教学。在教学中，采用人工智能仿真的实训手段，以虚拟场景模拟现实，营造虚实结合的教育教学场景，逐步让学生通过"虚"的世界获得"实"的收获，学生能够通过环境的体验来完成知识的学习过程。这会在很大程度上提升学

习的效率，让学生全方位体验虚拟化、仿真化的技术特色，并感受人工智能的先进性、前瞻性、实用性、操作性，让学生的学习从被动变为主动。

例如，在《信息技术（基础模块）》"6.4　初识虚拟现实与增强现实"的教学实践中，可引入著名的特效电影《阿凡达》的制作实例，先通过视频让学生了解电影中角色动作特效的幕后制作流程，然后通过学校的虚拟仿真实训室，开展 AI 辅助设计实训教学项目。可将学生分组，每组学生通过捕捉设备，分别模仿《阿凡达》的不同角色动作，体验基本肢体动作的三维动画数据采集、面部表情三维动画数据采集等项目。通过实践体验，让学生用身体感官掌握大空间动作捕捉、人脸表情捕捉设备的使用及数据的采集，并了解采集到的数据可应用于后期三维动画中人物肢体动作、人物面部表情的动作设计制作。

（五）创设应用场景的情境教学，培养学生的人工智能应用意识

培养学生的数字化应用能力是中职学校信息技术教学的重要目标之一。良好的应用能力能帮助学生为自身的学习和生活服务。通过情境教学，创设特定、有趣的应用场景，带领学生以浓厚的兴趣参与到思考探究互动活动中。在感性认知的基础之上，引导学生循序渐进地形成人工智能思维，进一步培养数字化的应用意识。

例如，在《信息技术（基础模块）》"2.5　运用网络工具"教学实践中，可运用"腾讯会议"组织学生举行一次关于交流"我熟悉的常用网络工具"的网络会议，同时开展人机记录会议内容的能力"大比拼"。按打字速度将学生分成两组，打字速度较慢的这组学生可以用笔和纸，打字速度较快的这组学生可以用文字处理软件，教师从会议开始开启"腾讯会议"的云记录功能。线上会议结束后，教师将"腾讯会议"云记录采集的会议内容发在微信群里，请学生将其与自己记录的内容进行比较。学生能感受到人工智能的数据采集、语音转化文字的能力远超过自己，从而感知数字化技术的工作效率。

（六）强化导图设计的引导教学，助力学生形成计算思维的核心素养

随着人工智能应用工具的高速开发，编程在未来很有可能被 AI 工具全面替代，但是 AI 工具需要根据人类提供的编程任务来完成程序设计，任务的逻辑描述越完整，AI 工具编写的程序就越精确。因此，在教学中，教师要引入思维导图、流程导图等，让学生学会通过导图理清思路，形成解决问题的方案，建立编程的基本思路，在潜移默化中培养学生的计算思维。

在信息技术教学中，可引导学生对每个章节完成的知识点进行梳理并制作思维导图，既可作为课前预习，也可作为课后复习，可使学生将思维导图作为梳理知识点的最常用方法。那么，在程序设计的学习过程中，教师要引导学生先根据任务通过流程图理清解决方案，再进行编程，如果程序运行错误而非程序语言错误，就要先从流程图着手找出问题所在。久而久之，学生就养成了一定的计算思维习惯。

随着 OpenAI 发布文本转视频的最新平台 Sora 后，人工智能的进步再次刷新了人们的认知。不久的将来，以强大的算力和算法支持的数字大脑，将在学习能力、学习范围和学习深度上远超人类。在这样的数字化时代中，中职学校的信息技术教师需要进一步探究人工智能教育，积极探索如何把信息技术课程与人工智能技术充分结合，发挥职业教育的特点，把人才能力培养、素质提升和价值塑造融为一体，让学生能充分感受到人工智能的优势，为学生拓展出人工智能的学习思路，使学生能在未来成为人工智能的"主人"，而不是被替代。

学习支架在中职信息技术课堂教学的实践与应用

朱　莉

摘　　要： 在中职信息技术课堂教学中，以学习者为主体，应用学习支架进行沉浸体验式学习。以"内化于心、外化于行、知行合一"为学习目标，学生自主探究知识信息，教师启发、引导、成就学生。从中职学情出发，融入思政理念，结合专业特点，从而提升学生学习效率，培养学生思考能力，实现学生自身发展。通过学习支架在中职信息技术课堂教学的实践与应用，完成三个转变，达到把信息技术作为必要的课程工具解决实际问题的目标，培养学生知识应用技能，激发学生创新思维能力。

关 键 词： 学习支架　内化于心　外化于行　知行合一

作者简介： 朱莉（1979—　），女，上海市群星职业技术学校计算机教研组教师，讲师。

信息技术已成为支持经济社会转型发展的主要驱动力，是建设创新型国家、制造强国、质量强国、网络强国、数字中国、智慧社会的基础支撑。提升国民信息素养，增强个体在信息社会的适应力与创造力，提升全社会的信息化发展水平，对个人、社会和国家发展具有重大的意义。

中等职业学校信息技术课程是一门各专业学生必修的公共基础课程。通过对信息技术基础知识与技能的学习，有助于学生增强信息意识，发展计算思维，提高数字化学习与创新能力，树立正确的信息社会价值观和责任感，培养符合新时代要求的信息素养与适应职业发展需要的信息能力。

一、问题与挑战

（一）体现新技术、新人才的要求

当前我国中等职业教育面对全新时代的挑战，更是迎来了前所未有的发展机遇。

随着我国新经济高质量发展，信息技术的发展日新月异，而当下职场对新型人才的需求也日益发生着变化，"解决问题"的实际能力和"创新创造"的实践能力成为人们实现价值的根本保障。中职信息技术课堂教学必须在教学理念、教学内容和教学方法上进行不断探索，培养符合新时代社会主义核心价值观的、德技兼备的人才。为了应对创新技术对培养新型人才的挑战，中职信息技术课堂教学应用学习支架教学实践，将价值塑造、知识传授和能力培养三者融为一体。中等职业学校信息技术课程在传授知识和培养能力的同时兼具引导价值观的重任，为新时代培养高素质信息技术技能人才、能工巧匠、大国工匠。

（二）落实新课标、新教材的要求

中等职业学校信息技术课程的任务[①]是全面贯彻党的教育方针，落实立德树人根本任务，满足国家信息化发展战略对人才培养的要求，围绕中等职业学校信息技术学科核心素养，吸纳相关领域的前沿成果，引导学生通过对信息技术知识与技能的学习和应用实践，增强信息意识，掌握信息化环境中生产、生活与学习技能，提高参与信息社会的责任感与行为能力，为就业和未来发展奠定基础，成为德智体美劳全面发展的高素质劳动者和高技能人才。为了更高效地落实新课标的课程要求和新教材的课程特点，中职信息技术课堂教学应用学习支架教学实践，引导学生更好地掌握提出问题、分析问题和解决问题的方法，了解信息技术的实际应用，在实践体验中提升信息技术学科核心素养。

（三）适应新理念、新课堂的要求

深化职业教育改革，培养高素质劳动者和高技能人才，更要促进新理念、新模式、新教法和新课堂的实践探索，避免部分教师片面理解教学目标，过于强调让学生仅掌握实际操作技能，而忽视引导学生探究知识过程，对学生的综合应用能力发展略欠考虑，有碍学生自主学习能力的进阶提升。中职学生整体文化基础一般，知识解读能力偏弱，自我发展的驱动力、可持续性和创新意识等亟待进一步提升。中职信息技术课堂教学应用学习支架，引入新理念，打造新课堂，让学生在模拟情境

---

① 中华人民共和国教育部 . 中等职业学校信息技术课程标准（2020 年版）[M] . 北京：高等教育出版社，2020: 1-2.

中体验学习，并逐步掌握基础理论和基本技能，为培养符合社会需求的技能人才夯实信息素养与操作基础。通过在中职信息技术课堂教学中实践与应用学习支架，使得信息技术课程融合专业设置，促进学生发展，从而取得课堂效果的提升、教学方法的改进、思想理念的发展。

二、内涵解析

中职教育教学应以育人为导向，思政一体，结合专业，综合发展。通过在中职信息技术课堂教学中实践与应用学习支架，完成三个转变（即教学从线性式推进转变为螺旋式上升；学习从跳跃式波动转变为阶梯式提升；学生从困顿中泥牛入海转变为支架式拾级而上），达到把信息技术作为必要的课程工具解决实际问题的目标，重塑中职信息技术课程教学设计，创新教学模式和完善教学评价，提高学生的职业技能，激发学生的创新思维，促进学生的持续发展。

学习支架就是指维果茨基社会文化理论中的脚手架。维果茨基的"最近发展区理论"认为，学生的发展有两种水平：一种是学生的现有水平，另一种是学生可能的发展水平。两者之间的差距就是最近发展区。教学应着眼于学生的最近发展区，为学生提供带有难度的内容，调动学生的积极性，发挥其潜能，超越其最近发展区而达到其可能发展到的水平，然后在此基础上进行下一个发展区的发展。维果茨基的教育理论为当前建构主义教学的发展提供了有益的理论支持，从而进一步拓展了教学的含义。支架式教学是以维果茨基的"最近发展区理论"为基础的一种新的建构主义教学模式，是指通过支架（教师的帮助）把管理学习的任务逐渐由教师转移给学生自己，最后撤去支架。在支架教学中，教师作为文化的代表引导着教学，使学生掌握、建构、内化那些能使其从事更高认知活动的技能。这种掌握、建构和内化是与学生的年龄特点和认知水平相一致的，一旦获得了这种技能，学生便可以更多地对学习进行自我调节。

在中职信息技术课堂教学中，以学习者为主体，应用学习支架进行沉浸体验式学习，以"内化于心、外化于行、知行合一"为学习目标，学生自主探究知识信息，教师启发、引导、成就学生。从中职学情出发，融入思政理念，结合专业特点，从而提升学生学习效率，培养学生思考能力，实现学生自身发展（如图1）。

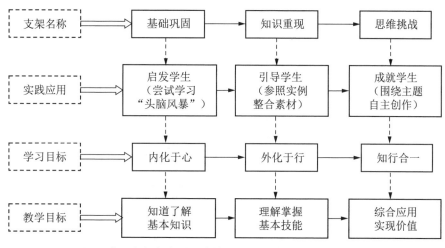

图 1　学习支架在中职信息技术课堂教学的实践与应用导图

学习支架在中职信息技术课堂教学的实践与应用，以学生为主体，注重教学适用性，课程特点与课堂教学相适应，循序渐进，深入浅出，实现引导者与学习者的双向奔赴。

三、课堂应用

以学习者为主体，通过应用学习支架进行"基础巩固、知识重现、思维挑战"的体验式学习，实践中职信息技术课堂教学。学习支架的应用，采用螺旋式上升的方式推进教学（即基础巩固学习支架依托课程知识内化于心；知识重现学习支架参照实例设计外化于行；思维挑战学习支架自主创意作品知行合一），通过"反复练，不重复"和"小步走，不停步"等过程，循序渐进地实现教学目标，培养学生应用所学知识于实践的综合能力，激发创新思维，实现自我价值。

在行动研究的基础上，依据动态循环的教学实践，收集分析结果，讨论评价效果，总结提炼学习支架在中职信息技术课堂教学的实践与应用情况。依据《中等职业学校信息技术课程标准（2020 年版）》，《信息技术基础模块》分为 8 个单元，共 108 课时。以下选取中职信息技术课程教材不同模块依次简析 3 个教学实践案例。

（一）基础巩固学习支架，以"网络应用——获取网络资源"为例

基础巩固学习支架以内化于心为学习目标。本课依照课本基本知识点，教师通

过情景式支架Ⅰ短视频导入引出主题，学生通过闯关式支架Ⅱ"锦囊妙计"进行探究式支架Ⅲ"头脑风暴"思考分析问题，而后教师提出本课任务，启发学生根据"锦囊妙计"提示尝试完成"头脑风暴"任务支架Ⅳ，最终总结"头脑风暴"成果，获取、掌握"锦囊妙计"，从而"内化于心"、夯实基础知识（如图2、表1）。

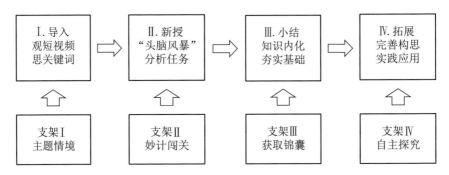

图 2　基础巩固学习支架在"网络应用"课堂教学应用导图

表 1　"网络应用——获取网络资源"教学过程简表

教学环节	教师活动	学生活动
Ⅰ.导入	播放关于上海的短视频，情景式支架引入主题"我爱'魔都'"。 提问：关于上海你能联想到哪些关键词？ 衣：上海的服装文化；食：上海的饮食文化； 住：上海的居住文化；行：上海的交通文化。	讨论并回答有关上海的关键词。 尝试利用信息技术体验海派文化（衣、食、住、行）。
Ⅱ.新授	任务：充分利用"互联网＋大数据网络资源"，探寻我爱"魔都"的理由，并以电子文档的形式提交报告。 分析：确定关键词—搜索网络资源—制作电子文档—完成报告。 提示：搜索结果中包含两个或两个以上关键词。 搜索结果中包含某些特定信息。 归纳：搜索条件越具体，搜索引擎返回的信息越精确。 甄选：查询到的信息与主题一致。 查询到的图片内容和文字内容相匹配。 运用闯关式支架提示"锦囊妙计"，引导启发，巡视指导。	探讨常用搜索引擎。 （百度、谷歌、腾讯……） 寻找合适的关键词。 （旗袍、小笼、石库门、磁悬浮） （其他……） 尝试输入多个关键词，并观察搜索结果。 保存获取的信息。 （文字、图片、表格……） 制作图文电子文档并美化报告。 通过探究式支架"头脑风暴"小组活动，探究互助学习。

续表

教学环节	教师活动	学生活动
Ⅲ.小结	组织任务成果交流，"闯关"成功，点评学生作品，反馈优化建议方案。	各组互评交流，获取"锦囊"，将任务成果提交到平台，组长汇总报告。
Ⅳ.拓展	1. 请修改和完善作品。 2. 利用网络资源寻找关于上海的声音，自拟主题完成一份多媒体演示文稿。	

本课主题以贴近学生日常生活环境为情境，从身边发现素材，以小见大，激发学生学习热情，提升课堂活力氛围，加深学生对上海文化底蕴的认识，增强学生对"魔都"海纳百川的归属感。

（二）知识重现学习支架，以"图文编辑——图文表混排"为例

知识重现学习支架以外化于行为学习目标，适时分步搭建支架，运用任务引领法、情境教学法、讲授演示法、探究学习法等教法，融合并运用多媒体教学系统平台实施教学过程，外化重现基本知识，熟练掌握基本技能。

在本课的教学过程中整体运用任务引领法，以知识重现为学习支架，把本节课内容分成若干任务模块，即"活动"支架，设计每个"活动"，由学生为主体，教师引导，师生共育互动达到一个阶段性目标。教师引导学生参照经典实例，整合素材迁移知识点，最终完成整个任务，实现知识重现，理解掌握基本技能（如图3）。

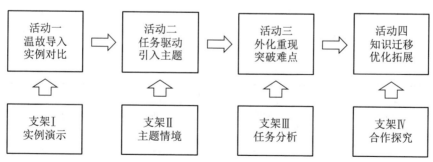

图3　知识重现学习支架在"图文编辑"课堂教学应用导图

在活动一中，通过实例支架Ⅰ讲授演示，比较原始文本和电子板报效果差异，了解美化电子板报的常用技法。

在活动二中，结合专业特点量身定制个性化专题，创设情境支架Ⅱ导入主题，制作图文并茂的电子板报，引出任务目标。

在活动三中，通过任务支架Ⅲ，充分进行师生共育互动，明确任务要求，调动学生的主观能动性，引导启发学生的设计思路，激发学生积极思考的欲望。

在活动四中，利用探究式支架Ⅳ，学生分组合作学习，自主设计完成任务，教师巡视适时引导、点拨，最后组织点评、总结任务成果。

在教学过程中，为了巩固重点、突破难点，分步搭建学习支架，把整个教学过程模块化，化整为零，运用适当的教法，利用知识重现学习支架，就如同庖丁解牛般化繁为简，游刃有余。本课充分体验"学中有做，做中再学，边做边学，学做一体"的学习方式，通过学习支架研读实例、回答问题、分析任务、明确目标、主动探究、讨论交流等方法，运用知识重现学习支架，从"内化于心"到"外化于行"，完成作品，达到学习目标，练就基本技艺。

（三）思维挑战学习支架，以"数字媒体技术应用——设计演示文稿作品"为例

思维挑战学习支架以知行合一为学习目标，进阶式构建学习支架，突破从知识迁移到创新思维的难点，完成原创作品创新思维的挑战。在课堂实践过程中，运用任务引领支架，利用专业热点情境支架导入，而后让学生自主探究支架体验式学习，多媒体课件支架展示与实践案例支架创作相结合，成就学生匠心创意设计作品，实现自我价值。

本课围绕项目任务创设情境，以开端、发展、高潮、结局四个环节完成教学步骤，层层递进地推进教学内容，贯彻"学以致用，以用促学"的教学理念，进阶式思维挑战从"内化于心"到"外化于行"，从而实现"知行合一"，精心设计制作完成创意作品（如图4）。

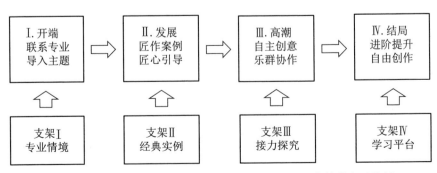

图4 思维挑战学习支架在"数字媒体技术应用"课堂教学应用导图

1. 抛砖引玉，情境导入

由诙谐的专业情境支架 I "满汉全席"导入，抛砖引玉地提出"用匠心做匠作"的项目任务。本课任务是制作一个主题为"我是主厨我推荐"的演示文稿，介绍三道"金榜题名"菜。本课所选菜肴因地制宜地取材于烹饪专业课，力求与学生产生职业共鸣，增强专业意识和职业认同，引发学生积极响应。

2. 学以致用，以用促学

教师通过复读教材并分析、演示、推荐"匠作"实例支架 II，引导学生用"匠心"分析问题，总结相关知识要点。学生学以致用，通过概括演示文稿的修饰方法，进行知识准备，明确项目任务要求，激发自主"创意"，进阶实践创作技能。利用多媒体教学平台，组织"七彩接力"乐群探究支架 III，以用促学地协作体验学习过程。通过研讨"匠心匠作"实例设计，学生直观地了解设计方法，启发设计构思，成功突破从知识迁移到创意设计这一难点，综合应用演示文稿的基本修饰，深刻理解既图文并茂又排版合理的设计创意，培养中职学生的工匠精神。

3. 分享成果，品味文化

学生利用思维挑战学习支架用"匠心"完成"匠作"任务，利用学习平台支架 IV 分享交流创意，课后拓展"精创意"。中国是一个餐饮文化大国，饮食文化历史悠久，源远流长。学生完成一份主题为"八大菜系"的演示文稿，介绍它的发展演变及其特点、高超技法和特色代表菜。应用信息技术课程技能与烹饪专业知识结合，融合课程思政，增强民族自信，品味中华文化。

在课堂教学实践中，九成以上学生可完成教学目标，能够甄选出优秀作品。运用学习支架从为学生"托底"到"托举"学生发展，进而让学生从完成"作业"到创作"作品"，激发创新潜能，实现自身持续发展，成就学生发现价值。

学习支架在中职信息技术课堂教学的实践与应用，立足课本知识，结合专业元素，从而贴近学生生活，激发求知欲望。学习支架运用于课堂教学实践中，从活动中启发分析思考，在思考中体验创作构思，突破学生思维的瓶颈，提升学生创意创新能力。

学习支架可应用于中职信息技术课程的各个学习模块，具有一定的普遍性、通用性、推广性，亦可应用于其他专业课程实践与探索。学习支架让学生从"不觉不知"到"有觉不知"，再到"有觉有知"，于混沌中觉知，于觉知中思考，于思考中探究，从实践中体会创作的愉悦，从作品中感受成功的满足，从课堂中得到成果的肯定，从同伴中激发创意的思维。

数字文创产业新趋势下的课程资源建设路径探索

——以中职动漫游戏专业为例

严鸿敏

摘　　要： 数字文创产业迅猛发展，给职业教育带来了新的机遇与挑战。中职动漫游戏专业课程资源建设以专业课程标准为前提，落实立德树人根本任务，通过组成师生学习共同体，将中华优秀传统文化融入课程资源，通过创新性培养路径，紧扣职业教育特征，发挥教师信息化教学能力，在课程资源建设实践中提升学习主动性，教学相长，与时俱进。

关 键 词： 数字文创产业　课程资源建设　中职动漫游戏专业

一、研究背景

《文化和旅游部关于推动数字文化产业高质量发展的意见》[①]中提出："加强内容建设……培育和塑造一批具有鲜明中国文化特色的原创 IP，加强 IP 开发和转化，充分运用动漫游戏、网络文学、网络音乐、网络表演、网络视频、数字艺术、创意设计等产业形态，推动中华优秀传统文化创造性转化、创新性发展，继承革命文化，发展社会主义先进文化，打造更多具有广泛影响力的数字文化品牌……以优质数字文化产品引领青年文化消费，创作满足年轻用户多样化、个性化需求的产品与服务，增强青年民族自豪感和文化自信心。"《职业教育提质培优行动计划（2020—2023年）》指出："主动适应科技革命和产业革命要求，以'信息技术＋'升级传统专业，

[①] 中华人民共和国文化和旅游部．文化和旅游部关于推动数字文化产业高质量发展的意见：文旅产业发〔2020〕78 号［A/OL］.(2020-11-18)［2024-06-11］.https://www.gov.cn/zhengce/zhengceku/2011-11/27/content_5565316.htm.

及时发展数字经济催生的新兴专业。"①

可见，传统文化资源正通过数字化手段与现代创意设计相结合得到创新的呈现和利用。产业对于拥有数字技术能力的人员需求激增，促使职业教育更新教学内容，提升教学水平以满足市场对从业人员的要求。中职动漫游戏专业课程需要从最根本的教学资源着手，更新教学资源，探究文化传统，借助数字技术不断迭代，适应数字文创产业的新要求。本文以中职动漫游戏专业"素描基础"课程为例，从教学平台资源、文件资源、思政资源、教学用具、软件资源等方面进行研究，努力构建体现中职动漫游戏专业特征的课程资源体系。

二、中职动漫游戏专业课程资源的现状分析

（一）资源主题：作品资源丰富，但文化特性不足，原创 IP 形象缺失

相较于当前数字文化产业关于"培育和塑造一批具有鲜明中国文化特色的原创 IP，加强 IP 开发和转化"的要求，传统的素描课程资源从数量、题材范围等多方面迅速数字化，作品资源爆发式增长，但是资源主题仍然是以往艺考的延续。以目前动漫游戏专业核心课程"素描基础"为例，现有的课程基于西方绘画教学体系，资源内容过分强调西方文化，学生仍然以西方古希腊或古罗马雕塑为主要刻画对象，中国原创 IP 形象缺失。而艺考已经在不断进步。目前的课程资源仍未有效地融合思想政治教育，导致学生在学习中缺乏对中国文化、历史和社会的认识和思考，从而影响青年人树立强大的文化自信。

中国源远流长的文化发展史中，文学、戏剧、绘画等艺术作品里积累了诸多具有中华民族特色的 IP 形象。当前原创游戏 IP 正越来越多地跨越不同媒介进行发展，具有巨大的商业价值与品牌效应，将这些 IP 开发、转化为学习的内容是动漫游戏专业教学应当着重探索的方向。

（二）资源内容：符合传统的审美需求，但未能与时俱进

从"以优质数字文化产品引领青年文化消费，创作满足年轻用户多样化、个性

---

① 教育部等九部门关于印发《职业教育提质培优行动计划（2020—2023 年）》的通知：教职成〔2020〕7 号［A/OL］.(2020-09-16)［2024-06-11］.https://www.gov.cn/zhengce/zhengceku/2011-09/29/content_5548106.htm.

化需求的产品与服务"的产业新要求来看，中职生群体的成长经历和环境决定了他们的审美观念和喜好具有鲜明的时代特征。他们可能更偏爱具有创意、个性化和情感共鸣的作品。原有的课程资源符合传统的审美需求，未能充分融入国际文化元素或深入挖掘本土文化内涵，导致课程内容与中职生群体的文化需求存在代沟，难以满足中职生群体的个性化和多样化的审美需求。

（三）资源形式：教学资源形式单一，数字化水平较低

在学习的方式向数字化转型，获取资源的途径由纸质媒体向数字媒体快速迁移的情况下，应用信息技术，以数字化手段转化、发展、继承传统文化是这一趋势下的必然。

从网络收集的教学范例，教学视频实用性、趋势性特征明显，超前于目前课程资源库的内容，但高质量的、系统化和结构化的课程资源相对不足。

目前缺乏针对专业学习的专门软件或应用程序，多利用现代技术，如虚拟现实（VR）、增强现实（AR）等，来提供更加直观和沉浸式的学习体验。

三、中职动漫游戏专业课程资源建设的路径探索

课程资源建设应当依据国家关于数字文化产业发展的方针与政策和立德树人基本原则，结合本专业课程标准，以学生为学习主体，建立师生学习共同体，以信息技术为手段，逐步完善平台资源、文件资源、思政资源、教学用具、软件资源等课程资源。

（一）建立师生学习共同体，共建课程资源

在课堂教学中应用师生学习共同体已成为公认的有效的教学模式。[①]将该教学模式融入课前的课程资源建设，突破以教师为主体的课程资源建设的制约，教师和学生可以共同关注最新的动漫游戏作品、数字技术，将这些新知识及时融入教学内容中，确保教学材料的时效性和前沿性。师生学习共同体内部的互动反馈机制可以帮助教师了解教学效果，从而不断调整和优化教学策略，实现课程资源的持续迭代和改进。在课程资源建设实践中，师生学习共同体中的学生和教师分别担负各自的职

---

① 罗博·普莱文.建立以学习共同体为导向的师生关系：让教育的复杂问题变得简单［M］.
　张静，译.北京：中国青年出版社，2019：80-85.

责（如图 1）。

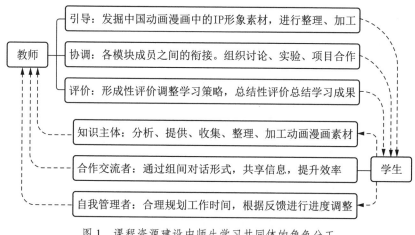

图 1　课程资源建设中师生学习共同体的角色分工

师生学习共同体共建资源的路径以数字文创为总的方向，贴近动漫游戏专业的专业特色，在基础造型学习渗透游戏、动漫等因素，提高了学生的学习积极性，从素材收集整理到课堂练习课后评价交流，学生逐渐感受到自己的主体地位，参与度得到了有效的保障并有所提高，学习过程有兴趣、有动力。

（二）校企携手搭建课程资源框架，落实资源内容

进一步深化校企融通，建立教师与学生共同参与的合作机制。学校与企业签订校企合作协议，企业多方面融入学校动漫游戏专业的总体规划，在资源框架搭建、资源内容收集、资源内容更新等方面形成校企共建的机制。

1. 师生深入企业实践，定期收集企业资源

教师深入了解企业的现场环境和行业的现状及发展趋势，记录工作流程和岗位操作技能，收集企业在游戏开发、IP 设计、运营创新等方面的成功案例，建立案例库和数据库，进行教学资源库建设。学生进入产业园区参与企业的实际项目，通过实际操作来加深对专业知识的理解和应用，收集整理资源内容。

2. 分层衔接，建立顺畅反馈机制

学校与企业管理层建立长期合作关系，定期邀请企业专家到校研讨。教师每学期回到企业环境，熟悉行业变化，起到沟通学校与企业的桥梁作用。学生充分利用产业园区的实训环境，定期接受实训导师的指导，及时更新岗位技能。

在整个工作流程中，沟通协调是关键环节。学校和企业需要建立顺畅的信息互通机制，确保双方的需求和期望得到及时交流和满足。同时，定期的评估和反馈对于优化课程资源和提高教学质量至关重要。通过这样的工作流程，校企合作可以构建一个互利共赢、持续发展的课程资源体系（如图2）。

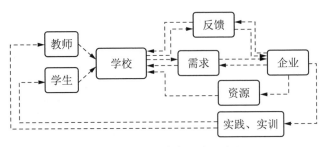

图 2　校企融合的资源建设流程

（三）数字化手段助力课程资源建设

原有的教学资源以纸质教材为主，形式单一，需要转化为更为丰富的资源形式。数字化手段是利用二维和三维软件，将纸质资源包含的内容转化为数字化的文本、图形、视频等多种形式，建立数字化资源库，形成系统化知识与技能体系。[①]

学校拥有实训基地软件、硬件资源，积极落实 VR、AR、3D 打印等技术的应用，能提供更加直观和沉浸式的学习体验，提高学生学习效率。

以"素描基础"课程为例，动漫游戏中的形象大多以平面、色彩丰富的形式出现，采用数字化手段转化具有深厚中华传统文化底蕴的原创 IP 形象，统一为单一的色调，以渲染图、实体化雕塑、写生范画等形式充实到素描基础教学资源库中。这种提炼后的资源有利于学生学会如何处理明暗关系，以表现出立体感和空间感。[②]这对于提高绘画的表现力和艺术性具有重要作用。具体的数字化流程如图3。

数字化处理的工作流程从动漫游戏的 IP 素材出发，教师与学生携手建立数字化工作流程，在 3ds Max、Blender 或 Cinema4D 等三维软件中生成原创 IP 形象的三维模型。

① 黄昌勇，李万，王学勇.文化科技导论［M］.上海：上海人民出版社，2017：97−106.
② 王鹏杰.素描论：一种"活"的绘画理论［M］.杭州：浙江摄影出版社，2022：134−135.

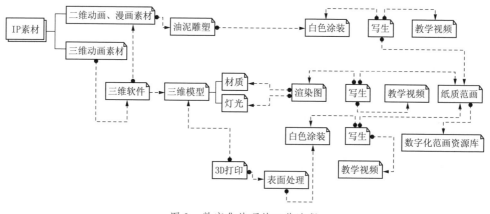

图 3　数字化处理的工作流程

　　渲染图的生成方法是使用网络渲染、云渲染等技术，批量渲染输出接近于石膏像照片的照片级的渲染图用于照片写生。针对每一个形象制作多个角度的渲染作品。在渲染图的基础上进行照片写生，写生作品经翻拍归入数字化范画资源库。

　　生成雕塑实体的方法是将原创 IP 形象的三维模型导入 3D 打印软件，打印输出三维雕塑实体。在三维雕塑实体的基础上进行写生，写生作品经翻拍归入数字化范画资源库。

　　经历完整流程的探索与实践，切实发挥了教师在教学中的职业能力，适应了教学改革提出的教师同时具有基础造型能力和数字影像创造能力的要求，让职业学校教师能够真正发挥原有的教学能力，以及在行业中的职业能力，同时促进不同教研组之间的专业合作，进一步提升自身素质，加强专业群的内在联系，支持每一位教师创造更多学习空间、展示空间，让学生真正感受到动漫游戏的魅力，并且将欣赏能力、分析能力转化为制造能力、创造能力。

四、几点思考

　　数字文创的新的业态对于课程的内容、形式都有了更高的要求。应对机遇与挑战，在课程资源建设中运用师生学习共同体探索新技术激发了学生的学习主动性，也给教师带来诸多益处。教师了解了学生的兴趣和需求，认识到现代文化元素融入的必要性，充分发挥自身的信息化技术能力，优化课程资源，使之更加贴近学生的实际。通过与学生共同探讨、研究这些主题，教师更新了自己的知识储备，保持与时俱进的良性循环状态。

　　中职动漫游戏专业的教学内容具有鲜明的行业特征，在企业实践中收集课程资源的方法多种多样，关键在于紧密结合企业实际，不断探索和创新，以实现教学内容与企业实践的有效结合，开发出适合中职生审美追求的课程资源，将更有利于知识与技能、过程与方法、情感态度及价值观等教学目标的实现。在搭建课程资源，探究中国原创 IP 精神内核的过程中，校企携手，师生共同学习，将引发更深层次的共鸣，树立起中职生的民族自豪感和文化自信。

"仿创"学习支架在中职色彩课程中的应用

王靖怡

摘　　要：针对中职色彩教学中存在的"四重四轻"的情况，尤其是缺乏有效支撑学生个性化发展的问题，本文提出"仿创"学习支架的概念，构建了色彩教学中"仿创"学习支架实施框架，试图通过传统色彩教学模式的变革，来提高学生的色彩应用能力和创新思维，为中职色彩教学提供了新的视角和策略。

关键词：色彩　学习支架　仿创　中职

作者简介：王靖怡（1985—　），女，上海市群星职业技术学校学生处主任，讲师。

学习支架理论起源于维果茨基的"最近发展区"概念[①]，它强调在学生的当前能力和潜在发展水平之间构建一个支持性的学习环境，以促进学生能力的提升。其核心在于提供适度的帮助，使学生能够通过自己的努力完成原本无法独立完成的任务。笔者根据中职技术技能型人才教育特点，针对中职色彩课程教学中存在的学生个性化发展支撑不足的问题，提出了"仿创"学习支架的概念，旨在通过"仿创"学习支架的实施，提高学生的色彩应用能力，激发学生的创新思维。

一、中职色彩课程教学的现状与问题

色彩教学作为中职美术教育的一个重要组成部分，对于培养学生的艺术审美与创新实践能力有着至关重要的作用。然而，在当前中职美术教育实践中，色彩教学仍然面临着一系列亟待解决的问题，这些因素限制了学生个性化成长与创新思维的培育。

[①]　侯宇，王凤双.最近发展区理论对学校思想政治教学的启示［J］.经济师，2021（08）：237-238.

（一）重色彩轻造型

造型是指通过各种形态组合和变化，给予物体以美感的方式。在色彩教学中，造型是表达作品主题和情感的重要手段之一。目前，许多教师在教学过程中过分侧重绘画技法和技能的传授，而忽视了对学生造型能力的培养，忽略了色彩绘画的本质便是造型，色彩的组成也是为了造型，使学生在今后的绘画创作或设计中常常感觉无所适从，在造型和色彩问题上容易顾此失彼，难以将所学知识应用到实践当中。

（二）重传统轻特色

在当前中职美术专业的色彩课程中，多数依旧沿袭了传统绘画专业色彩课程的教材及教学内容，即静物写生。教师的授课方式也是美术高考教学中实施色彩教学的基本形式，学生大部分都是被动地进行绘画临摹学习，在自主学习能力方面的栽培比较欠缺。这在一定程度上大大降低了学生的创造思维能力，影响了学生在艺术方面创新水平的发挥，同时也限制了专业特点的发展及与学生的就业岗位能力标准的对接。

（三）重技巧轻应用

通过对毕业生进行调查得知，经过在校的绘画学习，他们对色彩知识的理解和绘画技能的掌握较好，但在后续专业模块化项目中涉及应用色彩的能力时却感到力不从心，说明教学内容与实际应用不够紧密，导致学生难以将所学知识转化为实际操作技能。如果教师的教学方法固化单一，缺乏多样性和互动性，都会阻碍学生主动探索和发挥创造性思维。

（四）重室内轻户外

在长期的教学中，因安全等因素，学校很少会组织学生去户外进行写生或者走进艺术场馆进行作品鉴赏。虽然在"互联网＋"的教学大环境下，美术教学资源已经相对丰富，可以开展多种形式的教学活动，但是自然界的无穷变化为艺术提供了无限的发展空间，学生可以从光与色、取与舍中汲取无尽的美感和创造力。唐代张璪所提出的艺术创作理论"外师造化，中得心源"便是最好的诠释与延展。

二、"仿创"教学在中职色彩教学中的内涵与作用

"仿创"是仿效与创新的结合，即学生在模仿中发现规律，在创新中形成个性。"仿创"学习支架的提出，正是基于对现有教学模式的反思和对学生个性化发展需求的深入理解，意在搭建一座连接学生现有知识与创新实践的桥梁。色彩课程中运用

"仿创"教学的核心在于通过模仿经典作品或案例来掌握基本色彩搭配原则，再通过创新练习来提升学生的色彩运用能力和创造力。

（一）有助于在"仿"中掌握色彩的规律

从远古岩壁的涂鸦到纸质画册的流传，在探究绘画技艺的过程中，学习大师们的技法与艺术风格是不可或缺的环节。作为第一个到敦煌临摹壁画的中国专业画家，张大千先生在唐代人物画的启发下，他的仕女画风出现了显著的转变，尤其在造型、构图与色彩配置上呈现出与传统仕女画截然不同的创新和意趣，对他的艺术风格产生了深远的影响。[①]临摹大师作品对于求学者而言乃必然之举，在中职的色彩课程中引入临摹大师作品，通过引入案例、小组讨论等互动教学，学生可以直观地领会色彩运用的基本规律与技巧，如色调的和谐与对比、色彩的明暗与冷暖、色彩搭配的情感表达等。通过对这些基本规律的模仿学习，学生可以逐步建立起一套科学、系统的色彩知识体系。因此，这不是一个简单的复制过程，而是一个深入理解、评判并吸收精华的过程。

（二）有助于在"创"中深化色彩的应用

在对色彩作品进行模仿的同时，教师可以引导学生注意到各种色彩表现手法的多样性，学生能思考如何将学到的色彩知识应用到自己的作品中，在模仿的基础上进行创新，在"仿创"中找到自我表达的空间，从而激发创造性思维和个性化色彩应用的能力。如果大师作品整体是暖色调，可以将色调进行反转，或者直接将其转化为单色。此外，还可以将印象派大师的作品用野兽派或表现主义的风格进行重新表现，以获得不同的效果。通过转变绘画语言、明暗关系、冷暖关系等形式来进行作品的二次创作，在效仿大师的过程中，不仅汲取了精髓，更添一抹创新之笔。这种教学策略不仅能够提升学生的学习兴趣，还能够促进学生主动学习和自我探索，为学生的终身学习奠定坚实的基础。

三、"仿创"学习支架在中职色彩教学中的实施运用

笔者在中职色彩教学的过程中，通过混合式教学模式，设计了《跟着大师学色彩》单元，其中涵盖了学构图、学用光和学用色三个项目，共计 27 课时（如图 1）。

---

① 李自坤. 现当代工笔人物画中敦煌壁画元素借鉴研究［D］. 重庆：西南大学，2023.

分别选用了静物画的大师代表莫兰迪、光与色的印象派大师代表莫奈和梵高的作品，搭建了分层递进的教学策略，循序渐进引导学生从模仿层级的"选择作品—细读作品—临摹作品"到创新层级的"深入理解—二创作品—应用色彩"，教学任务由仿到创、由小到大、由易到难，在临摹中了解、在模仿中领会、在仿创中应用、在原创中创新，从低阶思维到高阶思维，实现"能赏析—慧临摹—能仿创—慧原创"，成为发现美、传递美、创造美的美术专业生。

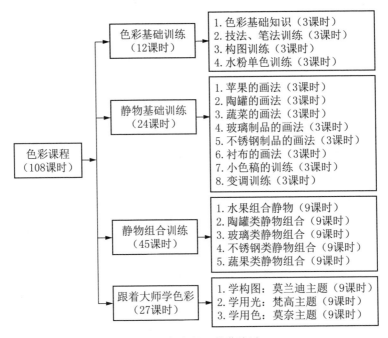

图 1　色彩课程教学计划

　　以"莫兰迪"项目中"仿创"学习支架的实施运用进行分析。选取意大利画家莫兰迪的主要原因是，其创作主力为静物画，与中职色彩教学内容也较相符。观察莫兰迪的画作，其作品中最引人注目的特色在于画面中的"形"与"色"的呈现。[①]无论是在构图、空间处理、色调还是明暗表现上，莫兰迪的绘画都与我国传统绘画有着相似之处，莫兰迪色系在设计领域也有着广泛的应用。因此，在研究莫兰迪卓

---

① 桑思雨.绘画之中"形"与"色"融合的探索——莫兰迪绘画中的启示［D］.武汉：华中师范大学，2018.

越的艺术表现形式的基础上，进一步深化学习，能够提升学生的艺术水平。

（一）能赏析，提升艺术审美

课前教师在线上布置任务，学生通过小组调研来了解莫兰迪大师的生平背景，初识其作品中"形"与"色"的特性形成小组报告，并进行分享。在"学构图"项目中选取莫兰迪的画，他的画最突出的特点在于其对于形体的塑造。此处的"形"不仅限于物体的形态、外貌等传统定义，更是一个广义的概念，涵盖了绘画艺术中的造型手法、构图方式、光影技巧等与画面塑造密切相关的诸多要素，这也是针对中职学生在色彩绘画上会出现的问题进行训练。

观察是绘画的第一步，学生通过课前初识、课中小组交流，对于莫兰迪的画作有了进一步了解，画中瓶瓶罐罐的摆放看似随意，实则经过了画家的精心策划。在构图方面，物体在前后、左右、高低上的排列顺序均有细微的考量，展现了和谐的节奏变化，在有限的形式中展现出无尽的"秩序美"的意境，充分展示了莫兰迪深厚的形体塑造技巧和审美能力，让学生真实体会到大师作品的魅力，进而增强学生的艺术鉴赏水平。

（二）慧临摹，掌握绘画技巧

莫兰迪的作品除了画面的形式美感，其色彩风格因宁静优雅的特点而被广泛认可和推崇，人们将其特有的色彩搭配称为"莫兰迪色系"。这是因为他在画中加入了灰、白两色去调和，降低了饱和度，使作品流露出一种单纯高雅、清新美妙、质朴真诚的感觉。虽然画面被控制在一个统一的灰色调里，但是莫兰迪的画作能够精准地描绘出色彩中的黑、白、灰层次，这体现了他深刻理解色彩与素描之间的关系。因此，在临摹作品时使学生掌握色调和黑、白、灰关系，这不仅是本课的重点，也是整个色彩课程的难点。在有限的课程教学实施中，教师要指导学生对作品色彩进行整体观察，深入探究局部与整体的关系，确保局部与整体和谐统一。同时，布置任务让学生进行小色稿临摹，通过快速绘画训练，培养学生的整体色调和大关系掌控能力。在调色过程中，引导学生细致观察绘画对象的色彩，提升其观察力和表现技巧。

（三）能仿创，激发学习兴趣

绘画永远在模仿和创造之间摆动：时而临摹，时而想象，这就是绘画的不同表现形式。"仿创"学习支架并非固定不变的教学模式。它需要根据不同学生群体的特点和需求进行灵活调整，提供差异化的教学支持。对于低阶学生，教师可以引导学生利用 App 软件对莫兰迪的作品进行色彩提取，并根据已有的颜色搭配进行线稿的填色练习；对于中阶学生，他们则可以自行选取某幅莫兰迪的作品，根据作品中的构图特点和色调进行知识迁移，进行静物的写生；对于高阶学生，可以鼓励他们不限材料和不限题材，进行"莫兰迪风"的创作。在仿创过程中，教师须依据学生的学习反馈及作品表现，灵活调整教学方法与策略，并在恰当时机进行引导，确保学习支架能更好地服务于学生的色彩学习和创新能力培养。此外，教师还可以组织互评和小组讨论活动，让学生在交流中学习，进一步提升色彩应用能力和创新思维。

（四）慧原创，提高色彩应用

在中职美术教学过程中积极开展色彩教学，就是要培养创新型高素养专业人才，学校和教师需要不断更新教学方式和理念，注重培养学生的专业技能、实际操作能力、知识转化能力等，培养手工技艺与社会需求紧密结合的应用型人才。因此，除了在课堂教学过程中进行设计，更不能忽视有效的课后作业布置，教师应实施各类活动，以激发学生对色彩学习的热情和创造力，从而提升他们的色彩感知能力，发掘并诠释色彩中所蕴含的艺术之美。

"莫兰迪色"之所以被广泛运用到生活中，因其独特的朦胧感给人们趋于浮躁与焦虑的生活增添了一丝静谧和安详，现在无论是时尚圈还是家装界对莫兰迪色系都有借鉴和运用。课后练习中，学生可以按小组选择校园内的一块园林作为研究对象，通过观察自然中的色彩变化，感悟色彩的情感；可以利用 App 软件提取自然色彩，尝试将这些色彩进行"莫兰迪色"的调整，并运用到校园文创产品的设计中。在此过程中，学生不仅学习了色彩的抽象提炼和应用，还提高了对色彩情感表达的理解和运用。

通过以上案例的分析，"仿创"学习支架在色彩教学中的应用，不仅促进了学生色彩搭配能力的提升，也为学生的个性化发展和创新思维的培养提供了有效支撑。总之，"仿创"学习支架的构建与运用提供了一种新的中职色彩教学模式，通过模仿学习与创新实践的有机结合，丰富了色彩教学的理论与实践内涵，对中职教育改革与发展具有积极的推动作用。未来，教师可以考虑如何更好地将"仿创"理念融入数字化教学工具和平台，提高教学活动的互动性和趣味性，同时结合学生的反馈和教学效果，不断优化教学方法，使之成为中职色彩教学的重要组成部分。

项目教学在中职二维动画创作中的运用

——以"二十四节气动态插画制作"项目为例

马 天

摘 要：针对中职二维动画制作课程中存在的学生自主学习能力较弱、学习动机不明确、教学内容与企业需求脱节等问题，本文提出了在课堂中运用项目教学的解决方案。该方案通过改变教学方式，模拟企业项目制工作模式，来引导学生进入学习状态，并制定项目考核标准来指导学生提升技能运用能力和团队协作能力。在"二十四节气动态插画制作"的课程中使用该方案进行了实践，提升了学生的学习自主性，培养了团队协作能力、沟通能力和实践能力，为学生的考学与就业打下坚实的基础。

关 键 词：项目教学 二维动画 职业教育

作者简介：马天（1994— ），女，上海市群星职业技术学校专业教师，助理讲师。

一、在二维动画课程中运用项目教学的必要性

项目教学强调在教师的课程设计以及课堂教育的引导下，学生专注于教师布置的项目，积极运用已学知识与课堂资源，独立或通过协作的方式完成项目任务。项目教学以问题为驱动，激发学生的探索欲，在完成任务的基础上巩固所学知识，与企业项目运行的全流程一致性较高。[①]在二维动画课程中运用项目教学的必要性主要表现为以下几个方面：

---

① 马芳.浅谈项目驱动和分组教学在《二维动画设计与制作》课程中的应用［J］.辽宁师专学报（自然科学版），2015，17（01）：56-58.

一是强调学生的自主性，激发学习动力。在项目教学中，教师不再占据主导地位，而是成为引导者和辅助者，帮助学生发现问题、分析问题和解决问题。这对于中职课堂中常出现的学生自主学习能力弱以及学生目标感不强都有着很好的提升作用。[①]

二是培养学生的团队协作能力和沟通能力。对于部分学生而言，中职毕业后即面临职场的考验，尤其在二维动画制作这一领域，分工协作的特点则更为突出。在项目教学下的二维动画课程中，学生在完成任务的过程中需要与同伴相互协作、共同探讨，从而提高了团队协作能力和沟通能力。[②]

三是培养学生的创新思维和实践能力。项目教学能够更好地激发学生的创造力和想象力，并促使学生通过解决实际问题来促进学习。这种教学方式能够让学生更好地理解知识的实际应用价值，提高他们的实际应用能力。[③]

二维动画是一门综合性与实践性均非常强的课程。在企业的实际运行中，需要画师综合运用所学知识，依据动画的实际进程进行创作，创作时不仅需要画师的绘画技巧，还需要画师具备进行各类相关资料的收集与多团队的协作等其他能力。因此在二维动画课程中开展项目教学，不仅可以让学生学习并巩固绘画技巧，还能够培养学生收集资料、团队协作等综合能力，更好地对接实际工作岗位的需求。

二、项目教学下中职二维动画课堂教学设计与实践

二维动画课程以中信出版集团出版的《Adobe Animate CC 动画制作案例教程》中的技能知识点为依托，嵌入项目教学。课程共 60 个课时，分为 5 个主题项目进行教学（如表 1）。

---

① 李林.项目驱动教学法在二维动画教学中的应用与研究［J］.电子商务，2010（09）：91.
② 杨冬梅.项目教学法在《二维动画技术》课程教学中的应用研究［J］.决策探索（下），2020（06）：81.
③ 孙于蓝.项目驱动模式在二维动画创作教学中的运用与研究——以"动画运动规律"课程为例［J］.戏剧之家，2021（12）：168-169.

表 1　二维动画课程主题项目设置

项目名称	课程内容
项目一：校园主题装饰画绘制	软件基础知识；绘制工具的运用；手绘效果
项目二：国风动漫人物角色的跑跳动画制作	补间动画实例与制作
项目三：二十四节气动态插画制作	引导层与遮罩层动画案例制作
项目四：十二生肖主题动画制作	逐帧动画实例制作
项目五：游园会场景动画制作	场景平移与变焦效果制作；摄像头基础动画；转场动画制作

（一）项目教学下中职二维动画课堂教学设计

1. 教学目标调整

在传统授课制教学的过程中，以教师授课为主，故教学目标通常为要求学生理解某些概念或掌握操作步骤，这一教学模式对于普通高中文化课的教学而言效率更高，而职业教育重在引导学生将理论知识高效地转化为自身的能力并应用于实践中。[①] 因此，在教学目标的设计中应当将课堂知识与技能融入项目目标中，从而实现在完成项目的过程中，学习课程要求的知识与技能。在"二十四节气动态插画制作"的教学目标中，笔者在"素养目标"中创新性地增加了"项目目标"，即要求学生完成的项目任务，要求学生在实现项目目标的过程中完成知识目标、技能目标与其他素养目标（如表 2）。

表 2　"二十四节气动态插画制作"教学目标

知识目标	1. 理解引导层与遮罩层动画的运用原理。 2. 掌握引导层与遮罩层在动态插画中的运用步骤。
技能目标	能够通过分组项目协作掌握引导层与遮罩层的运用方法。
素养目标	1. 项目目标：完成二十四节气动态插画的设计任务。 2. 培养学生的创作能力和审美意识。 3. 通过小组协作培养团队合作的意识和能力。 4. 在二十四节气动态插画的学习过程中，加深对传统节气文化的了解，提升对中华优秀传统文化的认同感，增强文化自信。

① 廖俊国，梁伟，韩雪，等. 学以致用的项目驱动式教学研究——以财务管理专业 Python 语言程序设计课程为例 [J]. 高教学刊，2024，10（04）：58-61+66.

2. 教学内容设计

项目教学的课程内容设计较传统教学内容设计需要关注更多要点，如在课堂中更加需要以学生为中心，需要采用因材施教的方式关注学生不同的兴趣点，在完成知识目标与技能目标的前提下给予学生一定的自主选择性，以便更好地调动学生的项目执行兴趣。[①]在"二十四节气动态插画制作"的教学内容设计上，尽管确立了"二十四节气"这一主题，但在节气的具体选择上给学生一定的自由度，学生可以选择自身感兴趣的节气进行项目制作。

又如，项目教学强调实践原则，要求学生更加关注过程学习，并融入同组同学共同对项目与教学内容进行探索与学习，在体验项目制作的过程中寻找适合自己的学习方式，完成知识与技能的学习。以"二十四节气动态插画制作"课程为例，教师设计了小组合作模式，并在教室中开辟"操作区"与"分享区"，方便学生进行课堂实践与作品分享展示（如表3）。

表3 "二十四节气动态插画制作"教学内容设计之教学环境创设

教学环境创设	1. 教学组织形式：6—8人一小组，共4个组，以分组合作形式完成节气动态插画设计项目。 2. 教学环境：二维动画4-510无纸动画专业实训室。 将实训室分为"节气小组设计区"和"最佳作品展示区"，学生在课前分组进行讨论、收集和节气静态插画设计，完成后在"最佳作品展示区"进行作品分析点评、知识点问答活动。  教学资源：微课学习视频、多媒体课件、企业项目素材、数位屏、手绘板。

① 胡若冰.项目驱动教学法在职业院校大学英语教学中的应用研究——以江西应用工程学院为例[D].南昌：江西科技师范大学，2016.

为更好地使学生融入课堂，将注意力集中于知识与技能的学习，在"二十四节气动态插画制作"的课程设计中，加入学生任务书，为学生拆解项目执行任务。同时，为更好地对作品进行考评，笔者在企业视频编辑部门的绩效考核表以及动效制作参考标准上做出整理和修改，设计了适合学生制作能力的动效评价参考标准表。

表4　"二十四节气动态插画制作"任务书之一：动效评价参考标准

动效评价参考标准（0—5分）				
节气组	惊蛰	清明	立夏	处暑
GIF 时间设置				
运动流畅度				
元素动效设计协调性				
动效设计的节奏感				
遮罩层的运用合理性				
引导层的运用合理性				
画面整体效果				
修改建议				

（二）项目教学下中职二维动画课堂实践

1. 课前预习

项目教学的课中更多地需要学生动手实践，而对于知识与技能的展示的讲解时间占比较短，因此更需要学生提前学习了解相关知识与技能。在"二十四节气动态插画制作"的课堂实践中，课前预习环节尤为重要。首先，教师提前通过"学习通"下发微课学习视频、项目案例参考和静态绘制要求，并线上指导学生完成静态插画绘制。其次，教师发起线上讨论，在讨论中对现有问题进行分析并对学生给出指导建议。最后，教师阅览修改后的最优作品，布置动效方案设计任务。

2. 分组合作

教师在课堂教学环节应当关注学生实践，在实践过程中针对学生主动提出的问题，应及时解答并可适当进行知识与技能的拓展，对学生进行点拨，启发学生进一步思考。此外，在中职学生课堂实践的过程中，也应当及时维持课堂纪律，防止部分过于活跃的学生影响课堂教学进度。

在"二十四节气动态插画制作"的课中实践上，教师基于学生预习成果对每组的节气静态插画和动效方案设计给予有针对性的修改建议，在引入学习任务（引导层和遮罩层的动效制作）后，开始分组进行项目制作。在此过程中，教师巡视并对小组遇到的问题进行指导，学生根据教师指导对项目进行修改。

3. 交流总结

在"二十四节气动态插画制作"的课堂中，教师设计了分享交流环节。在学生完成最终项目作品后，教师根据动效作业中出现的典型问题进行示范，总结遮罩层与引导层动效制作中的典型问题并列举优秀制作案例分享给学生。学生一方面观看自身修改前后的作业，思考修改后的效果优点，巩固已学知识与技巧；另一方面通过认识制作中的典型问题与学习优秀案例中的制作技巧，可以更加深入地理解所学知识。

三、项目教学下中职二维动画教学成效

本次课堂项目教学的方式贯穿整个课程的学习，激发了学生对动效设计的学习兴趣，大部分学生的兴趣值较高，参与感较强；对传统的动效案例操作学习也让学生更全面地了解到动效学习内容在真实工作案例中如何融入与运用，提高了学生的职业素养与专业认知。

（一）课堂成绩统计分析

课堂成绩数据可以直观地反映出学生的学习效果，笔者通过教师评价与学生互评的方式对"二十四节气动态插画制作"的课堂作业与学生过往作品进行评价打分，具体分数如表5。

表 5　项目教学与传统教学课后作业平均分

课程类型	平均分
项目教学（"二十四节气动态插画制作"）	85.3
传统教学（其他课程）	79.6

一方面，从课后作业的平均成绩看，项目教学下的"二十四节气动态插画制作"课堂作业的平均成绩明显高于其他课程，可以说明项目教学对于学生成绩的提高具有一定的帮助；另一方面，"二十四节气动态插画制作"课程后学生提交的动画作

品，内容更加丰富，呈现效果更加完整，更加趋近动画企业的行业制作标准。

（二）课堂参与和兴趣值统计分析

为更好地统计项目教学对于学生课堂兴趣、问题处理方式与企业项目执行信心的影响，分别对参与课堂的 30 位学生进行教学前与教学后的问卷调查。[①]

首先，对学生对课堂教学的感兴趣程度进行问卷调查。教学前，学生对于课堂印象仍处于传统教学模式，因此有较大比例的学生对于课堂教学内容感兴趣程度一般。但在"二十四节气动态插画制作"课后对于课堂的感兴趣程度有较大提升，不感兴趣的学生人数下降为 0（如表 6）。

表 6　学生对课堂教学感兴趣程度

	感兴趣	一般	不感兴趣
教学前	20 人	8 人	2 人
教学后	26 人	4 人	0 人

其次，对学生的问题处理方式进行问卷调查。可以发现，在传统教学模式下，小组讨论与询问教师是学生解决问题的主要方式；但在项目教学后，通过小组协作解决问题的人数大幅上升，又由于教师可以在课堂上一次性解决多个重复性问题，才降低了询问教师的人数，提升了教学效率（如表 7）。

表 7　对学生问题处理方式的改变（可多选）

	自行解决	小组讨论	询问教师	不解决
教学前	10 人	13 人	15 人	1 人
教学后	5 人	18 人	12 人	0 人

最后，对学生执行企业项目的信心程度进行问卷调查。对于中职学生而言，自信心通常低于普通高中学生，尤其是在授课前，学生对于企业项目执行了解甚少，且在软件运用与审美要求上均不自信。授课后，学生大致了解了企业项目的运行模式，在教师的鼓励下，学生自信心有所提升，尽管对于"充满信心"的学生提升效

① 高琦坤.项目驱动教学法在中职计算机课程中的应用研究［D］.长春：长春师范大学，2019.

果一般，但大幅降低了"信心不大"的学生数量（如表 8）。

表 8　学生执行企业项目的信心程度

	充满信心	一般	信心不大
教学前	4 人	15 人	11 人
教学后	6 人	19 人	5 人

四、结语

　　综上所述，在中职二维课堂中采用项目教学，将更好地明确学生学习目标、激发学生学习积极性，并能让学生提前适应动漫企业运行方式、学习企业所需的新方法新技能，从而提升教学质量。但在教学中仍有部分问题需要改进。首先，在项目教学中，对学生课前预习的要求较高，教师在教学设计中也应详细考虑课前预习的任务布置，从而使得课堂节奏更加流畅。其次，在分组协作过程中，能力较强的学生承担了更多的任务执行，需要更多练习的学生反而实践更少。针对这一问题，教师应当适当参与小组分工分配，给予各个学生合理的实践时间。最后，当前项目教学的教学资源相对匮乏，难以形成课程体系，教师应当多参与企业实习，转化企业实际项目进入项目教学的课堂。

CDIO 理念在中职艺术专业课程中的应用与实践

——以"速写眼睛的透视：兵马俑眼部复原"课程为例

高燕莉

摘　　要： 本文以"速写眼睛的透视：兵马俑眼部复原"课程为例，探讨面向中等职业教育艺术专业学生的课程设计与实施策略。文章基于 CDIO 理念，提出了一种课程设计方法，旨在通过实际操作和项目实践，有效提升学生的综合素质和创新能力。通过具体的教学案例，展示了如何在艺术教育中将理论知识与实践技能相结合，以及如何通过专业课程的学习培养学生的观察力、创造力和问题解决能力。

关 键 词： CDIO 理念　中职艺术专业　课程设计

作者简介： 高燕莉（1996—　），女，上海市群星职业技术学校专业教师，助理讲师。

一、CDIO 理念的特征与应用优势

随着教育改革的深入发展，中等职业教育面临着诸多挑战和机遇。艺术专业作为职业教育的重要组成部分，急需一种新的教学理念来提升教学质量和学生的实践能力。CDIO（Conceive，构思；Design，设计；Implement，实施；Operate，运用）理念提供了一种有效的教学模式，通过整合课程设计、强调学生中心、项目导向学习和持续改进等特点，能够有效提升中职艺术专业学生的综合能力。

（一）CDIO 理念的特征

CDIO 理念是一种先进的教育模式，旨在通过实践和项目驱动的方式培养学生的综合能力，尤其是在工程教育领域。将 CDIO 理念应用于中职艺术专业课程设计，主要是为了适应艺术教育的特殊需求和培养学生的创新能力与实践技能。

1. 整合课程设计

艺术专业学习不仅需要理论知识，更重要的是要有丰富的实践操作经验。CDIO理念强调"做中学"，通过实际操作来深化理论知识的理解和应用，将知识传授、技能训练、态度培养、思政教育融为一体，形成完整的学习过程。

2. 项目导向学习

通过项目设计和实施，让学生在解决实际问题中学习和应用知识。CDIO理念通过实践项目的设计、实施、运营，让学生在真实或模拟的环境中学习和应用知识，从而提升实践和创新能力。

（二）CDIO 理念在中职艺术专业课程设计中的优势

1. 提升学生进行团队实践操作的能力

通过 CDIO 理念指导下的项目设计和实践活动，学生可以直接参与艺术作品的创作、制作过程，有效提升其艺术实践操作能力。同时，项目学习需要团队合作，通过合作完成项目，学生可以在实践中学习沟通、协调、合作等团队精神和社会能力。

2. 培养学生的创新思维与解决问题能力

CDIO 理念鼓励学生在项目实施过程中主动探索、创新，面对挑战时能够灵活运用知识和技能，培养解决问题的能力。在项目实践过程中，学生会遇到各种问题和挑战，CDIO 理念鼓励学生主动寻找问题并解决问题，培养批判性思维，激发创新思维。

二、CDIO 理念在教学设计中的运用

课程"速写眼睛的透视：兵马俑眼部复原"属于速写课程，是中等职业学校动漫游戏专业的一门专业核心必修课。CDIO 工程教学模式以产品研发到产品运行的生命周期为载体，让学生以主动的、实践的、课程之间有机联系的方式学习工程。在课程中运用 CDIO 理念，分别以 C：构思阶段，先实践操作，以发现问题，按照学情构思调整课程目标；D：设计阶段，注重以实效为原则，以项目的形式进入设计阶段，两次练习进行形体探究、结构操练；I：实施阶段，注重以学生为中心原则进行分层实践，完成实践阶段；O：运用阶段，注重创新思维原则，验收成果并进行有效的多维评价。课程项目包括项目构思、设计、实施与展示等环节，使学生能够全面理解并参与艺术创作的全过程。

（一）构思阶段：问题导入

本课的授课对象是动漫与游戏制作专业职一年级学生，在此课之前学生已经学习了眼部基本的组成结构，初步具备了绘制速写正面眼睛的能力。在课前，引导学生预习并寻找兵马俑眼部三个角度的定位点，尝试探寻眼部透视的结构规律。根据作业中出现的问题，根据学生的学情调整课程内容，对课程教学体系中的内容、方法等进行全面、重新梳理。学生在课前通过"学习通"上的图片、视频等资源，初步了解了眼部透视的变化。课前组织学生进行眼部速写构思设计，完成实践操作，以发现问题并更好地调整教学目标（如图1）。

01　知识目标

1. 说出1/4侧、3/4侧和全侧角度眼睛的基本形体结构，即风筝形、梯形和三角形。
2. 简述1/4侧、3/4侧和全侧角度上下眼睑三段结构线和瞳孔形状的透视变化。

02　能力目标

1. 能按照眼睛的结构，画出三个角度的眼睛基本形体轮廓，并在完成眼部透视的结构基础上，增加眼睛细节刻画，将结构线条转化为速写写实眼睛。
2. 能将兵马俑图片进行速写还原，表现真实眼部形态。

03　素养目标

1. 将眼睛修改到位，提升精益求精的工匠精神。
2. 为兵马俑绘制眼睛，用速写技能弘扬中华优秀传统文化，培养职业信心，增强民族自豪感和文化自信。

图1　教学目标设定

（二）设计阶段：项目引入

以"复原兵马俑的眼睛"项目的形式进入设计阶段，围绕模拟的工作环境来展开，确保学生能够在类似实际工作的情境中学习。安排两次练习进行形体探究、结构操练。首先分析课前作业，通过作业中眼部透视的错误之处，引发学生的求知欲，以完成兵马俑眼部复原任务为导向，引导学生聚焦于眼部透视的要点进行学习。任务一中，从学生根据教师示范的观察方法自主观察、分析讨论到最终的归纳练习，根据眼部透视的形体轮廓规律和口诀，强化知识要点，完成任务一形体轮廓探究，学习精益求精的工匠精神。任务二中，引导学生自主学习，合作讨论修改画面，以此提升合作学习的能力，利用真人眼部与石膏的对比视频，结合教师制作的课件视频，攻克教学难点，完成眼部透视结构规律探究，为最终完成项目做铺垫。通过组织学生进行小组合作或实践操作，引导他们将思政理念融入艺术创作中，培养他们的创新能力和社会热点问题关注意识，学生在项目中应用多领域的知识和技能。

（三）实施阶段：分层实践

学生在此阶段分层进行任务难度的选择，以完成兵马俑眼部的复原，有效提高学生参与项目的积极性。在信息化手段上，本课借助在线教学平台、实物投影仪、微课视频等手段，使得教学的实施具有实用性和可操作性，让技术进入课堂，鼓励学生主动学习、参与讨论和实践活动。通过实际操作的方式，结合项目内容进行图像散发、联想，强化学生的实践操作能力和创新思维。

（四）运用阶段：总结与拓展

基于 CDIO 理念组织的教学在评价考核方面具有多样化（如表 1）。首先，考核方式多样化。考核方式根据学习效果的需要使用评定量表评价学生作业、观察表现等。其次，评价主体多元化。将教师评价与学生互评、学生自评等相结合。本阶段注重学生的创新思维，并进行多维度的评价。学生自主展示任务单，参与互动评价，教师在课上考查学生对知识点的掌握情况，同时积极鼓励创新意识，丰富学生的学

表 1　评分表

评分表		
素养要求		分值
积极参与课前预习自学、搜集资源		10
积极参与小组讨论研究		10
在课堂中能不断地认真修改画面，精益求精		10
难　　度	眼部透视评分要点	
任务难度 A（60 分）	形体、结构长短正确	20
	瞳孔透视正确	20
	眼皮层级正确	20
任务难度 B（90 分）	具备厚度、阴影等细节	15
	具备虚实变化	15
任务难度 C（100 分）	画面有创新之处	5
	画面能体现创意想法	5

习内容和机会。建立以学生为中心的评价体系，不仅关注学生的最终作品，还要注重过程性评价和自我反思。教师和学生通过评审的形式，为学生的项目提供反馈，促进学生的持续改进和学习成长。

本课的教学情况总体良好，课堂气氛活跃。在教学评价中加入人文素养评分，并进行一定的细化，让学生能够直观地感受到项目的全过程，明确工匠精神以及自身职业素养的重要性。

三、总结与展望

本课在专业教学成效上表现出色，全班平均分达到 85 分，及格率100%，优良率占比 78%。这说明学生能够成功找到并应用眼部结构线条和瞳孔透视变化规律，这是通过逐步练习、观察与讨论实现的。这种学习过程体现了 CDIO 理念中的"设计"和"实施"阶段，强调了通过实践活动进行学习的重要性。通过项目导向学习，学生在完成兵马俑眼部复原的项目中，不仅能掌握专业技能，还增进了对中国文化的理解和认同，展现了文化创作的能力。这种学习方式让学生在实践中学习技能的同时，也能够从文化的角度进行创新和解决问题，体现了 CDIO 理念中的"构思"和"操作"阶段。此外，素养要求取得率达到 100%，反映了学生能够自主进行观察、讨论和练习，体现了自主学习和持续改进的精神。

在 CDIO 理念指导下的中职艺术专业课程，有效地提升了学生的实践操作能力、创新思维和解决问题的能力。通过这种教学理念的运用，学生不仅能够在技术上获得精进，更能在文化认同和创新意识上得到显著提升，为综合素质的发展和未来职业生涯的成功奠定坚实的基础。

基于敏捷开发的"两层级三迭代"教学策略

——以"文创产品设计"课为例

姚陈静

摘　　要： 本文探讨基于敏捷开发流程的"两层级三迭代"教学策略，以"数字图像处理（文创产品设计）"中"效果图制作"课次为例，以用户需求为中心，遵循先易后难、先简后繁的教学思路。敏捷开发的迭代性和灵活性要求学习者能够迅速接受用户的反馈，根据用户的反馈做出调整。将这一教学策略应用到课程教学中，有助于培养学生快速学习和适应变化的能力。

关 键 词： 敏捷开发　两层级三迭代　教学策略

作者简介： 姚陈静（1995—　 ），女，上海市群星职业技术学校专业教师，助理讲师。

一、内涵解析

（一）敏捷开发

敏捷开发最初是用于软件开发方法而设计的，但它的灵活性、迭代性和可适应性使其适用于各种不同行业领域，包括设计企业。在思维层面，敏捷是一种对变化敏感，能够做出快速响应与调整的理念；在方法层面，它能在一定的框架或背景下保持稳定中的灵活。[①]因而，敏捷开发也成为设计企业常用的工作流程，以用户需求为核心，采用迭代、循序渐进的任务进行项目设计，遵循先易后难、先简后繁的教学思路，强调用户反馈、迅速响应、迭代升级。

---

① 刘伟菁.《"双减"政策背景下教师培训课程敏捷开发思路——以相关"作业设计"培训课程开发为例 [J].教育理论与实践，2022，42（17）：36-40.

敏捷开发的核心是强调用户反馈、快速迭代实现，其灵活性和迭代性更适用于课程教学实施，尤其是设计类的课程。敏捷开发的工作流程有很多种，为了更好地适应教学范围，将其流程优化为观察、构思、初稿、反馈、实现共五个流程，整个流程形成一个迭代。

这五个流程应用于教学中，具体表现为：（1）观察。课前，学生了解用户需求，搜集、整理并确定用户真正需要解决的问题。（2）构思。课中，小组进行"头脑风暴"，针对问题提出解决方案并进行构思。（3）初稿。小组合作，根据构思的方案进行设计，完成初稿。（4）反馈。用户反馈对初稿的意见，学生进行整理分析。（5）实现。课后，学生根据用户反馈进行迭代修改作品，形成定稿，完成实现。

将敏捷开发融入设计教学有着重要的意义和价值。首先，敏捷更强调作品的迭代，对应设计类课程中，一幅完整的作品是需要经过不断的优化再优化，直到完成作品，这种流程正好符合敏捷方法。在教学中，这种敏捷方法培养了学生的迭代思维和坚持不懈的工作精神，使学生能够在学习过程中灵活应对挑战和变化。其次，敏捷开发强调团队的合作和沟通，在设计教学中，组织小组合作展开学习，有利于提高学生的学习动力，促进教学的高效推进，培养学生的团队合作精神、沟通能力和决策能力。最后，敏捷开发强调用户反馈，这对于任何设计教学至关重要。在设计教学中，培养学生对用户需求的敏感性和理解能力是很重要的，有助于在教学中更好地完成和展现用户期望的作品。

敏捷开发为设计教学提供了一种符合现实工作需求和市场趋势的教学方法。它不仅培养了学生的设计技能和专业知识，更重要的是锻炼了他们的团队合作、沟通、创新和迭代能力，为他们未来在设计领域取得成功打下了坚实的基础。

（二）"两层级三迭代"教学策略

"两层级三迭代"是基于敏捷开发的一种课程教学策略。"两层级"是课程依据项目的周期和难易程度分为两个层级进行制作：第一层级为规范设计制作，第二层级为创意设计制作，遵循先易后难、先简后繁的教学思路（如图1）。"三迭代"是指设计作品需要经过三次迭代反馈，具体到课程中依据项目任务需求可能会进行多次迭代，直至实现。本课是以"数字图像处理（文创产品设计）"中第四课"效果图制作"课次需求进行的三次反馈，分别为第一层级中根据系统评、互评、师评的反馈结果进行迭代修改，第二层级中针对企业设计师的反馈意见进行二次优化，最后按照客户评的反馈进行三次迭代，最终完成作品交付实现。

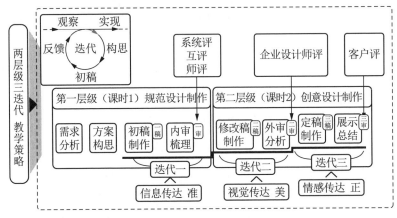

图 1　"两层级三迭代"教学策略

　　敏捷开发包括观察、构思、初稿、反馈、实现共五个环节，对应"两层级三迭代"策略中的教学流程：第一层级为规范设计制作，为第一课时，设置需求分析（观察）、方案构思（构思）、初稿制作（初稿）、内审梳理（反馈）四个环节；第二层级为创意设计制作，是第一层级的螺旋式循环，为第二课时，需要再次遵循敏捷流程，设置修改稿制作、外审分析、定稿制作、展示总结四个环节。

　　依据课程的设计，一个完整的项目制作需要经过多次敏捷迭代，不断地进行设计—反馈—再设计—实现，形成一个螺旋式循环过程，每一次迭代都可能使作品更完善，一旦达到了满意的设计，团队成员对作品进行输出打样，完成定稿，最终完成符合用户的设计产品。

二、"两层级三迭代"教学策略在"数字图像处理（文创产品设计）" 课程中的具体实施

　　"数字图像处理（文创产品设计）"是艺术设计专业二年级的专业核心课，以往学生在制作过程中缺乏真实项目引入和用户真实需求反馈，缺乏团队沟通协作能力。在教学过程中，我们发现学生制作效率低，对作品的修改意愿不强烈。为了应对这些问题，于是有了在课堂教学中引入"两层级三迭代"教学策略，将课程设计分为小模块，每个模块涵盖一个主题，在每个模块完成后，进行评估和迭代的调整，然

后再进行下一个模块。教学中可以邀请企业专家、设计师等工作者像敏捷开发中的跨功能团队一样，通过交流沟通，定期收集反馈，根据反馈问题进行迭代优化，观察学习成果并调整教学方法、内容和进度，以确保学习目标的达成。

基于敏捷开发工作方法，"两层级三迭代"教学策略引入"数字图像处理（文创产品设计）"课程教学，以"效果图制作"课次为例，具体实施路径为：

第一层级为规范设计制作课，1 课时，设置四个环节：需求分析、方案构思、初稿制作、内审梳理。对初稿作品进行反馈，巩固规范制作流程，达成文创效果图信息传达准的目标。第二层级为创意设计制作课，1 课时，设置四个环节：修改稿制作、外审分析、定稿制作、展示总结。根据反馈要求，迭代形成修改稿，达成文创产品视觉传达美的目标；连线企业设计师，进行外部反馈，再次反思迭代形成定稿；最后客户点评，从而优化创意制作流程，达成文创产品情感传达正的目标。

（一）第一课时：信息搜集（课前）

学生在学习平台上领取教师上传的任务单，查看任务单，根据任务单的要求完成搜集信息。课前，学生通过调查问卷、线下访谈、现场观察等多种方式搜集用户的需求，将搜集到的信息进行整理并上传到学习平台，其目的是搜集最新的信息以确定用户真正需要解决的问题从而有助于课上学习。

（二）第一课时（第一层级）：规范设计制作课（课中）

在需求分析环节，每位学生需要梳理课前客户真实需求，将需求转换为本课任务，学生登录学习平台，整理素材并明确客户的任务描述，有助于学生养成换位思考的习惯。在方案构思环节，小组成员根据需求分析，将任务具体要求转化为设计方案，团队成员进行"头脑风暴"，用协作在线文档设计任务方案，完成插画草图，培养团队的合作意识。在初稿制作环节，学生按照设计方案，运用"可画"智能软件进行辅助，完成作品初稿制作，教师巡视指导，解决产品制作规范问题，将作品上传到"创美"智能评价系统，完成评价，培养规范意识。在内审梳理环节，学生将完成的初稿上传到智能评价平台，经系统评、师评的初审与分析后，反思作品，查找问题，引导学生梳理文创产品视觉设计的思路。

（三）第二课时（第二层级）：创意设计制作课（课中）

在修改稿制作环节，根据反馈的修改思路，用协作在线文档讨论初稿的方案优化，利用多种智能软件对初稿进行迭代修改，上传修改稿至智能评价平台，完成互评，解决视觉传达问题。在外审分析环节，企业设计师采用线上或线下方式进课堂，用企业标准对智能评价平台上的修改稿进行点评和建议，学生反思作品中视觉表现是否到位、工具使用是否恰当，引导学生归纳出创意设计思路。在定稿制作环节，学生根据外审分析的创意思路，用协作在线文档讨论修改稿的方案优化，利用多种智能软件进行迭代形成定稿，上传至智能评价平台并完成互评，解决文创产品中的情感传达问题。在展示总结环节，各组复盘任务，客户在线或现场点评作品，总结归纳本课任务的设计制作要点，养成归纳反思习惯。

（四）第二课时：拓展优化（课后）

学生在课中已经对作品进行多次迭代，经过多次与用户的沟通以便形成更好的文创产品，满足用户需求。根据用户需求，小组合作对作品进行输出打样，并进行分享展示。

三、总结与反思

本文基于敏捷开发方法，将"两层级三迭代"教学策略融入"数字图像处理（文创产品设计）"课程教学中，以用户需求为核心，采用团队协作的学习共同体形式，掌握真实客户需求，协同对每个任务进行需求分析和方案设计，集思广益，提升产品理解能力。以三审三迭代为撬动点，触发"设计—反馈—再设计—实现"的循环迭代工作流程，学生在不断优化设计方案和不断迭代作品过程中，团队协作能力、迭代的设计制作能力得到提升。文创产品设计很难一步到位，学生创意激发需要循序渐进，引入"两层级三迭代"教学策略，让学生达到规范设计要求，然后聚焦创意设计优化作品。通过系统智评、师生互评完成内审梳理，让学生达到信息传达准的要求，再梳理创意点，引导学生取长补短、互相借鉴，为深层次的创意设计奠定基础。引入企业设计师和用户的需求建议，完成外审分析，采用行业最新做法和优秀案例，点亮学生创意思路，客户选稿点评完成三审，学生从真实客户角度审视作品，不断优化，逐步达成视觉传达美和情感传达正的目标。

国际商务实训课跨年级合作学习的实践

彭　茵

摘　　要： 本文主要从国际商务实训课跨年级合作学习的背景及优势进行分析，通过基于国际贸易岗位工作标准重构学习资源、基于成长型思维模式重构学习流程、基于掌握学习理论重构教学评价的实践，寻找"跨年级合作学习"在国际商务实训实践中进一步提升的途径。

关 键 词： 跨年级合作学习　国际商务实训　重构学习流程

随着世界经济的逐步复苏，各大进出口外贸企业对人才的要求也逐渐提高，希望通过在中职国际商务实训课进行一些创新实践，来迎接国际商务人才高效培养的挑战。

国际商务实训课"跨年级合作学习"是指国际商务专业职一和职二两个年级的学生，在同一间国际商务实训教室，学生在自主学习的基础上，以小组或全体为单位，互相交流展示自己的学习成果，以群体智慧来解决国际商务实训课程中碰到问题的一种互助性学习方式。

一、实践背景

（一）进行跨年级合作学习的原因

1. 学生学习方式开始转换，呼唤项目式学习新方式

学生已经开始自主尝试利用各种网上课程来充实自己的学习，网上多维度的学习短视频、图片、文字、交互讨论，可以反复学习、及时反馈。当学生从线上学习转回线下课堂学习，教师仍然照本宣科，这样已经无法同时满足学生多层次的需求，岗位项目式学习新方式呼之欲出。

2. 学生学习能力差距加大，教师需要更多的小助教助力学习

进入职业学校学习的学生本来就参差不齐，尤其是国际商务专业的学生，还额外要求他们英文基础好、数学计算能力强、计算机操作水平高。学习能力强的学生，很快就能完成相关练习，而学习能力较弱的学生困难很多。面对这些处在"吃不饱"和"吃不完"两极的学生，教师往往只能以处于中间段学习能力的学生为标准组织学习，"吃不饱"的学生无所事事，"吃不完"的学生因为每次完不成任务导致战线越拉越长，此时优秀的小助教就可以助力共同学习。

（二）跨年级合作学习在国际商务实训课中的实践优势

1. 迁移学习是跨年级合作学习的认知优势

迁移学习是将已经获得的知识技能迁移到其他学习任务中。国际商务实训课的学习，信用证、贸易合同、装箱单、保险单、提单、报关单等各种单证的缮制，前后都有一定的知识迁移。学习者利用已有的经验不断地获得新知识、新技能，而新知识、新技能的获得也在不断地使已有的知识经验得到扩充和丰富。

2. 同伴学习是跨年级合作学习的互助优势

同伴学习通过同伴指导、同伴示范、同伴教育、同伴监督与同伴评价等同伴之间积极主动的互相帮助来获得知识和技能，通过同班同伴或者跨年级同伴合作学习，可以让更多的学生及时、快速、有效掌握相关国际商务实训知识与技能。

3. 实训学习是跨年级合作学习的资源优势

国际商务实训课能够跨年级合作学习，是因为国际商务实训包括单证实训、货代实训、单一窗口实训等多种实训资源，而单证实务知识与技能的学习是各种实训的源泉，各种实训互相关联、互相渗透。

二、跨年级合作学习的教学设计与实施

（一）基于国际贸易岗位工作标准重构学习资源

实行跨年级合作学习，根据国际贸易不同岗位工作标准，进行了学习资源的整合。

第一种类型，统一学习资源。由于各种实训系统中的平台操作皆以单证为基础，因此将两个年级的学习资料进行统一。

第二种类型，贯通学习资源。为了更好地发挥两个年级学生的跨年级合作学习优势，体验国际贸易岗位不同环节的岗位要求，将职一年级学生缮制好的单证，作为职二年级单一窗口录入的贯通资源。

（二）基于成长型思维模式重构学习流程

具有成长型思维的人乐于接受挑战，也能及时寻求他人帮助自己学习和成长。为了打破教师在课堂上"一言堂"的困境，给学生更多自我尝试、自我学习的机会，结合成长型思维模式，对跨年级合作学习的教学重新进行了设计。

第一阶段：统一任务流程

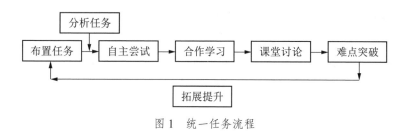

图 1　统一任务流程

给全部学生统一的单证缮制原始资料，分别布置学习任务后，再全体学生一起分析学习任务的原始资料，简单的英文条款由职一年级学生先进行分析，复杂的英文条款由职二年级学生进行分析。学生根据课本范例自己尝试学习；在自主尝试学习一段时间后，完成任务速度较快的学生，一对一或者一对多去帮助自主学习有困难的同学完成合作学习；然后通过实训练习成果展示，一起讨论出现错误的地方，再找能解决的学生给出解决方案；针对全部学生都不能解决的难点，由老师进行分析并给出解决方案，或者连线企业专家一起来帮助解决。在初次完成任务的基础上，再布置新的任务，同样通过相关环节进行拓展、提升、巩固（如图1）。

第二阶段：贯通任务流程

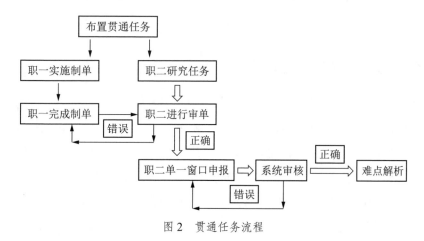

图 2　贯通任务流程

在第二阶段，为两个年级布置贯通学习任务。由职一年级学生先完成缮制单一窗口申报需要的单证，职二年级学生负责审单，如果职一年级学生缮制不正确，就退回职一学生并指导其继续修改直到正确再次递交职二；如果职一年级学生缮制正确，职二年级就按照职一年级提交的单证进行单一窗口申报；再由单一窗口平台系统进行审核，如果有错误再返回职二年级申报者和其他学生一起合作修正再提交；最后由老师就贯通学习中出现的难点再次进行重点解析小结（如图2）。

（三）基于掌握学习理论重构教学评价

布卢姆认为，只要给予足够的时间和适当的教学，几乎所有的学生对所学的内容都可以达到掌握的程度。为了激发学生的合作学习，提高学习效果，重新建构了对学生的评价。

第一阶段：统一任务评价

在第一阶段，假设学生 A1（B1）和 A2（B2）一组，A1 和 B1 是可以快速自主完成任务的学生，A2 和 B2 是需要同伴帮助才能完成的学生。A1（B1）的成绩 = 自己完成实训成绩 × 60%+A1B1 平均成绩 × 30%+ 帮助 A2（B2）完成实训加分（没完成 –2，仅完成 +2，完成较好 +5）；A2（B2）的成绩 = 在 A1（B1）帮助下取得的最好一次实训成绩 × 60%+A1B1 平均成绩 × 30%。职二年级学生还可以加上帮助职一年级学生的加分，每帮助一次加 1 分，最高不超过 5 分。

第二阶段：贯通任务评价

在第二阶段，因为打通了两个年级的学习任务，所以 A1、B1、A2、B2 共同组成一个小组，从缮制单证到单一窗口申报的完成，4 人成绩捆绑在一起，每人得分 = 自己的实训成绩 × 60%+4 人的平均成绩 × 40%。

三、跨年级合作学习取得的成效

（一）重新调整学习方式后，学生主动学习比例提高

在"先试后导，先练后讲，先学后教"学习方式下，学生尝试接受挑战，自己先试，自己先练，自己先学，充分体现了学生学习主体地位，大大提高了学生自主学习的比例。原来一个班级认真参与学习的学生有限，现在排除随班就读和学习行为薄弱学生，其余学生都能主动参与到学习之中（如表1）。

表1　学习方式调整前后学生主动学习情况对比

年级	跨年级合作学习前比例（%）	跨年级合作学习后比例（%）
职一	45.5	90.1
职二	38.8	72.2

（二）采用跨年级合作学习，使学习成效最大化

采用跨年级同伴合作学习，学习任务完成快的学生再也不是无所事事了，他们有充分的时间去帮助需要帮助的学生一起完成学习任务，同时还可以通过教会同伴，发现自己学习过程中存在的问题，再次巩固自己的学习。而学习能力薄弱又愿意付出时间精力努力学习的学生，在同伴的帮助下在有限的时间内能更快掌握学习，极大提高学生的职业技能和合作意识（如表2）。

表2　跨年级合作学习的效果调查

学习效果	认同（%）	不确定（%）	不认同（%）
提升专业认知	89.8	3.4	6.8
提高专业技能	82.9	6.8	10.3
提升沟通能力	96.6	3.4	0
提升合作意识	100	0	0

经过半个多学期的跨年级合作学习，职一国际商务专业学生在缺席单证专业老师的情况下顺利完成《单证实务》学习；职二年级也顺利完成《单一窗口》学习，进入企业实习，专业技能得到企业用人单位的认可。

表3　职一、职二学生同一学期两门专业课程期中、期末学习成绩对比

专业课程	期中合格率（%）	期末合格率（%）	期中优良率（%）	期末优良率（%）
职一《单证实务》	63.6	90.9	36.3	58.8
职二《单一窗口》	66.7	83.3	27	61.1

四、跨年级合作学习存在的问题及改进思路

（一）跨年级合作学习在国际商务实训室实践的制约

国际商务实训室工位有限，两个年级的合作学习不适用大班的合班学习，学生人数控制在 40 人以内比较合适。如果两个实训室能够实现联动，可以适当扩大学习范围。也可以借鉴已取得的经验同其他课程合作继续实践。

（二）跨年级合作学习的学习流程需要进一步细化

在学生跨年级合作学习的过程中，以高年级学生带领低年级学生共同学习取得很大进步，但还有很多细节值得细化。比如在贯通学习任务中，职一年级实训任务在前，职二年级实训任务在后，在学习内容和学习时间的安排上如何更合理、更有效，还需要继续实践优化。

（三）教师整合实训资源的能力需要进一步提高

跨年级合作学习要求对原有的各实训系统资源库中的实训资源进行整合，寻找出相关联程度较高的资源，甚至还需要教师自己设计一些学习资源包。这些资源的整合调整，对教师是极大的挑战，需要教师对资源重新录入，协调实训系统设计公司一起修改相关数据库，以及修改实训系统自动评分。

经过一段时间的实践和探索，我们在国际商务专业跨年级合作学习中取得了一点经验，初步解决了学生学习动力不足和学习差异性的问题。今后如何充分发挥教师的专业潜力，更好地在国际商务实训课中进行跨年级合作学习，还需要在合作教学的探索与实践中不断丰富和完善。

"观学做合一"在中职烹饪实践课教学中的效用

窦凤祥

摘　　要: 中职烹饪实践课的教学融合了知识目标与技能目标,本文结合教学实践,总结运用了"观学做合一"的教学方法,以技能为中心、以学生为主体、以教师为主导,通过任务引领,在"学生观摩学习"的过程中强调理论知识的渗透,在"学生做"的过程中突出实践的过程,通过合理的教学设计将两者进行有效的结合,做到"观学做合一",从而让学生对专业理论知识与实践操作技能的学习掌握得更为全面,在提高学习效果的同时,促进学生技能的提升。

关 键 词: 观学做合一　中职烹饪　实践课教学

作者简介: 窦凤祥(1978—　　),男,上海市群星职业技术学校烹饪专业教研组组长,讲师。

教学方法的选择是教师开展教学活动的前提,任何一种教学方法都是围绕着一定的教学目标设计的,在一定的情况下能够顺利达到特定教学目标的就是最有效的教学方法。教学方法来源于实践,中职烹饪实践课教学方法的选择是通过实践,在评价学生烹饪操作实效的基础上,对烹饪教学的方式、手段进行概括、优选、加工。一个合适的教学方法在实践课堂中能够发挥出最佳的效用。

一、"观学做合一"的教学方法的提出

中等职业学校烹饪专业教学要求中职生通过学习能够掌握一定的专业基础知识,重点强调基本技能的掌握,要做到这一点,就要求烹饪教育工作者把握好职业教育技能教学关,在烹饪实践课教学环节中运用合适的教学方法,开展高效的实践教学,有效地提高学生的学习成效。中职烹饪实践课教学方法的选择通常要考虑到两大方面的因素:

其一，依据教学内容特点及教学目标选择教学方法。不同的专业知识内容与技能学习的要求以及教学目标的设置与预期达成，都要求教师在教学活动中运用相应的教学方法，同时要考虑教学方法的多样性和灵活性。

其二，教学方法的选择要综合考虑客观条件，包括中职生的学情与教学环境及条件。学情方面，中职烹饪专业的学生普遍存在文化成绩比较差，映射在专业学习上表现出对实践内容中理论知识点的理解能力不强。鉴于理论指导实践，对理论知识点理解的程度，将直接影响到对技能的掌握；教学环境及条件方面，在于教学环境是否适合教学，实践教学条件能否满足实践教学的需求。在实践基地建设上，往往由于实践设备和场地不足，实践课经常会运用学生分组轮流进行实践操作的方法，使得学生达不到足够时间的训练，这种情况下，如果一人操作，小组成员没有合理的教学设计安排的话，那么教学的效果将大打折扣。这就要求专业教师能够在有限的条件下，运用适当的教学方法，在规定的时间内有效实施以达到预期教学目标。

综合这两个方面，中职烹饪专业教学要提高实践课的效率，提升学生的专业能力，关键在于在实践课中贯彻理论知识点的讲授，同时在有效的实践教学时间里，让学生得到最大机会的实践练习，这是中职烹饪教学中构建有效的教学方法的关键。因此，在烹饪实践课的教学中要在学生"学"的过程中加强理论知识的渗透，在"做"的过程中突出实践的过程与方法的掌握，另外学生在实践中相互之间要善于"观"，这样能够更好地发现操作上的不足，将三者通过合理的教学设计进行有效的结合，做到"观学做合一"。在实践课堂中运用这样的教学方法，学生对专业理论知识与实践操作技能的学习掌握得更为全面，在提高了学习效果的同时，促进了学生技能的提升。

二、"观学做合一"的教学方法的内涵及特点

（一）"观学做合一"的教学方法的内涵

"观学做合一"，其中"观"是指观摩，"学"是指相互学习，"做"是指实践操作。"观学做合一"的教学方法是在中职烹饪实践课中有效引导学生通过观摩学习并结合动手操作的方法。

何谓观摩？《礼记·学记》中说："相观而善之谓摩。"郑玄注："摩，相切磋

也。"观摩学习指互相切磋、互相学习交流的意思。笔者所总结的"观学做合一"的教学方法意指学生在实践的过程中相互间观摩学习、促进提高。这一教学方法主要运用在教师指导学生进行实践练习的环节，这也是学生掌握技能的重要环节，主要是通过布置实践任务，分组学生进行实践练习，小组成员轮流操作、相互观摩，引导学生发现问题，进行多元的实践评价，提高解决问题的能力。

（二）"观学做合一"的教学方法的特点

"观学做合一"的教学方法，是以技能为中心、以学生为主体、以教师为主导，通过任务引领，在"学生观摩学习"的过程中强调理论知识的渗透，在"学生做"的过程中突出实践的过程，将两者通过合理的教学设计进行有效的结合，做到"观学做合一"，其具体特点体现在：

（1）有效分组，一人实践，多人参与，培养了学生的合作学习能力，提高了学习效果。

（2）学生在观摩学习的过程中通过多元的评价，能够更多、更好地总结经验，弥补不足，促进技能的提高。

（3）教师指导结合实践评价，进一步加强了学生对实践内容的深刻认识。

三、"观学做合一"在实践课堂的运用

"观学做合一"的教学方法在中职烹饪实践课教学中，主要运用在学生练习的过程，具体实施步骤如图1所示。

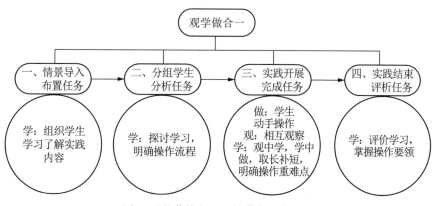

图1 "观学做合一"教学实施步骤图

（一）情景导入，布置任务

一节烹饪实践课的任务布置，可以运用情景教学按照岗位标准布置实训内容。在布置任务的同时，可以结合多媒体课件组织学生学习了解实践内容，明确操作要求。

（二）分组学生，分析任务

在明确了实践课的任务之后，对学生进行有效的分组，这是保障教学顺利进行的关键。对学生进行分组时要考虑到学生能动性的差异，有针对性地对能力不同的学生进行搭配分组，这样能够有效发挥动手能力强的学生的帮带作用。分组之后，安排学生分析任务，通过探讨学习，加强对烹饪理论知识的认知，明确操作流程，合理安排实践。

（三）实践开展，完成任务

在实践开展的过程中，实行轮流实践，要求一人操作，多人参与。小组中一人进行实践操作的同时，其余成员要相互观摩学习，注意观察操作的方法、步骤是否正确，质量是否达标，如果出现问题，要求通过自评、他评的方式找出问题所在。教师在学生实践的过程中要不间断地巡回指导，引导学生发现并提出问题，小组共同探讨，通过实践验证解决问题。这一环节，每位小组成员通过观中学、学中做，相互之间可以取长补短，能够更有效地掌握操作的重难点，提升实践的成效。

做到观、学、做的同时，学生在实践操作的过程中需要完成实践评价表。评价表要求学生进行自我评价、同学间相互评价，通过全面的评价，学生能够发现不足，通过实践尝试解决问题。这项任务的完成是建立在学生之间相互观摩学习的前提下的，观摩学习可以让学生的评价由片面变得更为全面，避免了评价的个人主观因素，让评价更为客观。

（四）实践结束，评析任务

学生实践结束后，教师根据每组实践情况并结合学生填写的实践评价表进行任务评析，针对问题给出指导意见，同时通过实践操作知识点的回顾学习，帮助学生掌握操作的要领，最后指导学生根据综合评价完成实践报告。实践报告的设计，是让学生对在观、学、做的过程中所掌握的知识点进行汇总，明确专业技能掌握的不足之处，找到并改进不足的方法，避免下次实践时再次出现同样的问题。

经过多年的教学实践，在烹饪实践课教学中运用"观学做合一"的教学方法，结合情景教学，激发了学生认知需求欲望与学习烹饪的兴趣，使学生从情感、思维和行为上主动参与学习。让学生带着任务去观摩，引导学生积极实践、主动思考、主动操作、主动评价，完成学习任务，有效延长了学生的学习时间，提高了学习时效。学生一方面通过实践操作提高操作技能，同时带着评价去观摩学习，对学生实践有着重要的理论指导作用，能帮助学生在实践中避免或较少犯错，对学生的技能提高有很大的帮助。当然，这样的教学方法在教学实践中也有所不足，如果多个小组实践中同时遇见问题而组内探讨无法解决时，因为烹饪实践的连贯性，教师可能做不到及时指导。这一情况也是一对多实践教学的普遍现象，所以希望通过实践评价及实践报告尽可能弥补不足，进一步加强学生对实践内容的深刻认识。

在教学中求创新，在实践中看效用，围绕"以技能为中心、以学生为主体、以教师为主导"的教育理念，在今后的烹饪实践课教学中，我们将不断地完善"观学做合一"的教学方法，让其发挥更好的效用。

中职舞蹈教学中融入传统文化的路径探析

沈丹妮

摘　　要： 中职舞蹈教师把中华优秀传统文化融入课程教学之中，可以很好地丰富教学内容，使学生获得更好的学习体验；不仅有效提高学生的学习热情，而且有助于厚植学生的民族情感，坚定学生的文化自信，推动中华优秀传统文化的传承与弘扬。

关 键 词： 中职学校　舞蹈教学　传统文化　路径

作者简介： 沈丹妮（1998—　　），女，上海市群星职业技术学校舞蹈专业教研组长，助理讲师。

《中等职业学校艺术课程标准（2020年版）》确定了"帮助学生塑造美好心灵，健全健康人格，厚植民族情感，增进文化认同，坚定文化自信"的课程任务，这就要求中职艺术教师变革传统的"以知识技能传授为主"的教育理念，在课程教学中注重渗透与教学内容相关的文化元素，不断拓宽学生的文化知识视野。中职艺术课程由基础模块和拓展模块两部分构成，舞蹈则是拓展教学模块中的一项重要内容。因此，在这一背景之下，中职舞蹈课程教师应当积极地将中华优秀传统文化融入舞蹈教学过程中，以此促进学生舞蹈表达能力及文化素养的协同发展，推动学生成长为全面发展的高素质劳动者及技术技能人才。

一、中职舞蹈教学中融入传统文化的现实意义

（一）有利于增强学生舞蹈学习热情

在传统的中职舞蹈课程教学过程中，主要以教师的示范和学生的模仿为主。这样确实有助于教师控制教学流程，维持课堂秩序，尽量让学生掌握所学知识技能，

提高舞蹈表达能力。但是，在这种授课形式下，课堂学习内容是比较单调、枯燥的，很容易使学生对舞蹈知识技能的学习丧失兴趣，甚至可能让学生对舞蹈学习产生抵触情绪。中职舞蹈教师恰当筛选与教学内容相关的传统文化元素，选择合适时机将它们融入教学过程中，让学生在学习基础舞蹈知识技能的同时拓展了解一些传统文化知识。这样可以让教学内容变得更加丰富，使课堂教学变得更具趣味性，以此促使学生持续保持较为高昂的学习热情，保证学生能够顺利完成相关学习任务，掌握所学舞蹈知识技能，进而切实提高学生舞蹈能力水平，实现高质量的舞蹈课程教学。①

（二）有利于加深学生对中华优秀传统文化的感悟

在中国共产党第二十次全国代表大会上，习近平总书记提出，要"推进文化自信自强，铸就社会主义文化新辉煌"，其中的关键则在于传承与弘扬中华优秀传统文化。中华优秀传统文化即中国 5000 多年来悠久且深厚的文化传统，包括传统节日与习俗、道德管理及价值观念、著名历史事件等诸多内容。在中职舞蹈课程教学中融入中华优秀传统文化，也就是教师在传授基本舞蹈知识及技能的同时，有意识地引导学生寻找相关传统文化元素。这样，可以帮助学生深入了解中华优秀传统文化，促进学生对祖国悠久历史的知悉及感悟，引导学生深刻感受伟大的民族精神，在潜移默化中逐步增强学生的民族自豪感，坚定文化自信，促使学生养成自觉传承与弘扬中华优秀传统文化的思想意识，落实党的二十大的相关要求。

二、中职舞蹈教学中融入传统文化的具体路径

根据以上叙述，中职舞蹈教师把传统文化融入课程教学中是具有重要意义的，可以很好地促进学生提高舞蹈能力水平，感悟历史文化，进而助力中华优秀传统文化的传承与弘扬。若想在中职舞蹈课程教学中有效渗透中华优秀传统文化，教师要从以下五个方面入手：

（一）确定文化渗透内容，引领学生有序学习

俗话说："磨刀不误砍柴工。"无论做什么事情，只有事先做好充分的准备，才

---

① 刘怡青. 新时期中职舞蹈课程教学中传统文化元素的融入——以民族民间舞教学为例 [J]. 尚舞，2023（22）：111–113.

能事半功倍。同理，要想有效推动中职舞蹈课程教学与传统文化有机融合，教师必须提前做好与之相适应的准备工作。在具体教学实践中，中职舞蹈教师要对教学内容进行认真、深入的分析，准确把握其所蕴含的传统文化元素，以便有序引领学生学习舞蹈，了解文化知识，保证学生获得有效的发展及进步。[①]

以古典舞《秦王点兵》为例，这个舞蹈的编排创意主要来自"世界第八大奇迹"的"中国西安秦始皇陵兵马俑"。舞蹈主要通过宏大的气势及强烈的节奏感，再现了秦始皇点兵的壮观场景，形象地展现出了古代武士勇往直前、驰骋疆场的英雄气概。根据这些相关信息，中职舞蹈教师可以对学生进行古代战争文化的渗透，引导学生感受古人在战争中拼搏奋进、英勇无畏的精神，促使学生感受中华民族的团结、勇敢，逐步增强学生的民族自豪感及文化自信心。再者，以民族舞《弦子舞》为例，这是藏族民间舞蹈艺术的重要组成部分，起源于藏区的农牧民族，伴随着藏族人民的生活及劳作。教师可以选取相应的藏族民族文化进行渗透，以此引导学生了解我国民族文化的多样性，从而在潜移默化中增强学生的文化自信心。总之，在课前备课阶段，中职舞蹈教师要去挖掘与教学内容相关的传统文化元素，这是有效引领学生学习感知中华优秀传统文化的重要前提条件。

（二）创设生动教学情境，增强学生学习氛围

学习氛围是指学习环境中形成的一种特殊的气氛或情调。一个良好的课堂学习氛围，可以提高学生的学习积极性，而"创设情境"则是活跃课堂教学氛围的有效方式。因此，在中职舞蹈课堂教学过程中，教师要灵活运用各种方式手段来引入与教学内容相关的生动场景，以此营造良好的文化氛围，让学生能够获得更好的学习体验，进而推动学生积极且全身心地投入学习活动之中。

如，《汉宫秋月》是一部表现古代宫廷生活和情感的古典舞剧目，在正式教学之前，教师可以引导学生结合剧目名称讨论"这个舞蹈剧目的创作背景是什么"。通过剧目名称中的"汉""宫"两个字，大多数学生很快能够回答："这个舞蹈剧目应该是以汉朝宫廷为背景进行创作的。"这时，中职舞蹈教师可以顺势引导学生回顾之前学到的知识或者观看过的影视片段，使用恰当的语言描绘自己脑海中的汉朝宫廷生活。

---

① 王瑛.中职学前教育舞蹈教学中融入传统文化的策略研究［J］.中华活页文选（传统文化教学与研究），2023（09）：139-141.

待班内学生完成作答之后，教师马上利用多媒体设备播放有关中国汉朝宫廷生活的相关图片、文字资料等，向学生直观、形象呈现汉朝宫廷载歌载舞的场面。这样，可以增强课堂中的文化氛围，以此提高学生的学习代入感，使学生之后能够更好地感知舞蹈《汉宫秋月》的意境，体会古代宫廷文化的魅力。总之，教师要善于利用"画面再现""语言描述""讲述故事"等方式进行情境创设，以此营造良好的课堂学习氛围，为学生顺利感受相关的传统文化提供支持。

（三）精心设计启发问题，激活学生学习思维

在中职舞蹈教学中进行传统文化教育，主要是为了促进学生全面理解舞蹈精神，体会舞蹈艺术的文化魅力，而要想顺利达成这一目的，关键在于激活学生的学习思维，促使学生积极、主动地进行思考探究。在实际课堂教学中，中职舞蹈教师要围绕教学内容精心设计启发性问题，选择合适的时机将它们提出来，以此引领学生逐步感知所学舞蹈蕴含的传统文化知识，助力学生文化素养的发展。[①]

比如，在进行蒙古族群舞《草原酒歌》的教学时，中职舞蹈教师先利用多媒体设备播放相关的表演视频，随即向学生提出问题："这个蒙古族群舞的主要动作是什么？从这个舞蹈动作中，你感受到了怎样的蒙古族文化？"对此，大多数学生只注意到"男子顶碗"这一舞蹈动作，回答道："这个蒙古族群舞主要运用了'饮酒''敬酒''顶碗'等与蒙古族酒文化相关的独特动作语汇和韵律，可以感受到蒙古族男子粗犷、豪放的性格特点。"这时，教师可以向学生亲身示范这个舞蹈使用的马步和摇篮步，同时引导学生思考："这个脚步动作像什么？"根据已有的知识经验，学生很快能够说出"像骑马过程中的动作"这个答案。此时，教师可以顺势向学生渗透蒙古族游牧文化的相关知识，包括蒙古族游牧文化的起源、蒙古族游牧文化的主要特点等。这样可以有效引导学生感受蒙古族人民对大自然的敬畏及对生活的热爱，以此强化学生的中华民族认同感，培育学生的文化自信心。

（四）组织主题竞赛活动，优化学生文化体验

实践活动是学生喜闻乐见的教学方式，也是学生学习知识、锻炼才干的主要途径，对于促进学生的发展及进步有十分重要的意义。在中职舞蹈课程教学中，教师

[①] 孙涛. 将传统文化渗透进中职学前教育专业舞蹈教学中的策略浅析［J］. 戏剧之家，2020（13）：164-165.

适时组织与传统文化相关的主题竞赛活动，可以很好地提高舞蹈学习的广度与深度，增强学生的舞蹈文化体验，促使学生巩固强化所学的舞蹈技能，深入理解相关的文化知识，进而切实促进学生综合素养的发展。①

在结束一个阶段的蒙古族舞蹈学习之后，中职舞蹈教师可以展开以"舞出马背上的民族之魅力"为主题的创编活动，把学生分成 5 人一组，让各学习小组围绕"蒙古族人与马相依相存"这一角度进行讨论，选择合适的蒙古族民歌并编排与之相适应的舞蹈动作。在这一过程中，教师要提醒学生仔细回顾之前学习的相关动作技术，如"鞍马跳跃""鞍马骤停""剁掌步（马步）"等。在完成舞蹈动作的创编之后，教师组织各学习小组轮流进行展示，引导学生如实点评其他学习小组的表现，如"小组成员的配合默不默契""编排的舞蹈动作是否符合活动主题"等。最后，教师组织学生投票选出表现最优异的三个舞蹈作品，对相关小组给予一定的物质奖励。通过以上方式，可以有效激发学生的竞争欲望，给学生提供良好的实践创造空间，充分发挥学生的学习主动性，促进学生对蒙古族文化的深入认识，帮助学生内化吸收所学的蒙古族舞技法。

（五）搭建自由交流平台，深化学生学习成效

总结反思是教学过程中一个必不可少的环节，主要目的在于引领学生整理、归纳所学知识内容，使学生的学习成效得以进一步深化。因此，为了提高中华优秀传统文化在舞蹈课程教学中的融入效果，确保有效促进学生提升文化素养及舞蹈素养，中职舞蹈教师应当注重总结归纳活动的开展情况，给学生搭建自由、开放的交流平台，让学生获得畅所欲言的权利。

例如，在结束蒙古族舞的相关教学之后，中职舞蹈教师可以引导学生回顾整个学习过程，说一说自己"学到了蒙古族舞的哪些动作技法""认识了哪些有趣的蒙古族文化"，以此促使学生系统整理并深化理解所学的舞蹈与文化知识。接着，教师鼓励学生分享自己在学习过程中遇到的问题，像"哪些细节要求没有完全理解""能不能准确把握所学舞蹈动作与相关蒙古族文化的关系"等。在这一过程中，教师要组织班内的学生相互交流讨论，说一说自己的做法及相应结果。同时，教师也要认真

---

① 覃焱.传统文化在中职学前教育舞蹈教学中的渗透［J］.现代职业教育，2019（16）：86-87.

倾听并及时指出不太妥当的说法，让学生可以积累有用、有价值的经验，顺利深化学习成果。最后，教师要结合学生的发言进行反思，找到教学方案的不足之处，为之后开展相关的教学活动奠定基础。总之，中职舞蹈教师要积极组织学生开展总结反思活动，以此帮助学生及时解决学习困惑、弥补不足之处，促进学生学习效果的提高。

三、中职舞蹈教学中融入传统文化的推进策略

（一）注意提高自身艺术文化修养

中华优秀传统文化与中职舞蹈课程教学的有机融合，可以让舞蹈课堂焕发生机活力，使学生获得更好的发展及进步。不过，这样也给相关教育工作者带来了更多的、更大的挑战。因此，教师应当积极加强理论学习，注意积累教学实践经验，不断提高自身的艺术文化修养。一方面，中职舞蹈教师要通过上网搜索资料、查阅专业书籍等方式，了解民族舞、古典舞的发展历程，准确把握这些舞蹈艺术所蕴含的文化知识内涵。另一方面，中职舞蹈教师要多与同行进行交流沟通，互相探讨各自对于在课程教学中有效融入中华优秀传统文化的心得体会，例如，"在融入中华优秀传统文化的时候要注意什么"等。这样教师才能不断优化自己的知识结构，积累相关的教学实践经验，以更好地推动传统文化与舞蹈课程的有机融合，使舞蹈教学的育人价值得到升华，切实促进学生的身心健康成长。[①]

（二）正确分清教学中的主次关系

在中职舞蹈课程教学中融入中华优秀传统文化，是一项既有必要又有意义的教育探索及实践，可以让学生在学习舞蹈知识技能的同时有效拓宽文化视野，获得更好的学习效果，但其中的前提是教师能够正确分清教学过程中的主次关系，确保顺利落实既定的课程教学任务。因此，在舞蹈课程教学中融合传统文化元素的时候，中职舞蹈教师必须时刻谨记"适度性原则"，准确把握教学内容所涉及的传统文化知识并选择恰当的渗透时机，尽量避免占用过多的课堂教学时间，切实落实相关教学任务，保证学生顺利获取所学的舞蹈基础理论及舞蹈技能，这样才有利于发挥学科

---

① 傅雄杰.舞蹈教学与中国传统文化融合的路径分析［J］.教育现代化，2018，5（12）：333-334.

教学的育人价值。

　　综上所述，在中职舞蹈课程教学中恰当融入中华优秀传统文化，可以提升学生对舞蹈艺术的理解及感悟，增强学生的民族自豪感及文化自信心，促进中职舞蹈教学的发展与进步，推动社会主义文化强国的建设。因此，中职舞蹈教师应当正确认识中华优秀传统文化的育人价值，积极探寻更为科学、有效的舞蹈课程教学融入传统文化的策略，让学生在舞蹈教学过程中更好地受到文化熏陶，进而切实促进学生的全面和谐发展。

基于"分布式"理念的学习评价方式探究

——以"视听语言（叙事与修辞）"课程为例

翟钰颖

摘　　要：基于"分布式"理念的学习评价方式是一项以目标管理为基础的评价体系，即重过程、可量化、多维度的评价体系。通过"任务下载—资源查看—试题解答—成果展示—交流互拼—任务提交—资源反哺"七个关键"监测节点"，对处于同一监测节点的学生采用学习态度、学习过程、学习结果相结合的课次评价表进行自评和互评，明确关键节点处的评价，从而进行有针对性的持续改进。本文基于"分布式"理念，以视听语言（叙事与修辞）课程中"确定视听作品叙事的角度"为依据，聚焦中职校专业课程学习，探讨学习评价方式的转变。

关 键 词：学习评价　视听语言　"分布式"理念

作者简介：翟钰颖（1993—　），女，上海市群星职业技术学校专业教师，助理讲师。

一、背景分析

（一）"分布式"理念对学习评价的影响

在"分布式"理念中，学生的学习过程被细化为"任务下载—资源查看—试题解答—成果展示—交流互拼—任务提交—资源反哺"七个关键的"监测节点"，构成学习的连续流程。

"任务下载"阶段，学生自主选择学习任务，体现学习的主动性和自主性，评价关注学生的兴趣点和学习目标的明确性；"资源查看"环节，学生利用各类资源进行学习，评价侧重学生信息筛选和资源利用的能力；"试题解答"环节，提升学生独立思考并解决问题的能力，评价关注思维过程和解题策略的合理性；"成果展示"阶段，将学习成果进行展示，评价着重在成果的创新性和实用性上；"交流互拼"阶段，学生之间交流学习心得，共同解决问题，评价关注学生的合作能力和沟通能力；"任务提交"指学生完成学习任务后进行提交，评价全面考量任务的完成度和质量；"资源反哺"环节，学生将学习成果和经验进行反馈，为其他学习者提供资源，评价肯定学生的贡献和分享精神。

　　七个"监测节点"共同构成了一个完整的学习评价体系，突破传统时空限制，使评价更加全面、客观和及时；模糊教师与学生之间的身份界限，使两者在平等的基础上共同参与学习过程，从而进一步提升学习的效果。

　　（二）视听语言（叙事与修辞）课程背景

　　视听语言（叙事与修辞）课程主要应用于数字影像技术专业，是影像拍摄与实践的基础理论知识，是数字影像技术相关专业学习中的前期基础必学部分。

　　视听语言（叙事与修辞）是视听语言系列课程之一，是通过对经典视听作品的叙事结构与修辞手法的分析，让学习者掌握视听作品叙事与修辞的概念，明确影响视听作品叙事与修辞的因素，运用剪辑技巧设计和调整视听作品叙事的结构，服务视听作品叙事和表意等相关工作的基本职业能力。在课程学习中，中职学生对于基础理论知识学习兴趣不强，知识学习基础不够扎实，因此在突破课程学习方法的同时，加入评价体系，通过多层次的评价及考查方式，督促学生的学习进度，帮助学生互相监督与自我管理。

二、问题聚焦

　　（一）课堂教学问题梳理

　　对于视听语言（叙事与修辞）课程前期基础内容的学习来说，最难的部分在于学生缺乏对基础理论知识的学习兴趣，缺乏动力去完成学习任务和学习活动，难以投入精力理解概念与原理，不能充分掌握与应用知识点。同时，在传统专业理论教学中，教学评价方式单一，主要体现在背诵、考核、提问、答卷等方式，这些评价方式有其优点，比如能够考查学生的记忆能力、检验学生对知识的掌握程度等。然而，这些方式也存在一些局限性，比如无法全面评估学生的理解能力、分析能力、创新能力等。单一的评价方式也往往倾向于强调学生的应试能力，而忽略了对学生实际应用能力的培养。

（二）解决思路

通过与企业专家和组内老师的深入沟通，我们发现了将学习评价融入课程教学中的有效方法，这对于提升学生的学习积极性和参与度具有重要意义。特别是在视听语言（叙事与修辞）这门课程的学习中，结合"任务下载—资源查看—试题解答—成果展示—交流互拼—任务提交—资源反哺"这七个关键"监测节点"，可以进一步优化学习评价策略。

课程开始要向学生明确评价标准，涵盖学习态度、课堂参与度、作业完成情况等多个方面，设定明确的学习目标和方向。随着课程的推进，按照"任务下载"开始自主学习，并在"资源查看"阶段积极寻找和筛选相关学习资源。在这一过程中，学生不仅学会如何独立解决问题，还通过"试题解答"环节加深了对课程内容的理解。

在"成果展示"和"交流互拼"阶段，引入自评和互评的方式。通过自我反思和总结，发现自己在学习中的优点和不足，进而调整学习策略。同时，在互相评估中取长补短，提高自身的学习水平。这一过程有助于增强学生的主体意识，促进学生之间的合作与交流。

"任务提交"后，根据评价标准对学生的学习成果进行综合评价，并及时反馈。在"资源反哺"环节，学生将学习经验和成果分享给其他同学，形成了良好的学习循环。

此外，根据课程进度和学生的学习情况，制订详细的评价计划。通过阶段性测试、期中考试、课堂表现记录等多个环节，及时了解学生的学习情况，并针对问题调整教学方法和策略。

课后通过问卷形式收集学生的反馈意见，帮助他们进行总结和反思，有助于学生巩固所学知识，为日后的学习提供宝贵的借鉴和参考。

三、基于"分布式"理念的学习评价方式在课程中的应用

（一）分节点、全面监测

在教学中，学习评价是一个非常重要的环节。通过评价，教师可以了解学生对知识的掌握程度和应用能力，同时也可以发现教学中存在的问题和不足，从而及时

调整教学策略，提高教学质量。基于"分布式"理念开展课堂教学，特点是结合目标体系，建立自上而下的学生分布自我管理机制；将课堂内容分为课前、课中、课后的教学形式，在学习评价中，采用多种形式展开，如课堂表现、平时作业、期末考试、小组讨论、实践项目、自我评价和同学互评等，全面了解学生的学习情况和发展潜力，提升学生的自我反思和自我管理能力。

视听语言（叙事与修辞）课程教学设计主要遵循了"分布式"理念中的原则，分为五步进行教学，全方位覆盖学生从课前新知到课后巩固的过程。学习评价方式分布课前、课中、课后：课前学生自我预习、分组讨论环节，学生通过调查问卷的形式查缺补漏，发现上节课未扎实掌握的问题；课中学生通过自评、互评的方式展开评价，同时签到、作业完成情况等也在评价考核范围；课后学生作业、复习、预习情况加入评价考核，同时分为自评、互评，在课后调查问卷中帮助学生分析未掌握的知识点及课堂中存在的问题，考查技能和素养，考查学生综合能力。

（二）分小组、综合考察

在此，以视听语言（叙事与修辞）课程中"确定视听语言叙事的角度"一课进行探讨。本课为前期基础课程学习，课前将学生设为助教 2 名，6 个小组，每组 4 人，1 人为组长的形式。提醒学生完成线上平台中的相应学习内容，养成良好的学习习惯。同时，通过课前学生学习札记的上传、分组学习活动单、签到的完成情况，课中问卷、测试，课后问卷与测试、讨论等方式，综合考查学生的知识点掌握情况。

四、教学实践

（一）分组管理、互相监督

学生通过组内自评与互评的方式，了解自身学习情况，有效促进自我反思和互相学习。组内自评让学生有机会审视自己的学习过程和成果，发现自己的优点和不足。在自评过程中，学生针对自己的学习目标和任务完成情况进行自我评估，思考自己在课程学习中的表现、进步和需要改进的地方，帮助学生更好地了解自己的学习状况，发现自己的学习盲点和弱点，进而调整学习策略，提高学习效果。组内互评帮助学生相互了解和学习。在互评过程中，学生评价其他同学的学习成果和表现，接受其他同学的评估和反馈，促进学生的相互学习和交流，在学习中发现别人的优点和长处，进而取长补短。

互评也可帮助学生在学习中形成团队合作和集体意识，增强学习效果。组内自评和互评的方式，可以让学生更好地了解自身学习情况，发现自己的优点和不足，学习和借鉴其他同学的学习成果和经验，促进学生个人发展和成长。

（二）综合评价、全面进阶

在课程中，综合评价学生的知识、技能、素养等方面，通过自评、互评、教师评价的方式，细化进入课堂学习、表现、团队协作等方面，深入了解学生的综合发展情况。通过综合评价，学生可以全面了解自己的学习情况和进步程度，进而调整学习策略，提高学习效果。综合评价帮助学生不断挑战自我，拓展学习领域和技能范围。

综合评价包括多个方面，如学习态度、课堂参与度、作业完成情况、考试成绩等，有助于了解学生的学习情况和能力水平，帮助教师更全面地给出反馈和建议；同时能帮助学生更好地认识自己，发现自身优势和不足，在今后的学习中加以改进和提高。

（三）节点优化、全面监测

在课程学习中，通过完成具有挑战性的任务和项目，能锻炼学生的实践能力和创新思维。通过引入一些新的知识和技能，让学生不断学习和探索新的领域，提高自己的综合素质和竞争力。

视听语言（叙事与修辞）课程的学习评价（如表1），在课前预习、课堂管理、任务拆解和生生互评等环节发挥了重要作用，有效地帮助学生掌握基础理论知识，提高学习效果和积极性。

学习评价在课前预习环节中发挥了监督和指导作用。通过助教和组长的参与，学生能够更好地完成预习任务，并对所学知识点有所了解。同时，组内同学之间的相互监督和指导，也使得预习效果更加显著。在课堂管理中，通过分组管理和共同进步的方式，能更好地帮助学生实现自我管理，参与课堂学习，提高学习效率。教师从管理者变为引导者，学生从接受任务转变为自主参与项目任务制作，提高了学生的学习热情。

在任务拆解和提升趣味方面，通过将任务逐级递增的方式，帮助学生更好地掌握知识和技能，提高学习效果。加入任务下发环节，使学生更好地发现和解决问题，增加了学习的趣味性。

表 1　评价标准参考

评价项目			评分标准或要求	配分	评价方式			得分
					自评 权重 30%	互评 权重 30%	师评 权重 40%	
课堂参与情况	课堂准备情况		根据任务情况，组内提前完成相关资料查询	3				
			完成调查问卷，总结知识点	3				
			明确课堂学习目标	3				
	课堂互动情况		参与组内项目任务制作，完成制作并交流分享	4				
	岗位技能提升		具有独立完成任务的能力	4				
			具有健康的审美情趣	4				
			具备沟通交流的能力	4				
课堂学习情况	课前预习		课前及时查看课件并进行预习	2				
			课前签到	2				
	课中学习		认真听取讲解	5				
			根据任务提示及示范，完成课堂练习	5				
			合理使用教学软件	5				
			整理课堂笔记，分享展示作品	2				
	课后复习		根据能力，完成课后作业，巩固提升	2				
项目实训结果	知识掌握	笔记概括	学习笔记记录完整，且有自己的思考	2				
			可根据课程学习绘制思维导图，且对项目有一定训练	2				
	技能掌握	项目训练	能完成两项项目制作要求，且有较高质量	4				
			能完成一项项目任务要求，且有较高质量	4				
总配分				60	得分			

在生生互评和能力进阶方面，通过组内学生相互评价和学习札记的提交，帮助学生了解自身学习进度和不足之处，及时反馈和改进。通过知识点扩展和技能训练的标注，帮助学生更好地掌握知识点对应的技能训练，提高学习效果，实现能力进阶。

学习评价有效帮助学生掌握基础理论知识，提高学习效果和积极性。同时，通过分组管理、任务拆解、生生互评等环节的实施，提高了学生的学习效率。

五、总结

在课堂教学中，注重学生沟通协作能力、团队合作能力和自我学习能力的培养，通过小组讨论、团队项目等方式，鼓励学生之间的合作和交流；引入自我学习的环节和方法，如思维导图、学习札记等，帮助学生提高自我学习能力；有效引导学生关注课堂学习、积极参与小组讨论、认真完成作业和考试等各个环节，提高学习积极性和主动性。教师要注重学习评价的及时性和准确性，及时对学生的表现进行评价和反馈，以便他们能够及时调整自己的学习策略和方法。

在评价过程中，不仅要关注学生的学习成果和表现，还要关注学习过程和方法。通过评价学生的优点和不足，使学生更好地认识自己的学习特点和需求，进而调整自己的学习策略和方法，提高学习效果和学习兴趣。

通过采用多种学习评价方式，将学习评价与教学方式进行有效串联，及时准确地评价学生的学习情况，以及帮助学生更好地认识自己和提升自己等措施，有效地提高学生的学习效果和学习兴趣，为未来发展打下坚实的基础。

基于"分布式"理念的学生主体性发展研究

——以"视听语言（叙事与修辞）"课程为例

惠　涵

摘　　要： 随着科技的快速发展和市场的不断变化，市场对人才的需求逐渐转向具备较高综合素质的复合型人才。职业院校的课堂教学必须摒弃传统的教学模式，从"以教师为主体"转变为"以学生为主体"的新教学模式，以促进学生的主体性发展。本文基于"分布式"理念，以教学案例的展示分析，探讨"分布式"理念下的学生主体性发展，围绕视听语言（叙事与修辞）课程进行主要阐述。

关 键 词： 职业教育　分布式　学生主体性发展　视听语言

作者简介： 惠涵（1995—　　），女，上海市群星职业技术学校专业教师，助理讲师。

一、"分布式"理念

（一）理念概述

"分布式"这一名词的出现最初是在计算机领域，对应于计算机的存储和处理数据。[①]"分布式"学习强调以学习者为中心，一切有利于学习发生的事物都是学习资源，它实现了一个学生对应一个或多个教师和专家。[②]在"分布式"学习中，教师、学习同伴和学习内容分布于不同的位置，三者作为学习资源形成一种学习环境。"分布式"理念在"分布式"学习的基础之上，教学以学生为中心，教师与学生的身份模

---

① 巴克教育研究所.项目学习教师指南——21世纪的中学教学法（第2版）[M].任伟，译.北京：教育科学出版社，2008.
② 高嫣."分布式项目学习方法"的实践与思考[J].祖国，2019（24）：146-149.

糊化，地位平等，共同学习，教师以组织者、指导者、学习者的身份参与并陪伴学生的学习，教与学能够独立于时空发生。

（二）优势分析

"分布式"理念下的学生主体性得到全面发展，学生由被动接受知识转变为主动探索知识，由被动听课转变为主动发言，由个体学习转变为合作学习，由学习成果的被动评价转变为主动评价。学生主体性的发展，使他们成了课堂真正的主人，充分调动了他们学习的积极性，促进了他们掌握职业岗位工作能力，使他们成为应用型综合型人才。

二、问题聚焦

（一）传统教学中学生主体性的问题梳理

在传统教学中，学生主体性存在以下问题：

（1）缺乏主动性和自主学习能力。当学生被视为被动学习者时，他们可能缺乏主动性和自主学习能力。他们只是被动接受教师传授的知识，而没有机会发展独立思考和问题解决能力以及创造性思维。

（2）降低学习动机和兴趣。学生可能会感到学习的压力和焦虑，特别是当评价主要基于记忆和应试能力时。这可能导致学生对学习失去兴趣，仅仅为了应付考试而机械地学习。

（3）缺乏个性化教学。教师通常以整体的方式授课，无法满足每个学生的个性化学习需求。学生的兴趣、能力和学习风格可能有所不同，但在传统教学中，他们往往需要按照相同的进度和方式学习。这可能导致部分学生无法充分理解和吸收所学内容。

（4）缺乏互动和合作。学生的互动和合作机会相对较少。教师通常是主导者，学生之间的互动和合作往往受限。这可能导致学生错过了通过交流、合作与讨论来深入理解和应用知识的机会。

（5）缺乏自主学习能力。传统教学往往忽视了培养学生的自主学习能力。学生没有足够的机会独立思考、主动探索和解决问题。这可能导致学生在面对现实生活中的挑战时缺乏自信和应对能力。

（6）没有全面评价学生的能力。在传统教学中，评价主要侧重记忆和应试能力，忽视了学生其他方面的能力和潜力。这种评价方式可能无法准确反映学生的综合素养、实践能力、沟通能力和合作能力等重要方面。

（二）视听语言（叙事与修辞）实践教学中的问题梳理

视听语言（叙事与修辞）是数字影像技术专业中职一年级的专业课，是理论主导课程，偏重理论教学。由于理论课程专业术语多，内容含量大，理论性强，教学组织形式比较单一，因此学生自主参与程度较低，学习的积极性往往不高，课堂氛围沉闷。对授课班级学生进行学情分析发现，学生的实践操作能力较强，在专业理论知识的学习上较为被动，普遍存在着厌学情绪。此外，学生在理论内容学习之后，如没有安排及时的、有针对性的实践任务，学习效果将大打折扣，教师也无法真实了解学生理论知识的掌握程度。

在以往教学中，我们还发现学生不善于查看任务书，而岗位需求需要他们看招标说明。除此之外，大部分学生的表达能力欠缺，学生应在具备专业知识和技能外，还具有一定的表达能力、沟通能力，成为未来社会需要的综合型人才。

三、解决思路

（一）引入"分布式"理念，促进学生主体性发展

"分布式"理念即以学生为中心，教师与学生地位平等，没有"教师"与"学生"这两种角色的区分，教师成为学生的学习同伴，共同参与学习，学生主体性得到发展。

主动学习者：学生被鼓励成为主动的学习者。他们参与课堂活动、参与讨论、探索知识，并积极解决问题。学生不再仅仅被动接受知识，而是参与到知识的构建和应用过程中。

自主学习者：学生被鼓励制定学习目标、规划学习过程，根据学习活动单自主完成学习，学会探索知识。学生的信息来源不仅仅是教师和书本，还可以通过网络多方寻求答案，解决疑问。他们有更多的自主权和决策权。

合作学习者："分布式"以学习者为主体，注重学习资源的去中心化和学习情境的创设，构建学习共同体，强调学习者之间的交流和合作，从孤立的学习转变成群体的实践，学生被鼓励与同伴进行互动、讨论和合作，共同探索问题、分享观点和解决挑战。在合作项目中，学生可根据个人需求选择担任不同的岗位角色。

反思者和评价者：学生被鼓励思考自己的学习过程、认知程度和学习成果，并

对自己的学习反思进行自评和互评，达到使学生对自身、对同伴进行评估的目的。

（二）基于"分布式"理念，实施教学五环节

作为一门新型专业理论核心课程，视听语言（叙事与修辞）课程的教学处于不断探索和发展的阶段。在课程教学的开展过程中，传统的教师"一言堂""满堂灌"过于呆板枯燥，师生缺乏互动交流，显然不能满足视听语言专业课程的发展需求。

教学环节在教育过程中扮演着重要的角色，对于学生的学习效果和学习体验具有重要影响。基于"分布式"理念，以学习者为主体，利用去中心化的资源，将"分布式"项目学习方法模式设计为开放式预习、问题式导习、细化型修习、交流型研习、梳理型复习等五个环节。五个环节贯穿课前、课中、课后，相互关联、相互影响，共同构成了一个完整的教学过程。五个环节的合理组织和高效运用可以促进学生学习内容的吸收，提高学生的学习效果和满意度，激发学生的学习兴趣和动力，培养学生的综合能力。"分布式"教学的五个环节优势在于提供了灵活性、互动性、个性化和资源丰富性，能够满足学生的个性化学习需求，促进学生的主动学习和合作能力的培养。

四、教学实施过程

《我/TA的一天：划分视听作品叙事的段落》是视听语言（叙事与修辞）课程项目一中的任务二（如图1），在项目中起到承上启下的作用，引导学生进行知识点的学习、案例分析、撰写剧本、完成脚本设计。重、难点是让学生能根据分镜头组合叙事的特点，运用叙事镜头类型、结构和句型等段落叙事方法，结合视听作品创编的实际，完成服务于叙事需求的段落划分设计。

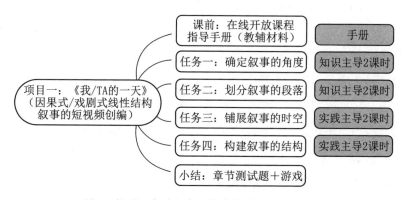

图1　视听语言（叙事与修辞）课程项目一任务

以《划分视听作品叙事的段落》为例，五个环节实施过程中的学生主体性发展如下：

（一）开放式预习（课前）

学生由被动接受知识转变为主动探索知识。

开放式预习环节以线上形式开展。针对学生不善于查看任务单、文本材料的问题，课前让学生通过在线开放平台查看学习资源，即一份电子书案《认识小说结构中叙事的段落》、微视频《不同景别分镜头拍摄剪辑逻辑 两分钟拍出故事短片》。学生在平台上接收学习任务，明确目标，查看学习活动单，下载学习札记。根据学习活动单的指引，学生通过自学方式学习电子书案，填写学习札记；自行在网上搜索"叙事段落""分镜头组合""段落划分"等关键词，补充学习札记并上传，遇到问题可以参与话题讨论，及时与同学研讨。学习后尝试完成课前测试，由学习平台生成预习反馈。此外，学生可通过调查问卷，表达"自己希望在课上听到的内容，或者希望教师在哪一方面做多一些的讲解和演示"的需求。

在这个过程中，学生借助多种学习工具，根据指引主动查看资料、搜索资料，最终完成任务，他们由被动接受知识转变为主动探索知识，参与课程的构建，与教师共同探究学习。

（二）问题式导习（课中）

学生由被动听课转变为主动发言。

问题式导习环节以"线上＋线下"形式开展。学生在明确了课前预习情况之后，在教师的组织下交流分析问题，共同解决遇到的困点和难点，根据教师展示的学生的优秀札记样例和知识点导图，学生补充自己的学习札记，学习优秀札记、知识点导图的填写与制作特点。在教师引导下，学生明确课程任务内容和要求，梳理需要学习的资源。

在这个过程中，学生与教师的关系平等，共同解决学习中遇到的共性问题，明确课程任务，梳理学习资源。学生更加主动地参与课堂，与教师平等对话，他们由被动听课转变为主动发言，成为学习的主体，培养了他们的主动性。

（三）细化型修习（课中）

学生由个体学习转变为合作学习。

细化型修习环节以"线上＋线下"形式开展。学生明确本课学习任务及学习资源，做好学习准备。

首先，教师进行"叙事镜头类型——关系镜头"知识的讲解，学生观看知识点微视频，促进知识理解。然后，学生观看相关案例片段，以小组为单位，进行案例分析，讨论思考视听作品，尝试划分叙事段落。最后，学生在教师的引导下，分享小组讨论结果。

按照以上学习流程，学生依次学习"叙事段落的镜头结构——序列""叙事镜头句型——前进式句型（接近式）""叙事镜头句型——后退式句型（远离式）""叙事镜头句型——跳跃式句型"的知识点并进行案例分析。

接下来，学生用拉片分析的方式，呈现段落在视听作品叙事中的表现，填写学习札记并上传至平台，并在教师引导下完成知识点导图。

在学习了知识点之后，学生尝试运用本节课学习的知识点进行"头脑风暴"，构思作品《我的一天》或《TA 的一天》的叙事段落，并尝试设计分镜头组合实现段落叙事。

在这个过程中，任务被分解成多个小任务，学生带着任务观看作品，参与小组讨论，尝试解读作品、探索知识，他们由个体学习转变为合作学习，小组讨论问题、解决问题，合理安排组内分工，组员负责不同工作，共同完成任务。

（四）交流型研习（课中）

学生由被动评价转变为主动评价。

交流型研习环节以"线上 + 线下"形式开展。首先，学生展示自己制作的分镜头脚本，其他同学点评。其次，学生通过表达提示，讲解对知识的认知和理解，其他同学补充，并分享自己在学习中遇到的难点及其解决方式和路径。最后，学生填写评价表，根据实际情况完成自评、互评。

在这个过程中，学生有多次表达、交流的机会，他们根据细化的评价指标、量化的评价内容尝试自评、互评，并结合教师点评形成最终评价。他们由学习成果的被动评价转变为主动评价，打破了单方面的被动接受评价的模式，享受着评价的权利。

（五）梳理型复习（课后）

梳理型复习环节以线上形式开展。课后学生整合《划分视听作品叙事的段落》的学习札记，尝试完成知识的梳理、技能的小结，在教学平台话题讨论区分享学习小结，养成良好的复习习惯。

在这个过程中，学生独立完成复习，完成对所学内容的梳理、归纳和整理。

五、反思展望

"分布式"理念以学生为中心，充分尊重学生，教师成为学生学习的组织者、指导者和同伴，遵循学生的认知特点和学习规律，围绕学生的"学"设计教学活动。在这一理念实施之后，得到了几方面的积极反馈，包括学生的操作意识更加规范、自主学习意识和团队协作意识有所增强，除了学生学习能力有所提升，教师的教学效度也有所提升。同时，在教学中也反映出了一些问题，比如线上学习的"话题讨论"环节参与度不足，附件作业图文排版混乱，后续需要在这些方面制定可行策略，比如纳入评价细则等。

"三林瓷刻"海派非遗课程的文献研究

赵　婷

摘　　要： 非遗是当前的研究热点问题，随着时代的变迁和全球化进程的加速，传统文化面临着丧失和衰退的风险，为了保护和传承非物质文化遗产，许多国家都开始开设非遗课程，培养年轻一代对传统文化的认知和兴趣。在学校教育中增加非遗内容的教学，对提高学生文化素养具有重要意义。对非遗进校园的开发研究成为当前急需探索的课题。瓷刻文化作为我国宝贵的传统文化遗产，理应纳入非遗课程体系之中。本文主要针对瓷刻、非遗、非遗课程三个方面进行了文献研究。当前关于瓷刻的研究更多地侧重于技艺创新与价值赋能，较少把瓷刻与课程教育相联系；在现有的非遗课程建设研究中，也面临师资紧缺、课程资源不足、课程实施形式受限等问题。

关 键 词： 三林瓷刻　非遗教育　课程建设

作者简介： 赵婷（1996 —　），女，上海市群星职业技术学校教师，助理讲师。

一、核心概念的界定

对瓷刻概念的界定是研究瓷刻非遗课程实践的基础，对海派及海派瓷刻特质的界定则是将其作为研究对象的基础。"瓷刻""海派""非遗课程"不单单是一个名词，更是关联着传统文化与一整套的话语体系。因此，以"三林瓷刻"为研究对象，对海派非遗课程的实践与探索应当首先基于对瓷刻概念的厘清、对海派的理解以及对非遗课程的界定。

（一）"三林瓷刻"的定义

瓷刻又名刻瓷，是一种以瓷片、瓷瓶、瓷盘等瓷类物品为材料，以雕刻为技法的工艺品创作形式，是中国陶瓷文化中的一种代表性传统艺术形式。它以细腻、精致、独特的雕刻技法，将各类图案、形象以及文字刻画在各式各样的瓷类物品上，形成了独具特色的艺术品种类。三林瓷刻以刀代笔，将瓷刻作品与中国古典园林室内装饰艺术相结合，在上海乃至全国的瓷刻领域独创了新的面貌，丰富了传统刻画技法，展现了独特的风格和意境。三林瓷刻以其精细的雕刻技巧和独特的风格而闻名于世，其刻痕酣畅淋漓，笔墨神韵亦然，形成了一套自己的雕刻语言。2006 年，三林瓷刻在上海民博会上首次参展并获"传承奖"，由此开始被社会广泛关注。2008 年，三林瓷刻被列入浦东新区非物质文化遗产名录，多件作品被浦东新区档案馆收藏。2010 年，三林瓷刻在上海世博会主题馆展出。2011 年，三林瓷刻被列入上海市级非物质文化遗产名录。

（二）"海派"的定义

"海派"一词有多种含义，就其起源而言，海派始于中国画和京剧，作为一种艺术体裁，它很快发展到电影、小说、艺术教育和社会生活的许多其他领域，逐渐形成了"海派"的概念。从内涵上来说，海派指称的是现代中国城市文明的一种模式。[①] 海派的这种模式是近代中国都市文化的集中反映和典型表现，是中国地域文化中融入异质文化最多的一种文化形态。有学者认为，海派文化的形成是在植根于中华传统文化的基础上，吸纳了吴越文化和其他地域文化，受到了世界文化主要是西方近现代经济文化的影响，营造出城市五方杂处、民众萌生的新文明形态。[②] 综合来看，"海派"一般用来形容上海独特的文化风格和艺术形式。

（三）"非遗课程"的定义

目前，关于"非遗课程"学术界尚未有明确的定义，但就当前各院校开展的"非遗课程"实践来看，主要涉及的是关于非物质文化遗产内容相关的课程，比如民间美术、民间戏曲、民间体育等。《非物质文化遗产教育宣言》指出："非物质文化遗产传承教育应落实到学科创新发展和课程与教材的改革中。"由此来看，非遗课程仍然应当以

---

① 李伦新.海派文化是上海城市之魂［J］.上海大学学报（社会科学版），2005（05）：44-56.

② 沈善增.以建设话语给海派文化以新的定义［J］.上海大学学报（社会科学版），2005（05）：48-50.

非物质文化遗产为主题教学内容开展实践探索，融入艺术文化建设和思想政治教育。

二、关于瓷刻的研究

　　瓷刻作为中华传统文化艺术形式的代表之一，目前关于瓷刻的研究更多的是从工艺美术与考古旅游等学科视角出发，鲜少以课程教育的形式和从教育学的视角对瓷刻技艺进行研究。通过梳理国内外关于瓷刻的研究可以发现，围绕瓷刻相关的主题大致可以分为瓷刻技艺、瓷刻创新、瓷刻传承、瓷刻价值等方面。

　　以"瓷刻"为关键词，检索到 156 篇文献，相较于其他非遗项目，其研究数量较少，研究数量呈现不规则的增长趋势，如图 1 所示；在学科分布中，瓷刻被更多地研究于"美术书法雕塑与摄影"板块，职业教育的研究占比 7%，如图 2 所示；以"三林瓷刻"为关键词，检索到 1 篇文献。

　　从瓷刻技艺方面来看，由于瓷刻是"在陶瓷上雕刻绘画"，因此必然要兼有"瓷""刻"与"画"的多重艺术性。"瓷"是指被雕刻的陶瓷器皿，按釉色分为两类：一类是深色釉，主要用来作为影雕的载体；另一类是白瓷，多用于国画类的瓷刻。"刻"是指瓷刻的雕琢方法，瓷刻大致有两种基本方法：一种方法是镂刻，即用刻刀在陶瓷的表面按事先设计好的图形进行刻画，其线条流动飘逸，多用于表现人物的发丝和鸟兽的羽毛等精细部分的刻制；另一种方法是凿刻，通过凿的方式在陶瓷上用点来组织画面，效果恢宏大气、栩栩如生，多用于人物肖像和动物形象的雕琢。"画"即所刻的内容，现在的瓷刻内容基本来自中国画和西洋画两大类绘画，国画有工笔画、写意画、工笔写意结合画、白描等，西洋画可分为素描、速写、油画、版画等。目前为人熟知的瓷刻类型有耀州窑青瓷刻、大丰瓷刻[①]、三林瓷刻等。

　　从瓷刻传承方面来看，主要围绕瓷刻技法、传承方式以及传承路径展开讨论。在瓷刻技法上，一方面要注意在传统瓷刻技艺中刀法运用的特征和着色运用的规律；另一方面要与现代技术相结合，在新的时代背景之下，瓷刻艺术的发展离不开信息技术和新的工业技术。在传承方式上，处在现代工业和科学技术快速发展的背景下，数字化、信息化的瓷刻技艺传承越来越受到重视，数字技术已经成为瓷刻技艺发展和保护的重要方式之一，通过"数字传承"平台的搭建，模拟刻花技艺风格图像的

---

① 刘勇.非遗文化大丰瓷刻的重要价值和传承途径研究［J］.今古文创，2021（30）：65-66.

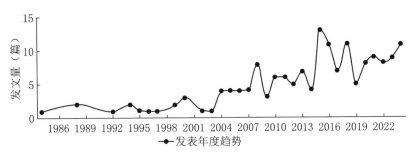

图 1 瓷刻相关研究发文量

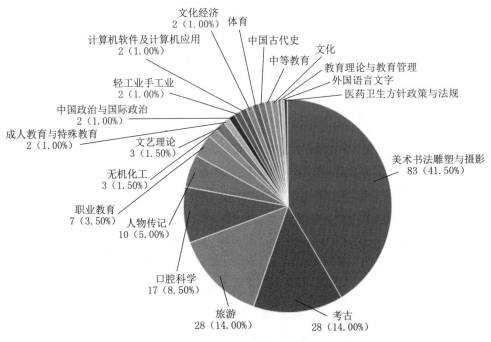

图 2 瓷刻研究学科分布

生成,实现刻花技艺的线上体验功能,为传统瓷刻技艺的传承和发展路径提供了新的思路。① 在传承路径上,有学者提出三维立体传承机制,首先通过政府的指导和支持,组织引导并形成对瓷刻艺术文化的保护氛围;其次在社会舆论与网络传媒的宣传过程中,增强人们对瓷刻艺术的传承意识;最后促进瓷刻项目与时俱进,结合当前广大群众的喜好进行技艺创新升级,增强瓷刻技艺的影响力和生命力。

① 王紫君. 陕西耀州瓷传统刻花技艺的"数字传承"研究[D].西安:西安理工大学,2024.

　　从瓷刻创新方面来看，在创作理念上，有学者强调以精品化为目标开展设计创新工作，更能展现瓷刻艺术技法的生命力，可以通过吸收国画、油画等画作的精华内容，促进瓷刻作品的不断优化[①]；在方法上，运用现代的技术、工具、材料对刻花装饰图案进行新的表现，以及运用现代图案设计的理念去对图案进行创新设计是其重要的两个创新方法，可以满足当下人们的审美需求[②]；在技术上，有学者认为新时代瓷刻在瓷器装饰方式上需要变革，相较于传统手绘的方式，画纸贴膜的技术更具时效性和生产力[③]；在应用上，可以同时结合多种艺术形式，形成新的艺术作品，突出瓷刻的艺术特征[④]，比如以刺绣元素在视觉设计中的定位，融合于瓷刻艺术之中[⑤]。

　　从瓷刻价值方面来看，首先，瓷刻文化代表着一个时代发展的重要标志，更代表着一个时代的生活水平与独特的生活方式，其所遗留下来的精湛工艺对人们挖掘历史与民族文化有着重要的历史意义。其次，瓷刻艺术代表着不同民族、不同地区的民风文化和精神内核，体现着伟大劳动人民的智慧结晶，有丰富的文化价值。除此之外，瓷刻艺术品可以帮助我们对当时人们的文艺生活和工艺技术进行深入了解，有着重要的审美艺术价值。从非遗文化的角度，瓷刻也有其独特的教育意义，非遗教育会对学生文化认同、创造力和社会参与产生影响。学校也需要注重非遗教育对学生的非遗意识、非遗技艺和非遗保护能力的积极作用。

　　综上所述，本研究通过总结国内外瓷刻相关的研究现状，发现国内研究主要致力于探索瓷刻技艺的技术和创新，通过研究和实践，探讨如何将传统的瓷刻技艺与现代设计、创意产业等相结合，推动瓷刻技艺的发展和创新。同时关注对于瓷刻技艺的保护与传承，通过调查、采访和实地考察等方法，研究瓷刻技艺传承的现状、问题和策略，提出相应的保护措施和政策建议。国外研究则主要关注中国瓷刻

---

① 袁沁沁，吕文静.非遗视野下新时代瓷刻艺术审美特征及技法设计创新［J］.鞋类工艺与设计，2023，3（20）：103-105.

② 王雯雯.刻瓷技艺非物质文化遗产的传承及创新［J］.丝网印刷，2024（04）：10-12.

③ 覃金海，曾远帆.浅谈青瓷刻花装饰艺术的现代表现形式与图案创新［J］.陶瓷科学与艺术，2022，56（09）：78-79.

④ 王斯华，姚诞.漫话瓷刻及艺术特色［J］.上海工艺美术，2014（04）：59-61.

⑤ 庹雨涵.刺绣元素在陶瓷艺术中的应用与发展［J］.牡丹，2022（10）：108-110.

的文化价值、传统与现代的融合，研究瓷刻技艺在国际文化交流与传播中的作用和影响以及非遗教育的发展和效果。但如前文所述，现有研究也存在一定不足，鲜有从课程建设的思路去探讨瓷刻的课程教育，无论是瓷刻技艺的传承与创新，还是非遗文化的价值与熏陶，都可以考虑以非遗课程为载体，在弘扬优秀传统文化的同时，引导学生传承和创新非遗文化，同时树立学生的文化自信，提升学生的艺术鉴赏能力。因此，开展瓷刻非遗课程的实践与探索，对瓷刻研究来说具有重要的实践意义。

三、关于非遗课程的研究

非物质文化遗产课程体系是指围绕非物质文化遗产教育教学而形成的课程诸种要素的有机整体，其建构实践随着非遗热逐步推进，国内院校进行了富有成效的实践与探索。从当前关于非遗课程建设的研究来看，主要围绕非遗课程概念、非遗课程开发、非遗课程实施以及非遗课程管理等方面开展。

在中国知网首先以"非遗"为关键词，检索到 55624 篇文献，从 2008 年起，研究文献数量呈直线上升趋势，如图 3 所示；有 50% 的研究属于教育领域，有 20% 的研究属于中等教育、职业教育领域，体现了非遗在中等教育中的受重视程度，如图 4 所示。

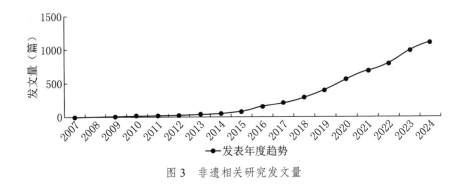

图 3　非遗相关研究发文量

在非遗课程概念方面，如前文所述，尽管学界尚未对非遗课程的具体定义做出明确概括，但对其定位、课程设置、目的及意义都进行了深入的探索与讨论。比如，有学者指出非遗课程必须体现其传承性，在教学过程中贯穿始终的是民族艺术的

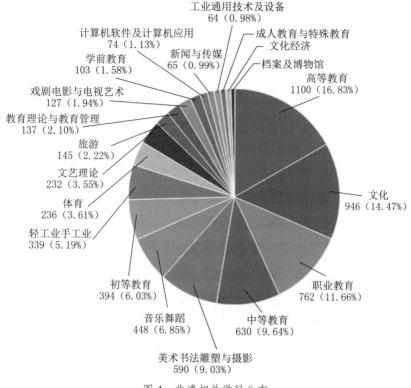

图 4　非遗相关学科分布

"根"性教育，并根据"非遗"的活态性特点，提出了"三结合"的教学方法改革方式，即课堂教学、第二课堂和艺术实践的有机结合。[①] 学者杜虹景也认为"非遗"教育应当创新途径，拓展科学而富有特色的艺术课程和实践，同时指出"非遗"课程设置的"三个方向"，即教学内容与校园文化相结合、教学内容与社会实践相挂钩、教学内容与"非遗"艺术相融合，并认为可以利用"互联网+"技术提升"非遗"课程的教学质量和效率。[②] 而设置"非遗"课程的目的和意义则是培育学生的爱国热忱、提升学生的人文素质和创新能力等。

　　以"非遗课程"为关键词，检索到 4428 篇文献，如图 5 所示；其中文化学科占

① 张丽群.民族民间音乐课程教学实践及改革[J].宁夏大学学报（人文社会科学版），2021，43（02）：187-191.

② 杜虹景."非遗"文化在高校艺术教育中的创新研究[J].湖南税务高等专科学校学报，2016，29（06）：71-73.

比最高（30%），职业教育占比为2.18%，如图6所示；以"三林瓷刻课程"为关键词，没有检索到文献。

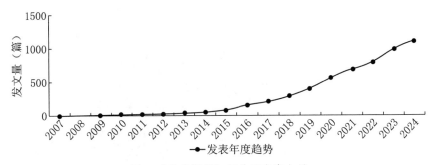

图5 "非遗课程"相关研究发文量

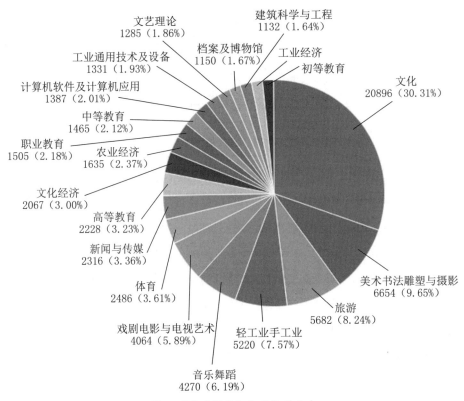

图6 "非遗课程"相关学科分布

因此，非遗是当前的研究热点问题。一方面，随着时代的变迁和全球化进程的加速，传统文化面临着丧失和衰退的风险，为了保护和传承非物质文化遗产，许多国家都开始开设非遗课程，培养年轻一代对传统文化的认知和兴趣；另一方面，瓷刻文化是一个非常宝贵的传统文化遗产，但由于技艺复杂、学习门槛较高等因素，瓷刻技艺的学习和传承确实比较少，为了保护和传承瓷刻文化，开设相关的课程是非常必要的。

在非遗课程开发方面，主要依托地域特色文化、课程资源条件以及学段教育开展不同形式的非遗课程教育。[①] 以地域文化为例，通过某地域形成的独特风俗习惯孕育而成的非遗文化，开发地域特色校本课程[②]，组建富有地方特色的非物质文化遗产传承团体或基地，由学校非遗校本传承基地骨干教师发起并组织有关非遗校本传承的教学活动，比如江苏省锡山高级中学实验学校的"锡绣"课程体系开发[③]，基于"苗族吊脚楼建筑"开发的中职校本课程等。以课程资源为例[④]，有学者通过梳理传统手工艺与劳动教育课程资源之间的关系，论证了传统手工艺是可以开发利用的劳动教育课程资源[⑤]，梳理了课程资源管理的基本途径，并依据此途径进行传统手工艺教育资源的课程开发[⑥]。从学段划分来看，通过不同学段的非遗课程教育目标与学校特色进而形成不同学段并存的多样化非遗课程建设，例如中职院校基于地方非遗开发的特色专业课程彩灯设计与制作，既推进了中职民间工艺专业建设特色化发展，也实现了支撑自贡彩灯产业可持续发展。[⑦]

在非遗课程实施方面，从实施条件上来说，有学者认为非遗课程必须契合学生生活实际，其表现形式和人文内涵容易让学生接受，并且学校在选择课程资源和建立课程体系时，是基于学生的兴趣和发展取向选择，另外国家需要为非遗课程建设

---

① 刘勇，徐华．新时代背景下大丰瓷刻艺术传统技法的传承与创新［J］.美与时代（上），2021（01）：50-52.

② 杨艳艳．"沂蒙美食"非遗课程体系的构建与实施［J］.现代教育，2021（10）：27-30.

③ 杨武彬，张小珺．非物质文化遗产校本传承在行动——江苏省锡山高级中学实验学校"锡绣"课程建设［J］.江苏教育，2023（33）：73-75.

④ 钟桂珍，翟博文，涂圣文．基于非物质文化传承的中职校本课程开发初探——以"苗族吊脚楼建筑"课程为例［J］.职业教育研究，2019（01）：21-24.

⑤ 孟艳．课程资源管理视野下地方传统手工艺劳动课程开发研究［D］.湖州：湖州师范学院，2023.

⑥ 俞悦．以手为核心的手工艺实践与价值研究［D］.上海：华东师范大学，2023.

⑦ 沈奕．基于地方非遗的中职特色专业课程建设研究［D］.南宁：南宁师范大学，2022.

提供政策支持，学校有非遗课程开设的基本条件。① 从组织形式上来说，大多数非遗课程教学实施主要通过"非遗"传承人讲解授课，采取"讲授—示范—指导练习"的模式，教学内容采用的是学校提供的校本教材内容，结合学生兴趣和认知实际进行灵活的变通②，其中也存在个别有社会办学经验和教龄相对较长的教师，课堂的组织会摆脱校本教材的束缚，按照自己的经验进行灵活授课的情况。从课程安排上来说，大多数学校非遗课程的开设具有多样性和自主性，学生可根据兴趣爱好和难易程度自行选择，非遗课程的学习由学校统一安排，通过制订教学计划，集中进行教学活动。

在非遗课程管理方面，有学者指出部分学校校本教材的编写与新工艺、新技术脱节，学生学到的非遗知识只停留在表面，根本谈不上规范操作和指导就业，需要引起重视。在互联网时代，校本课程建设应体现出立体化的特点，学校要成立专门的编写团队，进行多次、全面、深刻的调研活动，提高非遗的思想教育价值和艺术教育价值。③ 此外，非遗课程仍然主要是以教学资源的方式融入专业类课程中，没有独立出来，不利于非遗课程的后续发展。从非遗课程教育的整体发展进程来看，非遗教育面临课程建设能力不足、创新型专业师资匮乏和数字化建设滞后等现实困境。

综上所述，本研究通过总结非遗课程建设的研究现状，发现非遗课程体系建设相关研究尚处于起步探索阶段。受师资紧缺、课程资源不足、课程实施形式化等因素影响，现有的实践研究均表明非遗课程在开发、实施、管理等方面都不完善④。而在课程开发方面，已有研究提到了如何通过地域文化和课程目标建设课程内容、开发校本课程以及完善课程体系等，但缺乏对非遗课程的评价。因此，后续围绕非遗课程的开发和探索，可以在注重非遗课程所带来的实践价值的同时，以合理化的评价体系完善非遗课程建设的理论研究。

---

① 胡迪雅，李雪婷，仲丹丹."两创"视角下非物质文化遗产学校教育的现实困境与优化路径 [J].民族教育研究，2023，34（02）：136-142.

② 杨叶敏."非遗"校本课程在农村小学实施的策略研究 [D].大理：大理大学，2023.

③ 孙靓.传承、融合、创新——高校公共艺术教育非遗课程探索 [J].音乐时空，2015（03）：128+138.

④ Wang S. Research on the Construction and Practice of Intangible Cultural Heritage Education Inheritance Mode in Shaanxi Universities from the Perspective of Double Synergy [J]. Adult and Higher Education, 2023, 5(08):35-43.

四、结语

　　鉴于上述研究结果，本研究认为：国内外的研究都强调了非遗教育的价值和重要性，希望通过非遗课程的开发，促进非遗传统的传承和发展[①]，培养更多热爱非遗、拥有非遗技艺的人才，而三林瓷刻艺术作为一种传统的艺术形式，具有独特的技艺和风格，对于瓷刻课程的建设研究具有重要的意义。就瓷刻课程建设的研究而言，需要关注课程内容设计、教材与教具研发、教学过程实施、教师培训与素质提升，以及跨学科合作与社会需求等方面，这样才能够推动瓷刻课程的发展，提高学生的学习效果和创作能力。[②]三林瓷刻课程的建设需要深入研究历史人文的传承，传统劳动技艺的传授、实践和创新，与学校数字文创专业学科的交叉融合，并考虑社会需求和教育市场的变化。这样才能推动瓷刻艺术的传承与发展，并培养出更多优秀的瓷刻人才。

[①]　Xu W. Research on Primary and Secondary School Intangible Cultural Heritage Education and Student Cultural Identity ［J］. Journal of Sociology and Ethnology, 2023, 5(11):187-192.

[②]　樊旭，潘瑶，杨帆，等.非遗视角下高职艺术设计类课程的教学改革与创新研究［J］.现代职业教育，2024（10）：101-104.

图书在版编目（CIP）数据

星·引：上海市群星职业技术学校教师文萃 / 杨
晓红主编；李爽副主编. — 上海：上海教育出版社，
2024.8. — ISBN 978-7-5720-2768-0

Ⅰ. G718.3

中国国家版本馆CIP数据核字第20242GR49号

策划编辑　刘美文
责任编辑　马丽娟
封面设计　王鸣豪

星·引：上海市群星职业技术学校教师文萃
杨晓红　主编
李　爽　副主编

出版发行　上海教育出版社有限公司
官　　网　www.seph.com.cn
地　　址　上海市闵行区号景路159弄C座
邮　　编　201101
印　　刷　上海普顺印刷包装有限公司
开　　本　700×1000　1/16　印张 22.25
字　　数　370 千字
版　　次　2024年8月第1版
印　　次　2024年8月第1次印刷
书　　号　ISBN 978-7-5720-2768-0/G·2450
定　　价　68.00 元

如发现质量问题，读者可向本社调换　电话：021-64373213